28093

LE MAGNÉTISME.

Paris. — Imprimerie de Cosson, rue du Four-St-Germain, 43.

LE MAGNÉTISME

VÉRITÉS ET CHIMÈRES

DE CETTE SCIENCE OCCULTE.

Un drame dans le somnambulisme,
Épisode historique,
Les Tables tournantes, etc., etc.

> Les incrédules me prendront pour un fanatique; les fanatiques me prendront pour un incrédule; peut-être, ceux qui aiment la vérité seront-ils de mon avis.
> L'AUTEUR.

Par M. le Dr BELLANGER.

A PARIS,
CHEZ GUILHERMET,
Rue Rousselet, 25.

1854

INTRODUCTION.

Le magnétisme animal est la science occulte de nos temps philosophiques. Science divine pour les uns, science chimérique pour les autres, le magnétisme semble tenir en suspens et en lutte tous les esprits. On brûle dans un camp ce qu'on adore dans l'autre; l'incrédulité, le dédain, les sarcasmes font partout équilibre à la foi la plus enthousiaste, aux admirations les plus lyriques, au plus ardent prosélytisme. D'un côté, on nous représente le magnétisme animal comme la plus haute conquête de l'esprit humain, comme une sorte de métaphysique suprême ou surnaturelle, qui ouvre sur le monde invisible de merveilleuses perspectives, qui promet d'émanciper à jamais l'homme, de soulever le poids des mystères qui pèsent sur son âme, de reconquérir, pour l'humanité tout entière, les joies et les priviléges ineffables accordés, dans l'Eden, aux auteurs de la race humaine, la connaissance de toutes choses, la communication directe avec les esprits célestes, avec Dieu lui-même. Rêves et chimères! dit-on ailleurs; imaginations gigantesques et puériles! la prétendue science du magnétisme animal n'est qu'un ramas informe d'extravagances et de superstitions. Il n'y a que folies et mensonges dans cette science inepte, qui fut inventée le premier jour où un fripon rencontra un imbécile.

Entre les deux extrêmes, entre les incrédules et les sectaires, on voit flotter à l'aventure la masse nombreuse et compacte des incertains, qui ne savent si on leur propose d'encenser une divinité sérieuse ou une bouffonne idole, et qui, toutefois, ne se lassent point d'écouter les prodigieuses histoires de la légende magnétique.

Ainsi vont chaque jour grossissant les annales véritables ou fabuleuses du magnétisme animal; les miracles s'ajoutent aux miracles; partout les lois de la nature sont outrepassées ou interverties; l'homme exerce, à distance, des actions merveilleuses sur ses semblables, sur les animaux, et même, dit-on, sur les corps inorganiques; il fait revivre le passé, il fait comparaître l'avenir, il pénètre dans les impénétrables sanctuaires de la pensée, il fait parler les esprits du ciel et de la terre, il s'élance au sein de la lumière céleste et entre en communication directe avec Dieu.

Que faut-il penser de ces étranges choses? faut-il les croire? faut-il les nier? culte, prophètes et fidèles, faut-il admirer, faut-il prendre en pitié le magnétisme tout entier?

Nous avons, je crois, le droit de ne pas croire légèrement aux miracles. Ce droit nous coûte cher; nous l'avons acquis par de longues épreuves; il a fallu trois siècles de lutte pour nous faire comprendre que les miracles ne sont, pour les peuples, qu'un souvenir d'enfance et qu'il n'y en a point d'autres que celui que Dieu fit, quand il créa le monde, et ceux qu'il fait chaque jour, en le conservant par des lois invariables et éternelles.

— Mais il ne s'agit pas de miracles, nous dit-on; il s'agit d'un ordre supérieur de facultés et de phénomènes qui n'avaient entièrement échappé ni aux sciences, ni aux croyances antiques, et dont nous avons, de nos jours, mesuré les proportions et compris la grandeur. Ces facultés vous semblent incroyables, parce qu'elles sont étranges; elles vous semblent miraculeuses, parce qu'elles sont sublimes. Il ne faut, pour les comprendre, que savoir s'élever au-dessus du milieu dans lequel se meuvent les ressorts ordinaires de la nature; il faut, dans la hiérarchie des puissances, s'élever aux premiers rangs, pour reconnaître celles dont le magnétisme est l'effet ou la manifestation.

La tête tourne aisément dans ces hautes régions où l'imagination, folle reine des prestiges, entraîne aventureusement la raison. Il est difficile de faire concorder des théories qui viennent de si loin, et qui prennent leur point d'appui au-delà des limites assignées aux yeux de l'intelligence humaine. Aussi les philosophes du magnétisme animal ne tardent-ils pas à s'égarer dans leurs gigantesques et sublimes excursions ; ils ne savent plus se retrouver et finissent par se perdre dans des hypothèses diverses qu'il est impossible de concevoir, et dont il est plus impossible encore de faire la preuve.

Deux grandes opinions, exclusives l'une de l'autre, partagent les philosophes du magnétisme animal, et constituent deux sectes principales. L'une de ces sectes attribue les phénomènes magnétiques à un fluide impondérable, qu'elle nomme fluide magnétique, et ne sort pas de la nature ; l'autre fait intervenir les puissances du ciel et de l'enfer, anges ou démons, et constitue la secte dite du magnétisme surnaturel. On peut rapprocher du magnétisme surnaturel la théorie des animistes, qui attribuent les facultés des somnambules et tous les actes du magnétisme animal à l'âme humaine, temporairement indépendante de l'instrument matériel auquel s'unit habituellement sa personnalité.

Il est évident qu'il n'y a point de limites assignables aux merveilles du magnétisme animal, quand on admet les causes dont je viens de parler. On ne peut s'étonner des effets d'une cause qu'on fait omnipotente ; on ne peut rien dire d'impossible, on ne peut rien imaginer qui dépasse la puissance d'un fluide impondérable, qu'on suppose préalablement capable de tout produire. Le fluide magnétique n'est, il est vrai, qu'une conception à priori; son existence est incertaine et peut être imaginaire; Mesmer et ses adeptes ne l'ont ni vu, ni touché; il est invisible, intangible, mais on lui donne l'omnipotence et l'ubiquité; on le juge propre à rendre raison de toutes choses; on lui fait remplir l'espace tout entier, on le place entre toutes les molécules des corps; les corps inorganiques en sont pénétrés comme les corps vivants. On lui donne un état latent et inerte, dans lequel il ne manifeste ni ses propriétés, ni même sa présence; mais on le fait obéir à la volonté de l'homme, et on lui fait produire tout ce que l'on voit, tout ce que l'on veut, tout ce que l'on imagine. La docilité du fluide magnétique n'est pas moins illimitée que sa puissance; les phénomènes sont toujours à ses ordres comme il est toujours aux ordres de la volonté humaine; on explique tout, en disant : c'est le fluide magnétique qui entre, qui sort, qui s'accumule, qui s'évapore; le fluide passe de l'état actif à l'état latent, et réciproquement; c'est mon fluide qui se mêle au vôtre, etc., etc. Une telle logique est sans doute commode; mais qu'est-ce autre chose qu'une vaine dénomination qui consiste à donner aux choses les plus diverses, à celles que l'on voit, comme à celles que l'on croit voir, le nom commun d'une chose que l'on imagine ?

Il en est, sous ce rapport, des puissances du ciel et de l'enfer comme du fluide magnétique ? que ne peut faire un ange ? qu'y a-t-il d'impossible à un démon ?

Il faut encore dire la même chose de l'âme humaine, si on la suppose temporairement indépendante du cerveau. Nous connaissons les actes de l'âme humaine dans son état de captivité ; nous savons ceux qui peuvent se transmettre à travers le milieu cérébral ; nous ne pouvons ni concevoir ni limiter ce que l'âme peut faire ou ne pas faire dans la liberté de son essence et de son immatérialité.

Ainsi, bien qu'inattaquable et toute-puissante dans l'enchaînement de ses déductions, la logique des philosophes du magnétisme animal n'en est pas moins frivole et arbitraire dans les principes qui lui servent de points d'appui. Il ne s'agit pas, en effet, de prouver les merveilles du magnétisme par la toute-puissance des causes auxquelles on les attribue. Ce sont ces merveilles elles-mêmes dont il faut, avant tout, prouver la réalité. Il ne faut pas imaginer des causes pour rendre raison des faits ; il faut, au contraire, mettre l'esprit au service des sens, et ne chercher à expliquer que les choses qu'on est bien sûr d'avoir vues. Il y a deux écueils toujours redoutables dans la philosophie naturelle, plus à craindre encore dans le magnétisme animal que dans tout autre objet d'étude : il ne faut pas donner, de ce qui est, une explication fausse et imaginaire, mais il ne faut pas surtout vouloir expliquer ce qui n'est pas. Il est bien dangereux d'avoir à sa disposition des causes toutes faites, et surtout des causes gigantesques et toute-puissantes ; quelle tentation pour l'esprit, que d'avoir à faire agir le fluide magnétique, l'âme humaine, les anges, les démons !

Dans l'étude qui va suivre, j'ai cherché à me mettre en garde contre le danger que je viens de signaler. J'ai pensé que, dans une matière aussi controversée que le magnétisme animal, il importait avant tout de constater les faits ; je me suis affranchi de toutes pensées préconçues ; j'ai fait abstraction de tout esprit de secte ou de système ; je ne me suis point dit : c'est la plus sublime des sciences dont j'aborde le sanctuaire ; je vais assister à des miracles ; non : je me suis efforcé d'oublier tout ce que j'avais entendu dire, tout ce que j'avais lu. Je ne me suis point souvenu que j'avais les oreilles remplies de témoignages contraires, à droite des *hosanna*, à gauche des sarcasmes ou des colères ; j'ai abordé l'étude du magnétisme sans prévention, sans passion, sans autre but que de connaître la vérité. C'est une étude purement expérimentale que j'ai voulu faire ; je me suis promis de marcher droit à la vérité, entre les sectes et les systèmes, sur les routes éprouvées de l'expérience et de l'observation.

C'est le fruit de cette étude impartiale que je livre aujourd'hui à tous ceux qui aiment la vérité. Je n'ai point la prétention d'avoir tout vu, ni de poser des limites qu'on ne franchira pas. Je ne raconte que ce que j'ai vu ; je n'ai point fait un traité complet sur la matière ; c'est moins un livre que j'ai voulu faire, qu'un bon exemple que j'ai voulu donner. J'ai planté quelques jalons que l'incrédulité, la dispute, les sarcasmes, le temps ne déplaceront pas. Les facultés extraordinaires que j'ai signalées dans le somnambulisme sont réelles et facilement constatables ; je ne crains pas d'affirmer que tous ceux qui les nient aujourd'hui seront forcés demain de les admettre. Le magnétisme ne m'a fait voir ni oracles ni prophètes ; je n'ai point rencontré de sorciers, je n'ai conversé ni avec les anges, ni avec les âmes ; la divinité m'a semblé tout aussi invisible aux somnambules qu'au reste des humains. Quant au démon, je n'en parle pas ; je ne suis pas même bien sûr d'y croire. Dans tous les cas, je renonce à Satan et à ses pompes. Je renonce également au fluide magnétique ; rien ne prouve son existence ; qu'il soit l'âme du monde des anciens philosophes ou du panthéisme moderne, je ne le discute point ; mais je ne vois pas bien comment un fluide impondérable peut se montrer aussi docile aux ordres de la volonté humaine, ni comment il peut être la cause des phénomènes magnétiques et des facultés des somnambules. Je ne vois pas quel argument on peut asseoir sur les molécules impalpables d'un fluide incertain. Enfin je n'ai pu ni remonter ni descendre, avec les somnambules, le fleuve du temps ; je n'ai pu ni briser l'inviolable sceau du livre de la destinée humaine, ni forcer les portes du ciel ou de l'enfer ; mais je n'en ai pas moins constaté des phénomènes extraordinaires, des facultés merveilleuses, des faits qui ressemblent à des miracles; je n'en ai pas moins aperçu des phénomènes qui brisent toute règle, qui échappent à toute prévoyance, qui semblent impliquer des relations incompréhensibles entre les causes et les effets; je n'en ai pas moins constaté un état extraordinaire du système nerveux, ou un mode singulier d'existence dont les conditions ne se prêtent pas toujours aux lois de la logique humaine, dont nous ne pouvons ni concevoir ni expliquer les actes.

Ainsi, tout n'est pas chimère et déception dans le magnétisme animal; la vérité se trouve là, comme toujours, entre les extrêmes, entre une incrédulité sans mesure et une foi fanatique. Je conçois maintenant toutes les épreuves qu'a subies le magnétisme animal dans les diverses contrées de l'Europe; je conçois ses triomphes et ses défaites: il y avait un grain de vérité sur le terrain de la lutte, qui a servi d'égide et de talisman préservateur aux combattants; nulle part le magnétisme animal n'a pu vaincre, nulle part il n'a pu mourir.

Le passé nous répond de l'avenir; l'erreur mêlée de vérité est indestructible comme la vérité elle-même. Le magnétisme animal contient assez de vérité pour braver à jamais les incrédules; on brise partout les idoles, mais il faut bien reconnaître l'image du vrai Dieu. Vainement les médecins, les savants, tous ceux qui se piquent de sévérité, de gravité dans l'esprit, ont-ils jeté au magnétisme animal leurs dédains et leurs railleries ! Ils l'ont humilié, ils ne l'ont pas vaincu ; le magnétisme, trahi par la science, s'est réfugié dans des mains indignes, mais il ne périra pas ; le grain de vérité qu'il contient le sauvera, rien ne peut faire que ce qui est ne soit pas.

Un mot maintenant sur le plan que j'ai suivi dans mon étude, sur les principes qui m'ont guidé, sur les questions que j'ai soulevées. J'ai dit déjà que je ne m'étais placé sous le drapeau d'aucun maître ; je me suis aventuré en quelque sorte à la recherche des vérités du magnétisme comme un chasseur dans la plaine, incertain de savoir ce que j'allais découvrir ? Mais qu'avais-je à étudier ? Qu'est-ce que le magnétisme animal ?

Si l'on en croit Mesmer et les métaphysiciens mystiques et animistes du magnétisme, la nouvelle science n'est rien moins que la science universelle. Dieu, l'homme, l'univers, c'est-à-dire tout ce qui existe, tout ce qui peut tomber sous l'œil de la pensée, de l'imagination ou de la conscience, voilà les objets du magnétisme animal. Le fluide magnétique explique tout, suffit à tout ; les anges, les démons, l'âme humaine, n'ignorent rien. Avec une telle cause ou de tels interprètes, il n'y a plus qu'une seule science, dans laquelle toutes les autres viennent se confondre et se perdre ; tout est compris dans le magnétisme animal. On dirait qu'avant Mesmer les hommes n'avaient entendu parler ni de métaphysique, ni de psychologie, ni de théologie, ni de physiologie, etc. ; on dirait que les sciences naturelles et les sciences morales leur étaient inconnues. On fut bien près de prendre Mesmer pour un Prométhée moderne, qui venait de dérober le feu du ciel; mais l'heure du désenchantement ne se fit pas attendre. Une nouvelle Pandore vint promptement venger le nouveau larcin fait aux dieux; la boîte, cette fois encore, ne put retenir que l'espérance.

Pour moi, je n'ai point trouvé dans le magnétisme animal ces gigantesques proportions. Il m'a semblé qu'il ne fallait donner un nom nouveau qu'à des choses nouvelles; qu'il ne fallait comprendre sous le titre de magnétisme animal que des phénomènes oubliés ou méconnus par les autres sciences, et spécialement par la physiologie et la psychologie. Mais existe-t-il de tels phénomènes? sont-ils assez nombreux, assez importants pour constituer une nouvelle science? telle fut la première question que j'entrepris de résoudre. Je voulus savoir si la nouvelle science avait pour point de départ et pour raison d'être des faits réels et observables. Je cherchai à voir et à constater ces faits. Je voulus savoir si, par la voie de l'expérience et de l'analyse, il me serait permis de rejoindre les philosophes du magnétisme dans les hautes régions où ils prennent d'emblée leurs principes; je voulus, en un mot, savoir si, en remontant successivement tous les degrés d'une échelle posée sur le terrain solide des faits aperçus par les sens, je me retrouverais à l'autre extrémité, soit avec les mesmériens, soit avec les philosophes animistes et mystiques du magnétisme animal. Je devais retrouver, par cette contre-preuve, le fluide magnétique, les anges, les démons, ou l'âme humaine ; je devais remonter, par l'analyse, aux principes dont la synthèse était partie. Que si je ne parvenais pas à rejoindre les philosophes du magnétisme animal, qui, partant des hauteurs de la raison pure, ont cru prendre, en quelque sorte, d'assaut la vérité, j'en conclurais légitimement qu'ils se sont égarés, que le fluide magnétique n'est ni la cause ni la raison d'être des phénomènes magnétiques ; que l'âme humaine ne se sépare jamais, dans cette vie terrestre, de l'instrument auquel s'unit sa personnalité ; que les esprits immatériels du ciel ou de l'enfer n'ont encore parlé à personne sur la terre. Dans tous les cas, mon humble et logique méthode ne pouvait manquer de me conduire sans m'égarer. J'arriverais moins haut peut-être, mais le principe de généralisation auquel il me faudrait m'arrêter, me permettrait toujours le retour en sens contraire, c'est-à-dire le retour aux faits observés ; ce principe ne serait que la résultante de tous les faits connus, il serait la vérité même.

Ainsi, j'ai commencé humblement mon étude magnétique par l'observation des faits magnétiques ; j'ai étudié en observateur et non pas en sectaire. Je souhaite qu'une main prudente et habile construise prochainement le temple ; pour moi, je n'ai pu que rassembler quelques pierres : mais le temps de songer à un édifice régulier n'est peut-être pas encore venu. Quelques faits qui étonnent et déconcertent l'esprit, que nous ne pouvons ni concevoir ni expliquer que les sens imposent à la raison, ne font pas une science. Il ne faut pas se faire de vaines illusions ; tant que les écrivains du magnétisme animal ne feront que nous raconter des miracles, et se mettront l'esprit à la torture pour les expliquer, nous aurons des romans, des systèmes puérils et ridicules, nous n'aurons pas de science magnétique. N'envions point à la métaphysique ses interminables discussions sur le matérialisme et le spiritualisme ; laissons à la théologie le soin de nous parler de Dieu et de l'âme, des anges et des démons, et cherchons le magnétisme animal là où il est réellement, c'est-à-dire dans ce système d'organes que Dieu a faits dépositaires de toutes les puissances de la vie, dans le cerveau et le système nerveux. Constatons les faits avant d'imaginer les causes ; ne prononçons pas légèrement le mot miracle ; il n'est pas donné à la logique humaine de pénétrer tous les mystères de l'action nerveuse ; le cerveau de l'homme est un magicien dont tous les artifices nous semblent surnaturels. Nous sommes là sur les limites mêmes du monde matériel et du monde moral. Il y a là un abîme sans rives et sans fond, dont l'œil de l'esprit ne sait pas mesurer l'immensité, et dans lequel viennent se perdre toutes les théories mystiques et imaginaires du magnétisme animal. Ne nous perdons pas contre un tel écueil ; bornons-nous à observer, quand nous ne pouvons ni concevoir ni expliquer. Pourquoi d'ailleurs nous étonner si fort de l'étrangeté des phénomènes magnétiques ? On s'étonne de l'état somnambulique ! Mais conçoit-on les autres états du cerveau et du système nerveux, l'état de passion, de haine, d'amour, de colère, etc. ? Conçoit-on l'état de veille, de sommeil, l'état de rêve ? Conçoit-on le miracle permanent de la pensée et du sentiment ? On ne veut pas croire chez l'homme à des actions exercées à distance, sans voies de transmission apercevables ; pourquoi donc admet-on l'action du soleil sur la terre, l'action de tous les corps les uns sur les autres ? est-il raisonnable, est-il logique de refuser aux êtres vivants des propriétés et des actions que nous trouvons dans la nature entière, dans les atomes comme dans les astres ?

TRAITÉ
DU
MAGNÉTISME ANIMAL.

CHAPITRE PREMIER.

Considérations générales.

La science du magnétisme animal n'est point une conquête de l'esprit moderne. Il y a longtemps que la nature laisse entrevoir aux hommes des forces et des mystères qui étonnent les sens et déconcertent l'esprit. Les faits sensibles, les actes excentriques de la vie, tous les éléments sur lesquels est fondée la science magnétique ont été vus et signalés dans tous les siècles et chez tous les peuples. L'homme a toujours aimé le merveilleux et l'extraordinaire, et il y a eu, dans tous les temps, des sciences occultes et des arts magiques. L'ardente et incessante curiosité qui nous anime et qui semble être une faculté supplémentaire de notre esprit, trouve ses plus vives séductions dans son impuissance même ; de là les jouissances secrètes qui naissent du mystère et de l'impossible ; de là notre amour pour les prodiges et tant d'efforts désespérés pour pénétrer dans les sanctuaires impénétrables de la nature et de la vie. La raison que la Providence nous a donnée pour guide, trouvant partout des obstacles et des limites qui brisent et arrêtent son essor, ne peut donner aux aspirations infinies de notre cœur qu'une incomplète satisfaction. Le doute nous importune ; la défaite de l'esprit provoque les impatiences de l'orgueil, et, plutôt que de porter le poids de l'inconnu, nous affirmons ce que nous n'avons pu comprendre ; nous ne tardons pas ensuite à croire ce que nous avons affirmé, et l'âme vient, en quelque sorte, se réfugier tout entière dans l'imagination et la foi. Il n'y a plus dès lors de limites aux illusions. L'esprit se nourrit de superstitions et de rêveries et peuple la nature de fantômes. Alors règnent les sciences occultes avec la magie, les prestiges et les miracles. Toute réalité disparaît ; il n'y a plus que des chimères dans un monde fantastique.

Il est fâcheux que l'on soit forcé de chercher l'origine du magnétisme animal aux limites mêmes de ce monde chimérique, entre les sciences occultes et les sciences positives. Mais c'est là, c'est sur la zone douteuse qui sépare l'illusion de la réalité, que se montrent les phénomènes excentriques qui constituent la science magnétique.

Le magnétisme animal n'a point dans l'histoire une existence et une forme indépendantes. Les anciens n'ont point classé, systématisé les phénomènes magnétiques, et n'en ont point fait l'objet d'une science distincte et spéciale; mais on aperçoit visiblement les traces du magnétisme animal dans leurs systèmes scientifiques, dans leurs fictions religieuses, dans leurs mystères, dans leurs légendes et dans les mille croyances puériles qui formaient le domaine de la magie et des sciences mystiques.

Les phénomènes magnétiques ont dû, dans tous les temps, étonner les médecins qui n'ont pu les méconnaître ni dans l'étude des maladies nerveuses, ni dans celle des influences réciproques si puissantes, si variées, si mystérieuses du physique sur le moral et du moral sur le physique. Ils ont été aperçus par les physiologistes et les moralistes qui les ont signalés, soit comme causes, soit comme effets dans les mystères les plus délicats de la sensibilité nerveuse. Ils ont frappé les observateurs les plus vulgaires, dans toutes les circonstances où l'on voit se produire de grandes perversions nerveuses, par l'effet de causes diverses qui portent le trouble dans l'imagination des hommes. On les a vus devenir comme épidémiques et se propager par imitation, dans les cas où les causes d'émotion dont ils naissaient se rattachaient aux passions et aux croyances générales. Les prétendus miracles du diacre

Paris étaient des effets magnétiques. On peut en dire autant des aventures des religieuses de Loudun, d'Urbain Grandier et en général de tous les exorcismes et de toutes les possessions démoniaques. Les femmes nous ont toujours montré dans leurs accès d'hystérie, connus sous le nom d'attaques de nerfs, les phénomènes magnétiques sous toutes les formes; les femmes hystériques trouvent en elles-mêmes, pour provoquer l'état magnétique, le principe d'une puissance que n'égalera jamais le plus habile magnétiseur.

A diverses époques, des esprits enthousiastes et ardents ont professé et exploité le magnétisme et ont montré dans leur doctrine et dans leurs pratiques, quelquefois du savoir et de la sincérité, mais plus souvent du mysticisme, des extravagances et des fourberies de tout genre. Les choses ne se passent pas autrement de nos jours. Paracelse, Vanhelmont Greatrakes, Gasner, Cagliostro et tant d'autres ont été des magnétiseurs. Si nous connaissions mieux l'histoire des oracles, des pythonisses et des sibylles, les épreuves imposées par les hiérophantes dans les initiations ou les mystères, nul doute que nous n'y reconnussions les phénomènes du magnétisme animal. On les retrouve encore dans l'ascétisme et les visions des solitaires, dans les prodiges de force morale que montrent les saints et les sectaires et jusque chez les prophètes et les prophétesses des antiques religions, dont les singularités, les excentricités et les hallucinations n'étaient le plus souvent que des formes du magnétisme animal. Quant aux prophètes de la Judée, si l'on tient qu'ils étaient inspirés et animés de l'Esprit saint, on ne change que la cause et non la nature de leur état magnétique.

Ce n'est que depuis un demi-siècle, environ, que le magnétisme nous a été montré sous une forme scientifique et systématique déterminée. C'est Mesmer qui a inauguré dans le monde une science nouvelle sous le nom de science du *magnétisme animal*. On sait que Mesmer bouleversa, pour ainsi dire, tous les esprits de son temps. Jamais prophète ne fut ni mieux écouté ni plus admiré ! Jamais on ne vit pareil succès, pareil triomphe; l'enthousiasme fut sans bornes et la foi sans mesure. Mesmer semblait avoir trouvé dans le magnétisme le dernier mot de l'esprit humain. Il promettait de résoudre les problèmes les plus compliqués des sciences, il devait révéler tous les mystères de la nature, prévenir et guérir tous les maux et ramener l'âge d'or sur la terre. Prométhée, dans la fable, avait dérobé le feu du ciel et n'avait formé qu'un homme; Mesmer avait trouvé le magnétisme et expliqué l'univers. On le prit enfin pour une sorte de messie philosophique, venu pour mettre un terme aux incertitudes et aux disputes de la science et pour établir le règne de la foi scientifique sur la terre. Mais, hélas! il n'y a pas loin du capitole à la roche tarpéienne, et du sublime au ridicule, il n'y a dit-on, qu'un pas. La chute fut égale au triomphe. Le magnétisme, frappé par les académies, mourut sous les coups de la science officielle. Le nouveau dieu de la vérité ne fut bientôt que le père de l'imposture et de l'erreur. La science nouvelle ne fut que la science des sots et des dupes et l'art des fripons : on vit le magnétisme qui, s'était élevé superbe à de si grandes hauteurs, réduit à cacher sa honte dans les plus humbles recoins et ne trouver d'asile que chez les charlatans ou chez de vulgaires sibylles.

Le magnétisme animal n'a pourtant point succombé sous le poids de ces épreuves cruelles. De temps à autre, des hommes graves, instruits et sincères, ont pris sa défense et ont tenté de le réhabiliter dans l'opinion. On n'a jamais cessé de faire des *miracles* en son nom, et la découverte du somnambulisme magnétique, arrivée depuis le jugement des Académies, est venue ranimer les espérances et toute l'ardeur des premiers temps.

Le magnétisme animal a successivement parcouru les diverses contrées de l'Europe, et a partout éprouvé à peu près les mêmes vicissitudes que chez nous. Il n'a été vainqueur nulle part, mais il n'a jamais pu être entièrement vaincu.

Une semblable vitalité annonce-t-elle l'incurable crédulité des hommes? Est-elle l'indice de la vérité méconnue? Le temps fait, dit-on, toujours justice de l'erreur. Ne se pourrait-il pas qu'il y eût, dans le magnétisme animal, des erreurs qui l'empêchent de vivre, mais en même temps des vérités qui l'empêchent de mourir? Un jugement l'a condamné ; mais tous les jugements ne sont pas équitables : les Académies se trompent comme les simples mortels, et il serait aisé de prouver, par d'éclatants exemples, qu'elles ne sont pas infaillibles. Le sang n'a jamais cessé de circuler, malgré beaucoup d'Académies qui ont longtemps condamné la circulation; l'a terre n'a pas cessé de tourner, malgré beaucoup de gens qui voulaient l'arrêter. Il faut respecter les Académies et les savants; mais il faut, avant tout, chercher la vérité. Un savant illustre et malheureux (c'était Galilée) disait qu'en matière de science, l'autorité de mille ne valait pas l'humble raisonnement d'un seul. Il avait, certes, plus que personne le droit de tenir ce langage, qui n'a jamais cessé d'être vrai pour tout le monde. Mais la science se montre intolérante à l'égard du magnétisme animal, et semble ne reconnaître à personne le droit de libre examen. On peut être à peu près certain, si l'on s'occupe de cette matière, de passer pour un visionnaire et d'être accusé de témérité. Les savants et les médecins se renferment dans un système d'incrédulité obtenue; si vous leur racontez des faits, ils haussent les épaules; si vous voulez raisonner, ils vous prennent pour un esprit malade, pour un homme crédule, un illuminé.

Les savants et les médecins, qui devraient, sentinelles prudentes mais avancées de la science, dégager le progrès partout où il se trouve, ne se montrent point ici fidèles à leur mission. Le magnétisme animal touche aux plus hautes questions de la physiologie, de la psychologie, de la physique générale, et mériterait un autre accueil. Le jugement qui l'a condamné semble avoir été plutôt dicté par la prévention que par la justice. La cause n'a pas été suffisamment instruite, et l'on a toujours d'ailleurs exagéré les conséquences de la sentence. Les juges, en effet, n'ont condamné, dans le magnétisme animal, que la cause hypothétique dont on le faisait naître, le *fluide magnétique*; mais ils ont reconnu et admis la plupart des faits, dont ils ont même cherché à donner une explication naturelle, exclusivement physiologique. Ils n'ont d'ailleurs point statué à l'égard des faits les plus extraordinaires, que l'observation n'a signalés que plus tard, et qu'on n'avait pu, par conséquent, soumettre à leur jugement.

Les médecins repoussent le magnétisme animal, parce qu'il est tombé dans le domaine de l'empirisme, et est devenu la panacée des charlatans. On ne veut pas partager une humiliante solidarité avec des hommes sans dignité, sans savoir et sans autorité. Mais ne peut-on examiner une doctrine sans se préoccuper de l'indignité de ceux qui la prêchent? Ne peut-on laisser les charlatans pour ce qu'ils valent, les sibylles pour ce qu'elles sont, et aller dégager les vérités importantes et curieuses qui se mêlent à leurs rêveries et à leurs mensonges? Derrière la fausse science, il y a, je ne crains pas de l'affirmer, une science réelle; au milieu des superstitions et des extravagances, il y a des faits extraordinaires, des facultés étonnantes, de véritables merveilles.

Sans doute on trompe indignement les hommes ; on produit, sous le nom de phénomènes magnétiques, des bouffonneries ridicules, des égarements puérils ou astucieusement calculés ; le magnétisme animal fait chaque jour des dupes, quelquefois des victimes ; mais n'en est-il pas ainsi de toutes les branches de la médecine ? Quelle est celle qui ne soit à chaque instant, sous nos yeux, un moyen de captation et de fraudes ?

Beaucoup de savants rejettent les faits magnétiques, parce qu'ils sont, disent-ils, contraires aux lois de la nature. Mais il est sensible qu'un tel anathème ne serait légitime qu'autant que nous connaîtrions entièrement toutes ces lois. Nous sommes bien éloignés d'un tel savoir ; nous appelons lois de la nature quelques règles, quelques maximes qui nous servent à résumer nos connaissances bornées ; mais nous n'avons, en réalité, soulevé qu'une bien faible partie du voile qui couvre les mystères qui nous entourent de toutes parts ; et il y a sans doute bien des secrets cachés dont la révélation nous causerait de vives surprises, et modifierait beaucoup les prétendues lois que nous avons assignées aux phénomènes naturels.

Est-ce une objection philosophique, celle qui consiste à rejeter des faits parce qu'on ne peut pas les expliquer ? Il faudrait donc rejeter toutes les sciences humaines ; en effet, si l'on excepte les mathématiques pures, qui sont les seules sciences susceptibles d'explications véritables, parce que les fondements sur lesquels elles reposent ne sont que des créations de l'esprit, sans réalité dans la nature, et qui servent de base à un enchaînement logique de déductions rigoureuses, on peut dire que toutes les autres sciences, dont l'objet est réel, ne se composent que de faits, que l'on observe, que l'on constate et que l'on distribue dans un ordre méthodique, sans en expliquer un seul. Les théories ne sont que des formules qui, sous une expression générale, et par des abstractions se subordonnant graduellement les unes aux autres, résument et condensent, si l'on peut ainsi dire, le plus grand nombre possible d'observations. Une chose est expliquée dans les sciences naturelles, quand elle est aperçue nettement, distinguée de toutes les autres, et placée dans un ordre qui en met en relief les connexions, le caractère et l'importance. Nous ne pouvons jamais que constater les faits; mais leur nature, leur essence intime, le mécanisme des causes premières, tout cela échappe à l'esprit. Comprendre et expliquer, dans l'étude de la nature, c'est voir, sentir, toucher; c'est encore saisir les rapports que l'esprit aperçoit entre les faits. L'erreur tient aux observations mal faites, l'ignorance à celles qu'on ne fait pas, ou qu'on ne peut pas faire; l'erreur tient encore aux vaines et douteuses suppositions que l'imagination substitue aux rapports réels des choses. Il n'y a, sous ce rapport, aucune différence entre les sciences naturelles et les sciences morales; celles-ci ne sont, comme les premières, que des collections de faits observés, dont l'esprit constate la réalité, sans jamais pénétrer ni leur mécanisme ni leur nature. C'est dans le monde extérieur, dans les phénomènes qui frappent les sens, que l'esprit trouve les principes des sciences naturelles; c'est en lui-même, c'est en se repliant et en se concentrant sur ses propres facultés, qu'il trouve, par une délicate et savante analyse des éléments qui le constituent, les principes des sciences morales. Le magnétisme animal, par la nature des phénomènes dont il se compose, comme par ses causes ou ses conséquences, touche à la fois aux sciences naturelles et aux sciences morales, et réclame le même genre d'études. Observons attentivement les faits magnétiques, comme tous les autres; tâchons de nous soustraire à toutes les causes d'erreur ou d'illusion; mais quand les faits sont certains, ne refusons pas de les admettre parce que nous ne pouvons ni concevoir leur origine, ni les suivre dans leurs évolutions capricieuses; un fait certain ne doit pas être rejeté, quoiqu'il soulève des difficultés dont on n'entrevoit pas la solution possible. C'est, dans la chaîne des vérités, un anneau détaché dont on trouvera peut-être ultérieurement les connexions naturelles. On a fait souvent les plus brillantes applications, on a quelquefois fait sortir des sciences entières d'une humble observation qui n'avait d'abord excité que le doute ou l'étonnement, et dont on était loin d'attendre de telles merveilles.

Il y a des phénomènes magnétiques que nous ne pouvons concevoir; nous hésitons à les croire; ils nous font l'effet de prodiges. Mais si nous voulions réfléchir à beaucoup de choses, nous verrions que les *miracles* n'appartiennent pas exclusivement au magnétisme animal. Le monde moral et le monde matériel lui-même sont remplis de merveilles inexplicables et incompréhensibles. L'habitude émousse nos surprises ; nous admirons sans étonnement ; mais on peut dire que tout est miracle pour nous dans la nature. L'œil qui voit, l'oreille qui entend, la pierre qui tombe, le grain qui germe, l'attraction, le mouvement, la vie, le sentiment, la pensée, tout, jusqu'aux plus humbles actions de la matière vivante ou animée, reste pour nous à jamais inexplicable et incompréhensible.

Ne rejetons donc pas les faits magnétiques quand ils sont certains. Ils ne nous étonnent que parce qu'ils se présentent à nous accidentellement, dans des conditions et sous des formes insolites et indéterminées. Admettons-les, s'il ne nous reste aucun doute dans l'esprit ; nous ne pouvons pas les expliquer, mais nous les voyons. Pourquoi nous en rapporterions-nous moins à nos sens qu'à notre esprit ? Les sens, dans l'ordre légitime de leur action, n'ont pas moins d'autorité que la raison. Tout consiste, dans le magnétisme animal, comme dans tout autre objet d'études, à voir nettement, évidemment, indubitablement les choses ; rien ne peut faire que ce qui est ne soit pas.

Qu'est-ce que le magnétisme animal ? Il est difficile de résumer dans une définition tous les éléments constitutifs d'une science qui pour les uns n'est qu'une chimère, et qui pour les autres renferme le dernier mot de l'esprit humain sur toutes choses. Il faudrait, pour être entendu de tout le monde, parcourir tous les termes qui séparent le néant de l'infini. N'essayons point de définir le magnétisme, mais examinons attentivement et sans prévention les faits qui lui servent de base ; nous arriverons à lui par le chemin de la vérité. Fermons l'oreille aux vains bruits qui circulent dans la foule. Laissons là le doute et la raillerie, la foi aveugle et l'enthousiasme aux folles ardeurs. L'opinion est, dit-on, la reine du monde ; mais dans l'empire de cette reine fantasque et légère la vérité ne marche qu'avec la fable. Nous ne trouverions dans le monde qu'un mélange confus de réalités et de chimères. On nous parlerait sans cesse de miracles, et le moins étonnant pour nous ne serait pas l'éternel miracle qui se montre là sous toutes les formes, et qui prouve qu'il n'y a rien de si absurde qu'on ne trouve quelqu'un pour le dire et quelqu'un pour le croire.

La maxime célèbre de Descartes, le « doute est le commencement de la vérité, » n'est peut-être pas applicable à l'étude du magnétisme animal. Dans une matière où les choses ne se montrent souvent qu'accidentellement et sont soumises à des lois qui semblent tenir du caprice, cette maxime peut conduire prématurément et à tort à l'incrédulité. L'enthousiasme a plus d'inconvénients encore ; il désarme la raison, rend crédule et mène aux extravagances et aux illusions. Il vaut mieux s'inspirer du symbole de la *table rase* et arriver à l'étude du magnétisme, sans idées préconçues, sans prévention, sans parti pris. Il faut mettre ses sens en garde, mais ouvrir impartialement à la vérité l'accès de son esprit.

CHAPITRE II.

Définitions diverses du magnétisme animal. Mesmer et ses successeurs.

Mesmer et ses successeurs n'ont point tous attribué le même sens au mot *magnétisme* et n'ont point professé une doctrine uniforme.

Mesmer admettait un fluide magnétique répandu dans toute la nature, principe général du mouvement et de la vie des êtres; il lui attribuait l'universalité, l'omnipotence et l'ubiquité. C'était, sous une autre dénomination, l'âme du monde des anciens philosophes, l'esprit général de vie des alchimistes du moyen-âge, le dieu du panthéisme. Mais il admit en outre que le fluide magnétique ne devenait le principe de vie de chaque être, que par l'effet d'une modification que lui imprimait le *moule matrice* de l'organisation; cette modification variait en raison de l'espèce, du rang et de la destination finale des êtres; il appela magnétisme *animal* le fluide magnétique modifié par le *moule matrice* de l'homme. Le fluide nerveux ou vital n'est donc, dans cette doctrine, que le fluide magnétique modifié. La modification du fluide général rend raison de la spécialité de chaque existence et l'origine commune de chaque fluide explique les rapports de chaque être avec la création tout entière. La science du magnétisme mesmérien devrait, pour n'éluder aucune des conséquences de ses définitions, comprendre la science générale de la vie de l'homme et des autres êtres organisés, sous tous les rapports que la vie de chaque être supporte avec la vie universelle.

Après Mesmer, on a ramené le magnétisme à des proportions moins ambitieuses. Sans dépasser le sens étymologique du mot *magnétisme* et les analogies empruntées aux propriétés de l'aimant, on n'a plus vu dans les phénomènes magnétiques que les effets d'une force unique qui attire ou repousse; le magnétisme n'a plus été que la théorie de l'attraction et de la répulsion, qui deviennent antipathies ou sympathies, haine et amour, chez les êtres animés, sensibles et intelligents.

D'autres ont limité l'application du magnétisme à l'interprétation de certains actes insolites et inexplicables de la vie, qui ne peuvent rentrer dans le cercle des théories physiologiques ordinaires. Le magnétisme n'est pour ceux-ci que la théorie du somnambulisme et des actions vitales qui se transmettent à distance, sans intermédiaires appréciables.

D'autres, ne voulant point reconnaître aux phénomènes magnétiques des causes humaines ou matérielles, quittent la terre et se lancent dans le monde des esprits. Le magnétisme devient un mysticisme qui a pour objet soit des actions directes de l'âme humaine, soit l'intervention surnaturelle des anges ou des démons.

Viennent enfin les incrédules, qui ne veulent admettre ni le magnétisme, ni aucune des explications que l'on en donne, soit qu'on les emprunte à la science de la vie, à un fluide inconnu ou à un mysticisme imaginaire.

On voit par la diversité de ces définitions, que l'étrangeté des phénomènes du magnétisme animal et le caractère insaisissable et incompréhensible des actes du somnambulisme ont toujours découragé ou exalté l'esprit. On a été incrédule ou enthousiaste, et, par l'effet de cette double exagération, on s'est éloigné en sens contraire de la vérité. Les uns refusent de croire des choses qui se montrent clairement aux sens; les autres exagèrent ou dénaturent des faits réels et certains, et plus souvent encore, les attribuent à des causes arbitraires ou chimériques.

CHAPITRE III.

Aux incrédules.

La science magnétique n'existerait pas, et les phénomènes magnétiques ne seraient que de pures rêveries, si l'on ne devait jamais admettre que les choses que l'esprit conçoit nettement et peut démontrer. Mais il ne faut point confondre l'existence avec la raison des choses. Nos sens nous révèlent plus de réalités que notre esprit; et il s'en faut de beaucoup que tout ce qui est soit intelligible. Nous verrons, dans l'étude du magnétisme, beaucoup de phénomènes dont il nous sera impossible de nous rendre raison; mais nous les verrons clairement, indubitablement. Nous serons bien forcés de céder au témoignage de nos sens. Rejeter des faits parce qu'on ne peut pas les expliquer, qu'est-ce faire, sinon s'insurger contre soi-même, et mettre en conflit les facultés de l'esprit? Pourquoi les sens et la conscience auraient-ils, dans l'ordre légitime de leur action, moins d'autorité que la raison? On a vainement et trop longtemps parlé des illusions des sens; les sens ne nous trompent jamais; nous sommes toujours parfaitement certains des nouvelles qu'ils nous apportent; c'est la raison qui nous trompe et qui juge mal ces nouvelles; c'est la raison qui applique mal au rapport simple et vrai des sens, les artifices qui lui sont nécessaires, l'induction ou la déduction. On ne voit pas, on ne sent pas l'erreur, mais on l'induit ou on la déduit.

Il est donc raisonnable d'accorder aux sens autant d'autorité qu'à la raison, et de croire ce que l'on voit aussi fermement que ce que l'on comprend. Nous verrons dans nos études magnétiques, d'éclatants exemples qui viendront justifier cette maxime. Mais, disent les incrédules, il y a des choses impossibles, absurdes, contraires au bon sens, comme à tous les principes, et il en est ainsi de ce qu'on raconte du magnétisme et du somnambulisme. On ne peut pas croire de semblables choses. J'admets qu'il y a des choses absurdes et impossibles, mais ces choses-là ne se révèlent pas plus aux sens qu'à l'esprit. Quant à la question de savoir ce que l'on doit admettre ou rejeter dans le somnambulisme et le magnétisme, c'est une simple question de fait. Il ne faut, pour la juger, que de l'attention, du bon sens et de la bonne foi.

Il n'y a peut-être qu'un seul cas dans lequel on puisse légitimement repousser des faits allégués, sans même vouloir les vérifier ou les voir. Il ne suffit certes pas, pour le faire, que ces faits soient nouveaux, qu'ils nous semblent étranges et incompatibles avec des théories admises. Mais il suffit qu'ils ne puissent s'accorder avec les principes qu'on peut appeler *absolus*. Il y a dans toutes nos sciences, dans toutes nos connaissances, deux ordres de principes : les uns ne sont que des formules qui résument et condensent sous un terme plus ou moins général ce que nous avons induit ou déduit de l'observation; ils ne contiennent que ce que nous avons mis en eux, c'est-à-dire cette seule partie de la vérité que nous avons pu arracher à la nature. De tels principes n'ont point évidemment une autorité suffisante pour nous donner le droit de rejeter des faits qui leur seraient contraires. Ce ne sont que des espèces de jalons placés sur la route des sciences et marquant des points mobiles, que peuvent déplacer le temps et le progrès. Mais il y a d'autres principes, invariables, absolus, que nous n'avons ni induits ni déduits, que nous n'avons pas faits, qui nous ont été, en quelque sorte, révélés par la raison, et qui se confondent, si l'on veut, avec les lois fondamentales de l'intelligence. Ces principes, rien ne peut les changer, les amoindrir, les atteindre. Si l'on allègue des faits magnétiques ou autres qui en impliquent la négation ou même la plus simple modification, rejetez-les hautement *à priori*, sans examen, sans scrupule. Vous êtes en face de l'erreur ou de l'imposture, repoussez-les sans les entendre; vous avez, pour le faire, mission de la raison; vous êtes armé par la vérité elle-même.

CHAPITRE IV.

Théories magnétiques. Du fluide magnétique. Des impondérables.

Les incrédules ne sont peut-être pas les plus grands ennemis du magnétisme. On est moins loin de la vérité quand on la nie que si on la défigure. Rien ne blesse plus les esprits droits que cette ardeur enthousiaste qui porte à exagérer toutes choses, et dont on trouve tant d'exemples dans les annales du magnétisme animal. Il y a partout, à côté d'*un mirale*, une raison qui l'explique. Le fluide magnétique est le principal ressort de la logique en vogue dans l'interprétation du magnétisme animal; mais attribuer les faits à une cause incertaine et plus obscure qu'eux-mêmes, c'est donner le change à l'esprit, ce n'est pas le convaincre. Quelle que soit l'autorité de Mesmer et l'assurance de ses successeurs, nous ne savons point s'il y a, dans la nature, un fluide magnétique. Nous savons bien qu'il y a dans l'homme un principe de vie, et que ce principe semble résider plus particulièrement dans le système nerveux; mais, qu'on l'appelle fluide nerveux ou autrement, nous n'avons aucune idée ni de sa nature, ni de ses propriétés, ni de son mode d'action. Il ne tombe ni sous les sens ni sous la conscience; la nécessité de son existence, induite ou déduite des faits observés, s'impose à la raison, mais uniquement et exclusivement sous la notion vague de force inconnue. Il ne faut point s'aveugler sur la portée de l'esprit; il n'y a pour nous, dans l'étude du magnétisme comme dans celle de la vie en général, que des réalités phénoménales, et toutes nos explications consistent à saisir et à classer leurs rapports. Dans l'ordre purement mécanique, l'esprit n'abandonne point la filiation des choses, et nous nous faisons une idée assez nette des relations de cause et d'effet : nous expliquons véritablement. Mais, dans l'ordre vital, ces relations de cause et d'effet nous échappent, et toutes nos explications physiologiques et magnétiques consistent à décrire et à nommer les choses : nous ne les expliquons pas.

Il ne faut pas se laisser séduire par la pompe et le

bruit de ce grand mot de fluide magnétique universel introduit dans la science. On dit que c'est un impondérable qui est à la vie ce que plusieurs autres sont à la nature; mais que sont les impondérables? — Il y a aujourd'hui quatre principes impondérables admis dans les sciences physiques : le principe électrique, le principe du magnétisme terrestre, le calorique et le fluide lumineux. La science moderne a démontré l'identité de nature des deux premiers, et elle a signalé entre les deux derniers des analogies et des modes d'action tellement similaires, qu'on est en droit de soupçonner qu'ils ne sont que deux modes d'être ou deux formes distinctes d'un même fluide. On entrevoit en outre des découvertes possibles qui permettront de rapprocher les quatre principes et de les considérer comme des émanations ou des modifications d'un principe unique, d'un éther universel. C'est l'ancienne conception hypothétique de la philosophie; c'est l'âme du monde retrouvée par la physique expérimentale et élevée à l'état de probabilité scientifique. Veut-on voir là le fluide magnétique mesmérien ? Ce serait réduire le magnétisme à prendre son point de départ là où la physique moderne ne se permet encore qu'une conjecture et un soupçon. Il y a un cinquième principe impondérable, c'est le principe de l'attraction universelle. Je ne sais pourquoi l'usage a prévalu de considérer cette grande force comme une simple propriété de la matière. Elle n'a ni plus ni moins de titres à l'impondérabilité que les quatre impondérables précités ; comme eux, elle est inconnue dans sa nature et ne se révèle que par ses effets. Nous ignorons si l'attraction est une propriété inhérente à la matière, si elle est l'effet d'un principe substantiel incorporé à la matière, si elle est, parmi les causes créées, cause première ou secondaire. Mais nous pouvons autant en dire de toutes les autres forces impondérables. Nous ne savons de l'une que ce que nous savons de l'autre. Qu'il s'agisse de l'électricité, de l'attraction, du magnétisme, nous pouvons poser les mêmes problèmes sans varier les termes. Nous nommons quelques impondérables fluides, bien que nous ignorons la nature de tous. L'attraction, l'électricité, le principe magnétique agissent à distance, sans intermédiaires connus. Ce mode d'action, étranger aux substances terrestres, nous étonne. Mais qu'y a-t-il d'étonnant à voir de nouvelles formes ou de nouveaux modes d'action, dans un monde nouveau? C'est pourtant un écueil contre lequel s'est longtemps brisée la célèbre théorie de l'attraction. On ne s'est pas facilement résigné à admettre l'attraction comme cause première dans l'ordre mécanique. On la repoussait sous le nom de cause occulte, et on hésitait à croire à des actions exercées à distance sans intermédiaires appréciables. On chercha longtemps la cause de cette cause, et on imagina un fluide gravifique, qui était à la fois principe de l'attraction et médiateur entre les corps qui s'attirent; mais ce fluide est rentré dans le tombeau des hypothèses inutiles, qui attend peut-être le fluide magnétique.

Le principe de la vie est bien à l'ordre vital ce que le principe de l'attraction est à l'ordre matériel; l'un produit et régit la vie, comme l'autre le mouvement; mais il y a cette différence entre les effets de l'attraction et les actions vitales, que nous savons mesurer, calculer, prévoir les uns, tandis que les autres échappent à toute règle et à toute mesure. L'empire de l'attraction est soumis à des lois uniformes et savantes que le génie de l'homme a pénétrées; dans l'empire de la vie, au contraire, tout est pour nous anarchie, incohérences, mystères. Toutefois il n'est point impossible que l'on parvienne à découvrir quelque principe impondérable qui nous permette de démêler tant d'actions confuses et compliquées. On se souvient des vives espérances que fit naître la découverte du galvanisme; on crut qu'on allait enfin mettre à nu les plus intimes secrets de la vie; mais toute illusion à cet égard s'évanouit, quand on vit que le principe galvanique n'était qu'un nouvel excitant vital. Une espérance déçue ne doit point amener le découragement. Nous ne connaissons pas toutes les propriétés de la matière; elle renferme probablement, dans les profondeurs de son essence, plusieurs nouveaux principes impondérables dont nous n'avons aucune idée. L'observation, le temps, le hasard, un artifice expérimental heureux, peuvent nous révéler quelques propriétés nouvelles, ou des principes inconnus qui nous ouvriront des jours nouveaux. Qui eût jamais pu prévoir qu'un morceau d'ambre ou de verre frotté serait le point de départ d'une science merveilleuse? La découverte d'un impondérable peut agrandir pour nous le champ de l'existence, comme le ferait un nouveau sens. Il n'y a pas moins de merveilles dans la science que nous avons fait sortir du principe électrique, que dans la science des sons, que nous devons à un de nos sens naturels. Qui sait si tous les mystères de la physiologie et du magnétisme animal ne tiennent pas à l'ignorance d'un seul terme, comme toute harmonie serait brisée par l'absence d'une seule note?

Mais nous ne devinerons pas ce terme heureux; on découvre, on n'invente pas les principes impondérables. Qu'il y en ait un nombre plus ou moins grand; qu'ils soient ou ne soient pas des modifications diverses d'un principe unique et universel, il importe de ne jamais oublier que nous ne connaissons ni leur nature ni leurs propriétés essentielles; nous ne pouvons pas même affirmer qu'ils existent comme êtres réels. Rien ne prouve qu'ils ne soient pas tous ce qu'on dit être le principe de l'attraction, des propriétés spéciales de la matière. Nous ne connaissons réellement des impondérables que leurs effets physiques; c'est l'ensemble de ces effets, c'est le dernier terme sous lequel l'analyse les résume, que nous nommons impondérable. Réalités substantielles ou propriétés de la matière, les impondérables ne portent point la lumière dans les choses, ils la reçoivent d'elles. Le principe de l'attraction n'a pas révélé à Newton la loi suivant laquelle les corps s'attirent ; c'est pour l'avoir trouvée, mesurée, calculée, que son nom traverse les âges avec tant d'éclat ; le mot attraction, qui n'était qu'un signe vague, est devenu dès lors le nom d'une loi positive. Le magnétisme animal attend son Newton. Qu'il arrive et démêle, dans la confusion des phénomènes magnétiques, l'ordre et la loi, le mot de fluide magnétique cessera d'être une impuissante dénomination.

Pourquoi d'ailleurs nommer les impondérables, des fluides ; c'est un terme impropre. Il vaudrait mieux les appeler agents, êtres, leur donner un nom qui n'ait aucune signification déterminée et qui n'implique l'idée d'aucune réalité substantielle. Nous ne pouvons nous représenter un fluide que sous la forme d'un gaz ou d'une vapeur. Si les impondérables étaient des fluides, ils ne seraient que des vapeurs infiniment rares et subtiles ; et comme des vapeurs ne changent pas de nature en changeant de densité, la théorie de leurs actions se réduirait à une sorte d'hydrostatique subtile et chimérique. Peut-on ramener à la théorie des gaz et des vapeurs l'électricité, le calorique, l'attraction, le magnétisme, la vie ?

Il est vrai que des dénominations impropres n'ont point égaré la logique prudente et sévère des physiciens ; ils n'ont point procédé synthétiquement et tenté de déduire les effets des impondérables de leur nature ; ils se seraient condamnés à n'admettre dans leurs théories que des faits compatibles avec les propriétés que l'esprit peut assigner à un fluide. Mais ils ont suivi une marche inverse ; ils ont étudié les faits sensibles, saisi leurs rapports et leurs lois ; ils sont remontés de loi en loi jusqu'à la loi dernière et ont tout résumé en elle, en lui donnant le nom de fluide impondérable. L'impondérable, ainsi revêtu de toutes les conquêtes de l'expérience, rend compte de tout, parce qu'il contient tout. Il y a toujours entre l'état ou les propriétés du fluide que l'esprit conçoit et les effets qu'on lui attribue, des relations telles que l'une de ces choses peut être prise pour l'autre et lui servir de signe et de mesure.

Rien de plus légitime assurément que d'étudier la vie, en général, et le magnétisme animal en particulier, comme les physiciens ont étudié la nature. On peut, si l'on veut, appeler fluide magnétique la cause inconnue de tous les actes vitaux. Mais il ne faut pas faire de ce fluide un agent docile et complaisant dont on transporte les propriétés imaginaires aux instruments de la vie, prenant toujours le même mot pour la raison de chaque fait. Il ne faut pas croire que l'on se rend compte des choses, en disant : c'est le fluide magnétique qui entre, qui sort, qui s'accumule, qui s'évapore ; c'est mon fluide qui se mêle au vôtre ; c'est votre fluide qui repousse le mien, etc. Qu'y a-t-il en réalité sous ces simulacres d'explication ? Quel rapport peut exister entre les propriétés ou les modes d'action que l'on peut concevoir dans un fluide et les actes de la vie et de l'esprit ? Quel repos donne-t-on à l'imagination en faisant circuler des actions vitales, des sentiments, des émotions sur les molécules impalpables d'un fluide invisible? Ne dites pas que vous raisonnez comme les physiciens. Le fluide n'intervient en physique que là où l'on a reconnu, mesuré, calculé des effets; il n'est jamais que la représentation ou l'expression métaphorique de choses réelles et distinctes. Chez vous, au contraire, le fluide magnétique n'est que la cause uniforme et vague de choses que vous ignorez, que vous ne savez ni prévoir, ni discerner, ni comprendre. Vous expliquez ce qui est comme ce qui n'est pas. Un effet se montre, c'est le fluide; il ne se montre pas, c'est encore le fluide. Le fluide magnétique endort comme il éveille; il paralyse les muscles et les met en convulsion. Il guérit et rend malade. Si les fonctions vitales s'exercent sous des conditions insolites, c'est le fluide; si la vie elle-même revêt une forme nouvelle et manifeste des facultés merveilleuses et inaccoutumées, rien de plus simple, c'est le fluide, le fluide magnétique partout et toujours.

Les physiciens signalent, constatent et mesurent tout ce qu'ils voient leurs fluides produire; tandis que vous faites produire à votre fluide tout ce que vous imaginez; les physiciens écrivent des histoires véritables qu'ils mettent sous le nom des impondérables; vous faites des romans sous celui du fluide magnétique.

On entend quelquefois comparer Mesmer à Newton

et le fluide magnétique à l'attraction. Deux grandes découvertes, dit-on. Mais il y a, de l'une de ces choses à l'autre, toute la distance qui sépare un jeu d'imagination de la plus noble conquête de l'esprit ; l'attraction est le nom donné à la découverte d'une loi universelle de la nature ; Newton a deviné un des plus sublimes secrets de la Providence. Le fluide magnétique n'est qu'une hypothèse stérile, écho rajeuni des anciennes disputes philosophiques et des visions des alchimistes du moyen âge. Mais écoutons Mesmer. Principe de toutes les forces et de toutes les harmonies de la création, le fluide magnétique est la cause universelle de la vie des mondes. Partout répandu, il pénètre la substance des corps et remplit les espaces qui les séparent. Il est à l'état latent, chez tous les êtres de la nature, entre les molécules desquels il reste inaperçu. Il entre spontanément en action et produit tous les actes de la nature et de la vie ; les astres, la terre, les corps inorganiques et les corps animés sont soumis à ses lois ; il est la source universelle des sympathies et des antipathies ; tout ce qui s'attire, tout ce qui se repousse sur la terre ou dans les autres sphères de l'espace, révèle une action du principe magnétique. La volonté humaine agit sur lui ; elle peut l'évoquer en quelque sorte des entrailles de la matière et provoquer son activité. Soumis à l'influence du fluide en mouvement, les organes des animaux éprouvent, dans leur sensibilité et dans leurs actions, des modifications insolites qui changent les conditions normales de la vie, influent sur la santé comme sur les maladies et produisent tous les phénomènes magnétiques. Non content d'avoir imaginé le fluide magnétique, Mesmer croyait avoir déterminé la loi de ses mouvements et toutes les conditions de sa transmission. On le voyait, Neptune de cet océan chimérique, armé de sa baguette comme d'un trident magique, faire jaillir le fluide, le lancer en courants, l'accumuler, le concentrer dans des réservoirs. Il en saturait les corps vivants et les corps inorganiques. Il dirigeait à volonté son action sur un corps entier ou sur des organes isolés. Certains corps étaient conducteurs, d'autres ne l'étaient pas. Mesmer semblait être un moderne Prométhée qui avait dérobé le feu du ciel et rapporté sur la terre les secrets et le pouvoir des dieux.

On s'étonne de l'immensité d'une telle découverte et d'une telle puissance. Mais y a-t-il réellement un fluide magnétique universel? Ce fluide est-il la cause générale du mouvement et de la vie? Comment Mesmer l'a-t-il découvert? Il ne l'a point vu, senti, touché; ce fluide est invisible, impalpable et ne tombe sous l'action d'aucun de nos sens. Il l'a donc vu avec les yeux de l'esprit. Mais l'esprit, dans sa course la plus lointaine, ne trouve point le fluide magnétique; il trouve l'infini. Il trouve la cause première, une et toute-puissante, suprême intelligence et suprême bonté; mais il ne l'appelle point fluide magnétique, il l'appelle *Dieu*. En présence de Dieu, l'esprit s'humilie, s'anéantit, adore, espère ; il conçoit que tout est en Dieu, le gouvernement, le mouvement et la vie des mondes ; mais il ne voit point quel est, dans la main de Dieu, le ressort principal qui met en action tous les autres. Il ne voit point si ce ressort est fluide, liquide, solide. Rentrant dans le monde, l'esprit voit que tout est soumis à des lois et à des harmonies constantes. Il les admire, il cherche à les comprendre. Il voit que tout se réduit au mouvement, à la vie et à la pensée. Mais y a-t-il un principe unique qui fasse mouvoir les corps, vivre les êtres organisés et penser l'homme ? Ce principe est-il le fluide magnétique ? Qui a donc révélé à Mesmer ce grand secret ?

Il n'y a d'unité qu'en Dieu. Il n'y en a point dans la nature ; il n'y en a ni dans les plantes, ni dans les animaux, ni dans l'homme. La pensée, la vie et le mouvement ont des causes distinctes et spéciales qui ne sont point réductibles à une seule. L'universalité du fluide magnétique est une chimère. Dire avec Mesmer et quelques-uns de ses successeurs que le fluide magnétique se transforme dans chaque être et se modifie dans le *moule matrice* de l'organisme, qu'est-ce faire autre chose que reconnaître que les êtres divers ont des propriétés et des facultés en rapport avec leur nature et leur fin ? Comment le fluide magnétique devient-il fluide gravifique pour mouvoir les astres et faire tomber une pierre ; fluide vital pour faire végéter une plante ; fluide magnétique, animal, nerveux, pour faire sentir, agir, vouloir et penser les animaux et l'homme ? Qu'y a-t-il dans ces métamorphoses idéales du fluide magnétique, qu'un vain nominalisme qui consiste à donner le nom commun d'une chose qu'on imagine à des choses distinctes dont on ne connaît ni la nature ni les différences.

On peut conclure des réflexions qui précèdent qu'il n'est pas impossible qu'il y ait un principe universel répandu dans toute la nature, une âme du monde si l'on veut ; mais ce qui n'était, pour l'ancienne philosophie, qu'une conjecture et une hypothèse, n'est encore, pour la philosophie moderne, qu'un soupçon, ou tout au plus une probabilité. Il n'est point certain que les principes impondérables, connus et inconnus, ne soient que des émanations, des modes d'être ou des formes du principe universel. Quoi qu'il en soit, nous ne connaissons la nature d'aucun de ces principes; nous ne savons s'ils sont *fluides* et analogues aux substances terrestres. Les actions physiques, qui seules nous les révèlent, et dont nous résumons en eux l'ensemble et les détails, les modes, les degrés et les lois, nous montrent leur puissance et jamais leur nature. Ce sont des ressorts secrets qui agissent dans l'ombre ; s'ils lancent le feu et la lumière, ces vives clartés physiques frappent nos yeux sans dévoiler à notre esprit leur mystérieuse essence. Le dieu du panthéisme, caché dans l'espace et les corps qui nous entourent, n'est pas moins impénétrable que le dieu de vérité dont la religion et la philosophie placent le séjour au delà de tous les mondes. Les impondérables sont-ils esprit ou matière? Ont-ils une nature intermédiaire? Nous n'avons aucun moyen de le démontrer, ni même de le comprendre. Le fluide nerveux ou vital, principe de la vie physique, est-il une modification du principe universel magnétique? Les mesmériens l'affirment ; mais ils ne le savent ni ne le prouvent. Il y a plus de trente siècles que les hommes cherchent et ne trouvent pas le mot de l'énigme de la vie, et on peut, sans beaucoup de témérité, prédire que trente siècles nouveaux ne soulèveront pas le voile qui couvre ce mystère. Il est entré dans les desseins de la Providence que tous les ressorts primitifs de la nature et de la vie fussent invisibles et impénétrables, et c'est sous la garde du plus silencieux des sphinx qu'a été placé le principe vital. Ce principe ne tombe sous l'œil de l'esprit que sous la notion de force inconnue. Il ne nous est permis de saisir que ses manifestations extérieures, physiologiques ou magnétiques.

CHAPITRE V.

Animisme. Intervention de l'âme dans les actes du magnétisme animal.

Le mysticisme est né de l'impuissance de l'esprit à trouver, dans un fluide impondérable, l'origine et la loi des phénomènes magnétiques. On a cru ne pouvoir attribuer qu'à un être immatériel des faits excentriques qui semblent rebelles à toutes les lois qui gouvernent la matière; on a vu l'action directe de l'âme humaine dans des mystères qui étonnent et déconcertent la raison. Il n'y a plus rien d'impossible dans les choses, il n'y a plus rien qui embarrasse dans leur interprétation, dès qu'on fait intervenir l'âme humaine. Émanée de la Divinité, l'âme conserve une partie de l'omnipotence divine; un fait est possible, il est compris et expliqué, si on l'impute directement à l'âme. Au métaphysicien, l'âme explique le sentiment, la volonté, la pensée; au physiologiste, elle révèle la vie physique et ses merveilles; dans le magnétisme, elle fait des miracles.

Un mot suffit alors à la science tout entière; tout cède, tout s'impute à l'autocratisme de l'âme; il n'y a plus à chercher dans les choses des conditions, des relations, des lois; toute théorie se réduit à un acte de foi. La logique des animistes n'est pas autre au fond que celle des mesmériens; il n'y a qu'une seule différence dans leur langage; là où les uns disent : c'est le fluide magnétique, les autres disent : c'est l'âme. Mais ce mot magique ne tranche point les difficultés. Il n'est point permis de s'abstraire, dans l'étude de la nature et de la vie, des conditions matérielles auxquelles rien n'échappe dans ce monde, auxquelles l'âme elle-même ne peut se soustraire. En entrant dans l'organisme humain, l'âme immatérielle tombe sous la loi de la matière et perd son indépendance et sa puissance divines.

La Providence qui nous a donné la vie semble nous avoir destinés à jouir de ce bienfait sans qu'il nous fût possible d'en comprendre la nature et le mystère. Nous cherchons en nous et hors de nous le principe qui nous anime. L'esprit cherche partout un point d'appui; nous ne le trouvons ni dans la nature ni dans l'organisme; nous ne le trouvons qu'en Dieu. Qu'est-ce que la vie? C'est, nous dit l'un, une intelligence servie par des organes; c'est, dit l'autre, l'ensemble des fonctions qui résistent à la mort; c'est, dit un troisième, la somme complexe des effets produits par l'harmonie du tout. Abstractions puériles! illusoires et stériles jeux d'esprit! Qu'y a-t-il en réalité dans ces impuissantes formules? La première nous montre dans la vie un gouvernement, une autorité, des ordres, des instruments. Mais quel est le principe de ce gouvernement? Quelles sont ses règles et ses lois? Comment les ordres sont-ils donnés, compris, exécutés? Pourquoi tant de révoltes contre l'autorité? Vous ne signalez que le despotisme, dans un gouvernement où règnent, sous mille formes, les tempéraments, l'accord, l'harmonie et la mutualité. Que signifient les deux autres définitions? Par la deuxième, nous apprenons que la vie n'est pas la mort; et la dernière n'est qu'une laborieuse et stérile naïveté. Mais peut-on définir la vie? peut-on définir l'inconnu? Tout vit dans la nature; la matière elle-même est vivante et n'est pas inerte. L'inertie n'est que l'indifférence au repos et au mouvement; mais il y a autre chose que du mouvement dans la matière. Avant de se mouvoir, il faut être; et si les molécules matérielles étaient inertes, nous ne concevrions pas la formation et la durée d'une pierre. Les corps inorganiques vivent donc et subsistent en vertu d'un équilibre qui tient à des forces, inhérentes ou adhérentes à leurs molécules. Mais la vie semble se réduire, dans le monde inorganique, à des forces aveugles et constantes. La vie change de caractère dans le règne végétal et s'enrichit d'un principe nouveau, la plante vit et végète. Avec le règne animal, l'activité, la sensation, l'instinct, la perception, etc., entrent dans le monde. Tous ces dons ont été accordés à l'homme; mais la Providence lui a donné de plus le sentiment, la pensée, la volonté, nobles symboles de dignité et de grandeur. Une définition de la vie humaine ne serait donc rien moins qu'une définition de la vie universelle. L'esprit peut-il contenir, le langage humain peut-il résumer une formule assez large pour l'exprimer?

Ainsi l'homme, véritable microcosme du monde, est à la fois matière, plante, animal et homme. Y a-t-il un principe distinct pour chacune de ces existences? Avons-nous, comme l'ont cru tant de penseurs anciens et modernes, plusieurs âmes, une âme végétative, une âme sensitive, une âme pensante? Comment s'établissent, entre ces âmes diverses, l'union, la dépendance, l'harmonie, l'autorité? Comment la vie est-elle une et multiple? Comment s'accordent les innombrables ressorts de l'organisme, pour produire le savant concours de tant d'actions vitales, qui viennent se résoudre dans le merveilleux dualisme de la vie physique et de la vie morale, lesquelles viennent enfin se confondre dans l'admirable et incompréhensible unité de la vie humaine ? Les principes impondérables semblent jouer un grand rôle dans les formes inférieures de la vie. Ceux que nous connaissons, d'autres dont la science soupçonne l'existence, ne seraient-ils pas ces âmes végétative, sensitive, auxquelles nous soumettons le gouvernement de la vie physique tout entière ? L'unité de la vie humaine n'aurait-elle pour condition que des principes impondérables, placés sous l'autorité de l'âme immatérielle ? Toutes ces questions, beaucoup d'autres du même ordre, sont des énigmes dont l'esprit se fatigue vainement à chercher le mot. La vie, dans toutes ses formes, ne nous montre que des mouvements, des modes et des actes, sans jamais nous dévoiler le principe dont ils sont l'effet. Ce principe n'est jamais pour nous que la cause inconnue des phénomènes qui tombent sous les sens ou sous l'œil de la conscience. C'est le même voile, impénétrable aux sens comme à l'esprit, qui couvre pour nous toutes les forces vivantes. Impondérables, âmes végétative, sensitive, âme pensante elle-même, tout a été caché par la main divine dans les invisibles et mystérieuses profondeurs des organes matériels. Il n'est pas donné à la science humaine de savoir si toutes ces puissances inconnues ont une existence substantielle, ou s'il a plu à la Providence de les incorporer à la matière, de les assimiler aux molécules matérielles et de créer ainsi une substance qui fût une, et qui eût en elle-même toutes ses forces, toutes ses énergies, toutes ses facultés. Ici nous rencontrons cette grande question du matérialisme et du spiritualisme qui a tant exercé, tant tourmenté l'esprit des hommes; question qu'on a fai redoutable, qui semble mettre la raison aux prises avec la conscience et qui pèse sur le cœur comme un crime.

J'ose à peine approcher d'un problème qui a bravé jusqu'à ce jour les efforts de tant de sages et qui a toujours soulevé tant de disputes et tant d'orages ; *Incedo per ignes*. Mais mon sujet me lance malgré moi sur ce terrain brûlant. On me dira que chez les somnambules extatiques, l'âme immatérielle se sépare complétement ou incomplétement de son enveloppe matérielle pour aller saisir directement les choses dans toute la liberté de sa pure essence, qu'elle s'élance dans l'espace, qu'elle entre en communion avec les esprits et les anges : noble parcelle de l'âme divine, elle peut, dit-on, quitter momentanément l'exil et les fers auxquels elle est condamnée sur la terre pour aller se plonger dans le sein de sa mère. Voyez! le froid a déjà saisi sa dépouille abandonnée; la mort va la dissoudre, mais le temps de l'expiation n'est pas achevé, l'âme rentre dans sa prison, rapporte la vie et confie à son instrument matériel les sublimes secrets qu'elle a trouvés au séjour de toute vérité et de toute lumière. Telle est l'interprétation spiritualiste des facultés surnaturelles des somnambules et de l'extase somnambulique. Mais dans une autre opinion, il n'y a point de principe immatériel ; c'est le cerveau lui-même qui représente, sous une forme concrète, le souffle divin qui anime les hommes. Les extatiques sont dupes de l'illusion qui consiste à prendre le sentiment des choses pour les choses elles-mêmes. Il n'y a, dans l'extase, ni voyages dans l'espace, ni transport au ciel ; le spectacle et toutes ses merveilles ne dépassent point l'humble région de la terre. Le cerveau est à la fois l'acteur, le spectateur et le théâtre.

Comment concilier deux doctrines opposées qui semblent inconciliables ? Il faut choisir pourtant, il n'y a point ici de moyen terme ; car qu'y a-t-il entre l'esprit et la matière ?

Ce n'était pas assez des ténèbres et des mystères qui couvrent ces deux grandes doctrines du spiritualisme et du matérialisme : on a placé devant l'esprit humain un écueil nouveau en les rendant solidaires de la religion et de la morale ; on tient que le matérialisme ébranle dans ses bases les plus solides la morale et la vertu, qu'il est l'allié de la mort et du néant, le fléau de la société. De toutes parts on crie : Anathème à la matière. On ose à peine penser aujourd'hui, comme le sage et vertueux Loke, que la question est au-dessus des forces humaines, et que peut-être il a plu à la divine Providence d'accorder à la matière le sentiment et la pensée. Le spiritualisme triomphant partout de nos jours, a dit : La matière ne peut pas penser ; il a dit à Dieu : *Tu ne pourras pas*. Il ne permet à ses adversaires d'être religieux et vertueux qu'à titre d'inconséquence. Il ne répond à leurs doutes et à leurs arguments que par le dedain et la pitié ; sur le trône radieux où il s'est élevé sur les débris de la vile matière, il se couronne de la gloire des saints et de l'auréole du génie.

Nor mihi licet inter nos tantas componere lites.

Il ne ne m'appartient ni de venger les vaincus, ni de triompher avec les vainqueurs. Je ne viens point défendre le matérialisme ; je n'ai point le droit de glorifier le spiritualisme, je crois à la toute-puissance de Dieu ; mais je ne sais sous quelle forme, sous quelle nature substantielle il lui a plu d'envelopper le miracle incompréhensible du sentiment et de la pensée de l'homme ; je ne nie point l'être simple des spiritualistes, mais j'ignore quelles sont ses relations avec la substance matérielle dont il est inséparable, sous le rapport de l'action et de l'essence pendant le mode de la vie terrestre. J'ai médité, comme d'autres, les arguments du spiritualisme, ils ont souvent embarrassé, terrassé mon esprit, mais sans jamais me laisser une conviction entière. Une logique artificieuse ne fait pas l'évidence, et je ne me suis jamais senti rassuré quand la métaphysique, tendant ses fils d'araignée sur l'abîme qui sépare l'esprit de la matière, affirme qu'on peut le traverser sans les rompre.

Est-il bien certain, au reste, qu'un mystère que la Providence semble avoir voulu rendre impénétrable pour nous, importe autant qu'on le dit à la morale et à la religion ? Il y a deux grands principes qui semblent être les assises fondamentales de toute vertu humaine et de tout culte religieux, c'est la croyance en Dieu et à la vie future. Le premier a pour l'homme l'évidence d'un axiome, car la raison ne pourrait le rejeter sans abdiquer ; le second nous est révélé par les élans de la conscience et les mille aspirations du cœur. Mais le dogme de l'immatérialité n'est qu'une conception rafinée des temps philosophiques. Je sais toutes ces objections qu'on croit profondes et terribles. La mort emporte et dissout la matière tout entière, substance et attributs ; il y a incompatibilité absolue entre la pensée qui est simple et la matière qui ne l'est pas, etc., etc., etc. Mais je sais aussi qu'il y a des difficultés aussi graves, aussi insurmontables dans le spiritualisme. Il n'est pas plus facile de comprendre comment l'esprit commande à la matière, pense et agit avec elle et par elle, que de comprendre comment la matière peut agir et penser. Que faire ? Convient-il bien d'affecter l'assurance et la conviction, quand tout est doute et ténèbres ? N'est-il pas mieux de reconnaître humblement son impuissance ? D'où vient d'ailleurs ce dédain superbe pour la matière, qui n'est pas moins que l'esprit œuvre de Dieu ? N'y avait-il pas plus de religion et plus de vertu dans la sagesse antique, qui disait qu'il n'y avait *rien de vil dans*

la maison de Jupiter; Nil vile, in domo Jovis?
Dieu est tout-puissant; il nous dira un jour le secret qu'il tient caché pour nous dans cette vie. Il a créé la matière comme la pensée; la matière pense, s'il l'a voulu; il la fera renaître avec la pensée, s'il veut qu'elle revive. En attendant, ne jetons point sur la religion et la morale le poids d'un problème insoluble qu'effleurent à peine les artifices d'une dialectique insaisissable et d'une vaine gymnastique d'esprit. La vertu n'est ni savante ni subtile; la religion, qui nous a révélé le dogme de la vie future et de l'existence d'un Dieu unique, ne nous a point découvert le mystère de la nature substantielle de l'âme; ses premiers, ses plus grands docteurs ont cru l'âme matérielle et ne flétrissaient que le matérialisme allié de la mort, qui nie la vertu, la résurrection et l'immortalité (1).

Mais si tout est incertitude et ténèbres quand il s'agit de démontrer la simplicité, l'immatérialité de l'être qui pense en nous, tout devient clair, certain, évident, dès qu'il n'est plus question que de reconnaître l'indispensable et incessante action du cer-

---

(1) Matérialisme! spiritualisme! Y a-t-il donc aujourd'hui tant de place pour l'anathème entre ces deux mots ennemis? Il y eut, au temps des rêveries et des fables, un matérialisme aveugle et grossier qui essaya de tout réduire à la matière et au mouvement, aux atomes et au hasard; mais il n'y a plus de place, dans la science, pour un tel rêve; il n'y a plus de place dans la société pour les tristes héritiers de Leucippe, de de Démocrite, d'Épicure. Quel est aujourd'hui le fond de la

veau dans toute manifestation du sentiment et de la pensée. Maître ou instrument, roi ou ministre dans l'ordre intellectuel et moral, le cerveau intervient dans toute sensation, toute perception, toute nuance d'émotion, tout fait de conscience, tout acte, enfin, de la vie morale. Il n'est pas moins puissant dans le gouvernement de la vie physique, à laquelle il préside indirectement par les agents qui sont placés sous ses ordres. L'homme vit et pense par le cerveau. On peut dire de ce roi des organes, chef-d'œuvre de la création, ce que l'Apôtre a dit de Dieu lui-même : *In illo vivimus, nascimur et sumus.*

On n'a contesté, dans aucun temps, au cerveau, cette admirable prérogative, d'être l'organe de l'intelligence ; mais c'est dans d'autres organes, dans des appareils de la vie organique, que beaucoup de physiologistes avaient placé le siége des affections, des sentiments, des passions. Le cœur, le foie, le centre phrénique, l'estomac, etc., etc., ont été considérés comme des centres directs d'émotion ; et toutes les langues humaines portent encore, dans

querelle ? Les matérialistes et les spiritualistes disputent moins sur l'existence de l'âme, que sur la nature des relations qu'il a plu à la Providence d'établir entre l'âme et la matière. Mais que l'âme possède exclusivement, ou qu'elle partage avec un organe matériel, l'autorité, la liberté, la responsabilité, la volonté, toute dispute sur ce point est limitée au mode de la vie terrestre, n'implique point le mode de la vie future et s'éteint sur un tombeau.

le nom donné à diverses passions et à plusieurs sentiments, la preuve de cette illusion de la science. On dit d'un homme qui vient de montrer son courage, qu'il a du cœur; on dit d'un homme envieux, qu'il a de la bile. L'erreur venait de ce que l'on confondait le lieu dans lequel les passions retentissent et se font sentir, avec le lieu où elles naissent; une vive émotion nous frappe principalement vers la région épigastrique; le plaisir et l'espérance agitent le cœur; mais ces effets sont secondaires; la passion ne se forme pas plus dans l'organe où elle se fait ressentir, qu'une douleur de la main n'est perçue par la main elle-même; et si nous pouvions, dans le premier cas, intercepter par la section des nerfs, comme nous le faisons facilement dans le second, toute communication avec le cerveau, nous verrions cesser à l'instant toutes ces émotions, dans les lieux où elles semblaient se produire.

On ne peut séparer du cerveau, dans le gouvernement de la vie, les trois appareils nerveux, parties continues d'un tout indivis, qui, sous le nom de cervelet, de moelle allongée et de moelle épinière, forment, avec le cerveau, ce que l'on appelle les centres nerveux. De cet appareil central complexe, on voit émerger les nerfs qui semblent être les branches de l'arbre nerveux; ils sortent symétriquement et en nombre égal de chaque côté, se portent en divergeant vers toutes les parties du corps, se divisent et se subdivisent à l'infini, et vont se perdre, en fibrilles innombrables, dans tous les organes, instruments et appareils de l'organisme, ou s'épanouir, en membranes sensibles, dans les organes spéciaux des sens. Il y a, en outre, chez l'homme, un autre système nerveux distinct, qui paraît présider spécialement et directement, sous l'autorité des centres nerveux, à la vie végétative dite organique; c'est le système ganglionnaire, tri-splanchnique ou grand sympathique. Entre les deux systèmes nerveux, il y a des rapports intimes et une influence réciproque, qui s'exercent par de nombreux filets de communication intermédiaires. Le système nerveux grand sympathique se compose d'un certain nombre de ganglions nerveux, sortes de petits cerveaux étendus de chaque côté de la colonne vertébrale, sous la forme d'une double chaîne verticale. Ces ganglions sont unis l'un à l'autre par un tronc nerveux; chacun d'eux donne naissance à des filets qui se mêlent, s'entrelacent en plexus, et qui, après des divisions et des subdivisions innombrables, vont se perdre en myriades de fibrilles capillaires dans tous les départements organiques.

Tel est, considéré dans sa forme ou sa disposition la plus générale, le système nerveux; tel est ce puissant et mystérieux instrument à qui la divine Providence a confié tous les secrets, toutes les merveilles, toutes les facultés, toutes les énergies de la vie. Le système nerveux est, pour ainsi dire, l'homme tout entier. C'est lui qui vit, qui sent, qui agit, qui pense et qui veut. Le système nerveux anime et gouverne les innombrables ressorts dont le jeu constitue le mécanisme de toutes les fonctions. Les fibres nerveuses pénètrent toutes les autres. L'influx nerveux atteint dans leurs dernières profondeurs tous les éléments organiques, et il n'est pas une action vitale qui n'ait son point de départ, sa condition, sa cause, sa raison d'être dans la force nerveuse; il n'en est pas une qui n'ait, dans l'arbre nerveux, une route ouverte dans tous les sens. Le tourbillon vital nous représente, dans le plus puissant de ses appareils, une complication de mouvements dont le nombre et la rapidité échappent à la pensée elle-même; les actions, bien que successives, semblent être simultanées, et c'est le système nerveux qui les dirige, qui les unit, qui les enchaîne, qui les concentre, qui les fait concourir à un même but, et de tant de vies partielles crée le miracle de la vie humaine, du moi humain, dans son admirable et incompréhensible unité!

La vie, dans toutes ses formes, se reflète dans le grand instrument qui en est l'agent principal. On peut suivre l'action vitale, effet constant de l'action nerveuse dans l'arbre nerveux tout entier. Le système ganglionnaire préside à la vie végétative dite organique. La vie dite de relation ou la vie morale, placée sous l'autorité du grand système nerveux, commence aux sensations et aux mouvements, se termine et se complète dans les centres nerveux. Les sensations et les mouvements suivent dans leur insaisissable circulation, un double courant dont la direction nous est décélée par la distribution générale des nerfs. Les sensations partent des extrémités nerveuses, périphériques ou internes, et sont transmises par des nerfs spéciaux, aux masses nerveuses centrales. Les mouvements partent du centre et vont, par d'autres nerfs spéciaux, mettre en action les agents moteurs. On sait que les sensations externes se spécialisent, sous cinq formes distinctes, dans cinq organes particuliers, sortes de fenêtres dont chacune s'ouvre pour nous sur une partie de la nature. Les sensations internes, diverses et innombrables, se montrent sous les mille formes nuancées du bien-être et de la souffrance, des appétences et des besoins instinctifs. Pour les mouvements, leur nature est uniforme; ils partent toujours du centre et vont partout mettre aux ordres de la volonté, les agents contractiles. Il y a, on le voit, deux genres de nerfs: les uns conduisent les sensations, les autres transmettent les mouvements. On peut les comparer à des courriers merveilleusement rapides dont les uns apportent des nouvelles et dont les autres portent des ordres. Les plus nobles attributs de l'homme naissent dans les centres nerveux, c'est principalement et même exclusivement dans le cerveau que se concentre la région des merveilles ; c'est dans les mystérieux sanctuaires du roi des organes que se font et s'élaborent toute la saisissante magie de la vie morale, et le miracle permanent de la perception, de la conscience, de la volonté, du sentiment, de la pensée.

Que se passe-t-il dans un cerveau qui pense? Quelle est l'action moléculaire ou fibrillaire qui donne naissance à un désir, une émotion, un sentiment? Quel est le mouvement qui fait éclater la colère et l'ambition, qui engendre l'amour, l'espérance, l'envie, la haine? Dans quel sens, selon quel mode vibrent les fibres cérébrales, pour éveiller la mémoire, colorer l'imagination, créer la volonté? Nul ne le sait. Nous n'avons sur ce point, ni soupçons, ni aperçus d'aucun genre; notre ignorance est absolue; nous sommes ici dans la nuit, la plus profonde nuit. Il n'y a point de rapports saisissables entre les actions nerveuses et les actions de tout ordre qui peuvent tomber sous la perception des sens, sous l'œil de la conscience ou de la raison. La conformation du cerveau et de ses annexes ne nous révèle rien; les diverses parties qui le constituent, plus ou moins singulièrement configurées, n'éveillent en nous aucuns soupçons et ne nous apportent aucune lumière. Nous leur donnons des noms qui n'expriment aucun rapport à des fonctions que nous ne pouvons ni soupçonner ni entrevoir. Le fait seul, considéré dans sa généralité est indubitable. Un léger trouble du cerveau, une lésion, une simple pression pervertissent ou anéantissent subitement le sentiment et la pensée. Les maladies, les vivisections, les accidents, l'action des agents physiques, tout concorde et démontre que le cerveau est bien le ressort premier de la vie, l'organe régulateur et dominateur.

Nous sommes, en présence du cerveau, de ses

agents, de ses attributs, comme devant une machine enchantée qui crée silencieusement un produit merveilleux. Nous en admirons l'incessante et féerique création ; ses couleurs et ses nuances nous ravissent; il a de l'élégance, de la variété, mille qualités éclatantes ; il sort spontanément avec une merveilleuse abondance, mais la machine qui le crée est toujours immobile; les rouages en sont bizarres; ils sont tous en rapport les uns avec les autres; mais rien ne bouge; tout est secret, mystère, silence. Il y a peut-être un maître qui donne secrètement ses ordres ; mais nous ne le voyons pas; il ne parle pas. Le produit sort toujours, tantôt rapide, tantôt plus lent; il y a des temps d'arrêt. Mais la machine ne s'arrête jamais dans tous ses rouages à la fois. Nous examinons avec une ardente curiosité, cette mystérieuse machine; nous donnons pour soulager notre admiration des noms à tous ses ressorts; nous nous amusons à les décrire; nous en faisons des dessins et des figures. Mais le mécanisme de la machine et de ses rouages, reste pour nous une indéchiffrable énigme.

L'étonnante machine nerveuse qui, dans le mystère de ses fonctions, semble défier toutes les forces de notre esprit, n'a pu cependant nous dérober quelques-unes des circonstances apparentes qui peuvent favoriser son action, en accroître ou en limiter l'étendue. Ces circonstances, exclusivement bornées à la conformation et au développement, sans nous initier au mécanisme secret du travail, nous conduisent à des appréciations assez certaines et nous donnent quelque raison des différences morales qui nous frappent tant chez les hommes.

Ainsi nous savons que le volume et la masse du cerveau influent beaucoup sur la portée de l'esprit. Il y a même des limites en plus et en moins qui posent le point fatal où commence la stupidité! Mais on ne trouve point entre les degrés intermédiaires de l'organe et ceux de l'intelligence un rapport constant; de sorte qu'il est à peu près impossible d'établir sur cette base une échelle comparative, un thermomètre pratique d'appréciation des esprits. Cela tient sans doute aux différences indépendantes du volume et du poids que comportent la matière cérébrale, la nature intime des fibres et des molécules, leurs combinaisons, la complication de leurs entrelacements et d'autres influences qui nous échappent. La *qualité* n'est probablement pas un élément moins important que la *quantité*. Mais, toutes choses étant égales d'ailleurs, on peut dire que la puissance cérébrale et la masse du cerveau sont dans un rapport assez constant, et même que le volume qui est le seul élément de la masse appréciable pendant la vie, donne assez approximativement le degré de la force intellectuelle et morale.

On ne trouve, chez les hommes, que de rares exceptions à cette loi que vient confirmer, en outre, l'étude du règne animal tout entier. On voit, en effet, dans les diverses catégories des animaux, le cerveau marcher, pour ainsi dire, de front avec l'intelligence et l'instinct, et suivre dans ses évolutions progressives, toutes les aptitudes animales. On a fait un pas de plus sur cette route ouverte par la simple observation. On a reconnu que les facultés les plus nobles avaient leur siége dans les régions antérieure et supérieure du cerveau. Ce sont principalement ces régions privilégiées qui se développent parallèlement avec l'intelligence, dont elles semblent être la cause ou la condition, comme elles en sont le signe et la mesure. On voit, avec une constance qui trompe rarement, des facultés nouvelles ou d'un ordre plus élevé, poindre à mesure que les hémisphères cérébraux se projettent en avant et en haut. Le front, le plus noble des traits, grandit avec l'esprit et ne se montre que chez l'homme, dans toute son imposante dignité.

Tout porte à croire qu'il doit y avoir pour les facultés intellectuelles de tout ordre, comme pour les plus nobles, un siége distinct et déterminé, et que le cerveau doit être moins un organe qu'un assemblage d'organes, dont chacun répond à une aptitude, à une qualité, à une force spéciale. On sait que la pluralité des organes est un des fondements de la phrénologie ; cette hypothèse n'a rien qui répugne ni aux exigences de la logique, ni aux principes de la science physiologique ; elle semble trouver une assez heureuse application dans l'interprétation de certains faits de la vie, qui ne se conçoivent pas bien dans la théorie de l'action unitaire de l'organe encéphalique. Ainsi on comprend, par la pluralité des organes, comment nous nous reposons d'un travail qui nous fatigue, par un travail différent; comment un sentiment qui nous trouble, s'oublie dans l'action d'un autre point de l'organe cérébral, qui produit un sentiment contraire. L'état physiologique, l'état pathologique, l'état de rêve surtout, nous offrent beaucoup de faits inconciliables avec l'action indivisible du cerveau. Toutefois, il y a loin de ces faibles aperçus à une certitude positive. Nous n'avons aucune idée, ni de la nature, ni du mécanisme de l'action cérébrale. Il est peut-être téméraire de scinder l'organe et de substituer à l'unité une pluralité d'actions et d'organes dont l'œil n'aperçoit ni les formes ni les limites. Le cerveau s'offre à nous comme un instrument indivis et indivisible. Aucune des fractions qui le constituent n'est isolée; aucune ne paraît apte à une action indépendante; tout semble montrer qu'il doit y avoir, dans tout travail intellectuel, concours synergique de toutes les parties et action de l'organe tout entier. Au reste, la difficulté n'est peut-être ici que nominale. On peut bien admettre que chaque manifestation intellectuelle et morale implique l'action du cerveau tout entier; mais cette action doit se composer, dans son ensemble, d'une foule d'actions partielles et distinctes. On ne peut concevoir l'action totale que comme la résultante d'un grand nombre de mouvements partiels, convergents et synergiques. Les mouvements qui concourent à allumer la colère ou l'ambition ne peuvent être ceux qui font naître l'humilité ou la crainte. On peut donc considérer comme des organes spéciaux toutes ces parties qui sont aptes à une action distincte et déterminée. Il se peut qu'elles n'agissent jamais indépendantes et isolées ; mais, si elles n'existaient pas, si elles étaient inertes ou débiles, on ne retrouverait pas l'effet qui leur correspond dans l'action générale de l'organe. Envisagé de cette manière, le cerveau peut être à la fois un et multiple ; et la pluralité des organes se concilie facilement avec l'action une et indivisible de l'organe tout entier.

Mais qu'il y ait ou qu'il n'y ait pas des organes cérébraux multiples, quelle que soit la manière de les concevoir, autre est la question de leur existence, autre la question de leur siége ; affirmer leur réalité, n'est pas donner le moyen de reconnaître et de signaler leur présence. Les phrénologistes, si on les en croit, ont atteint ce but difficile. Ils ont trouvé les organes de toutes les facultés et de toutes les aptitudes primitives ; ils nous en montrent le siége et dressent, dans de bizarres et capricieuses figures, la carte intellectuelle et morale de l'homme. Géographes fantastiques revenus de la terre des chimères ! les uns nous montrent des pays et des cartes, là où les autres n'ont vu que des frontières ou des espaces imaginaires.

On peut dire que la science phrénologique n'est encore, pour ainsi dire, qu'une aspiration à la vérité. Il n'y a de réel et de vrai en elle que son point de départ. Elle a surabondamment démontré qu'il n'y a point d'actions immatérielles pures dans ce monde ; que dans toute manifestation intellectuelle et morale, le cerveau, s'il n'est pas créateur, est au moins intermédiaire forcé, confident nécessaire de l'âme ; elle a bien reconnu, dans les parties antérieure et supérieure du cerveau, la région des plus hautes merveilles; mais un pas de plus, elle n'a pu le faire. Le cerveau n'a encore révélé à personne le mécanisme de ses rouages, et n'a point ouvert aux phrénologistes ses mystérieux sanctuaires. Les compartiments et les signes tracés dans les cartes cranioscopiques, ne sont qu'une sorte de joujou divinatoire, amusement des hommes crédules, qui donne la vérité comme les chances passées du hasard donnent ses caprices futurs.

Toutefois, il est juste de reconnaître qu'on ne doit imputer la stérilité des applications pratiques de la phrénologie, qu'à l'excessive difficulté de la matière. On arrivera peut-être un jour à circonscrire et à déterminer dans le cerveau les organes des facultés élémentaires primitives. Les phrénologistes sont bien, je le crois, sur la route de la vérité ; mais ils disent être au bout, quand ils sont à peine à l'entrée. Il faut, sans les suivre, recommencer un voyage qu'ils n'ont fait qu'en rêve. C'est dans le cerveau que sont cachés, immobiles et silencieux, les ressorts premiers de la vie intellectuelle et morale. Nous saurons peut-être un jour percer le mystère de cette merveilleuse architecture cérébrale, à laquelle tiennent les qualités, les nuances et les proportions de l'esprit. Nous distinguerons alors dans leurs cases secrètes, les organes qui portent l'un vers les sciences, l'autre vers les arts, qui font le poète, le philosophe, le musicien, le peintre, le mécanicien, etc. Nous saurons dire ce qui rend le chien fidèle et aimant, le cheval fier et superbe, le loup féroce, le lièvre timide, etc. Mais la nature est habile à faire sortir des plus faibles causes et d'une condition physique, en apparence insignifiante, les effets les plus étonnants et les plus variées. Quand nous voyons à côté de cet oiseau criard qui nous importune et nous agace, la gentille fauvette qui nous amuse de sa chansonnette, ou le divin rossignol qui nous charme et nous attendrit en soupirant, dans de mélodieux accords, les malheurs fabuleux de sa race, nous ne pouvons pas douter que des talents si différents ne tiennent à quelques molécules nerveuses, à quelques fibrilles cérébrales diversement entrelacées. Mais le lien entre la cause et les effets nous échappe. Qui donne à toute la brillante tribu des habitants de l'air cette savante géométrie qui les rend architectes habiles et leur fait construire ces mille formes de nids, les uns solidement appliqués à nos murs, les autres assis mollement sur la tige de nos arbres, d'autres suspendus comme des nacelles aériennes, et tous élégants, commodes et doux ? Quelques petites saillies ignorées de l'organe cérébral donnent à chacun de ces oiseaux l'impulsion instinctive qui le dirige secrètement dans ses étonnants travaux. La cause qui fait ces savants géomètres, rend d'autres oiseaux géographes et hardis voyageurs. C'est dans quelque petit recoin inconnu du cerveau que s'allume la flamme secrète qui les conduit dans leurs longues et périodiques migrations. C'est un atome de matière nerveuse qui fait l'abeille, citoyenne laborieuse d'une république policée, qui offre à nos yeux étonnés le plus bel ordre dans la société et l'activité la plus féconde dans les entreprises. Quelques points moléculaires nerveux, invisibles, dont nos artifices seuls peuvent dévoiler l'existence ou la forme, donnent à des milliers d'êtres que notre orgueil méprise, que nous foulons dédaigneusement sous nos pas superbes, le pouvoir de remplir silencieusement leur mystérieuse mission et d'apporter, sans jamais s'égarer, leur humble tribut au grand œuvre de la vie universelle.

Tous ces miracles dont la Providence a fait don à un organe matériel échappent à toutes les subtilités de la métaphysique et du mysticisme; un principe immatériel ne se conçoit que sous une forme abstraite, invariable et simple! Ce n'est que par l'effet d'une fusion intime avec un instrument matériel, multiforme et divisible, qu'on peut lui attribuer tant d'actions diverses. Le plan de l'auteur des choses se montre uniforme dans la création tout entière. Il n'y a point d'âmes, de génies, d'êtres immatériels doués d'indépendance et de personnalité; mais partout la matière docile s'est transformée sous la main de Dieu en instruments délicats et savants que le souffle divin anime!
Est Deus in nobis, est Deus in rebus.

Je ne veux point médire de la métaphysique ; je ne veux point ne voir qu'une laborieuse et stérile gymnastique d'esprit dans ces analyses subtiles qui portent, dit-on, le cachet de la profondeur et de la fécondité. Je ne conteste point, si on laisse de côté toutes ces questions creuses, dans lesquelles l'esprit ne marche que dans le vide, et les problèmes qui ont pour objet de dégager des inconnues sur lesquelles nous n'avons aucune prise ; je ne conteste point, dis-je, que l'homme, dans le mode intellectuel et moral de sa vie, ne comporte l'étude et l'analyse, et que la psychologie n'ait dans les facultés de l'intelligence comme dans le langage de la conscience, une base réelle et ne soit une science positive ; comme toutes les sciences humaines, elle trouve son objet dans la nature, ses moyens et ses méthodes dans l'observation. Mais il est facile de s'égarer dans ces voies ténébreuses, où l'on ne voit que par les yeux de l'esprit ; on se perd vite dans l'infini, où rien ne s'aperçoit plus ; dans les choses accessibles, tout échappe souvent encore par une délicatesse et une mobilité ou l'infini se retrouve sous une autre forme. Le vertige prend, on tombe dans le néant ou l'on s'épuise contre des mystères dont il semble que la Providence n'ait pas permis la révélation dans ce monde.

Étudions le cerveau et le système nerveux. C'est sous la forme concrète du cerveau que la vie et la pensée sont sorties de la main de Dieu ; les plus hautes vérités de la science physiologique, les mystères du magnétisme sont tous cachés dans les replis de cet organe privilégié. Il n'y a point d'actes de l'âme, il n'y a point d'actions immatérielles qui puissent nous parvenir en dehors du milieu cérébral. Ne perdons pas terre pour prendre notre essor ; ne portons pas la vue plus haut que le cerveau. Le mysticisme cherche en vain un médiateur entre cet organe et Dieu ; la main divine qui la créé, n'a point laissé de traces dans l'espace.

L'idée abstraite de principe immatériel, l'idée de l'âme, est une idée négative qui ne comporte ni modifications, ni nuances. Nous ne concevons pas l'enfance de l'âme, son développement, ses maladies, sa décadence, etc. ; nous concevons très bien, au contraire, les phases successives de l'évolution d'un organe ; nous comprenons dans un instrument qui croît, se perfectionne, décroît et s'altère des différences d'action en rapport avec tous ces changements. Nous ne concevons que dans des actions et des réactions matérielles, les influences réciproques du physique et du moral. Une loi commune rapproche tous les faits de la vie. Les faits de la vie morale, dans ce monde du temps et de l'espace, sont comme ceux de la vie physique, soumis aux conditions et aux lois qui régissent la matière. La perfectibilité tient partout au développement d'un organe matériel que l'exercice fortifie ; la répétition des mêmes actes assouplit les fibres organiques et grandit l'esprit, comme le mouvement développe les muscles des membres ; la même loi qui nous rend intelligents, nous rend agiles et forts. Le sommeil, c'est l'organe qui se détend, qui n'agit plus, qui se repose; le rêve, c'est un repos incomplet, partiel, inégal. La folie, c'est un désordre appréciable ou non, dans la structure intime de l'organe de la pensée, le vin qui trouble et agite l'âme, un narcotique qui l'appesantit et qui l'endort, n'agissent que sur l'organe dont ils excitent ou engourdissent les fibres délicates. Les agents physiques ou hygiéniques modifient le caractère et les passions en modifiant l'organisme ; et les passions à leur tour deviennent la cause de mille effets physiques, par l'écho sympathique des mouvements cérébraux dont elles ont l'effet. Toutes ces explications ne sont sans doute, que des figures, qui calment plutôt qu'elles ne satisfont l'esprit. Des images, des analogies comparables ne sont point des preuves rigoureuses et ne nous font point pénétrer l'essence impénétrable des choses ; mais ne sont-elles pas les seules explications que la matière comporte? Que nous apprennent de plus le mysticisme et la métaphysique? Sur les hauteurs où ils nous transportent, la lumière blesse nos faibles yeux; dans les abîmes où ils nous plongent, il n'y a que ténèbres.

Un philosophe demandait un point d'appui, pour soulever le monde. On a partout besoin d'un point d'appui pour exercer ses forces. On ne marche que sur un sol qui résiste, on ne raisonne que sur des principes. Quels doivent être nos principes, quel point d'appui pouvons-nous donner à l'esprit dans l'étude du magnétisme animal? Il ne faut point le chercher ailleurs que dans le système nerveux qui trouve dans le jeu de ses éléments organiques le pouvoir de créer toutes les formes de la vie et de les reproduire à l'extérieur, dans de vives et saisissantes images. Le mysticisme et la métaphysique s'agitent vainement autour de la boîte osseuse qui renferme ce cerveau ; en dehors du cerveau, ils se perdent dans le vide et ne saisissent que le néant.

Il semble que, dans le siècle dernier, la philosophie se fit aveugle pour ne pas voir le cerveau. Méprise étrange ! elle voyait, pour chaque sens, un organe, et ne comprit pas qu'il en fallait un pour penser. Elle prit les portes et les allées du temple pour le sanctuaire, et dans cet égarement, elle se consuma en subtilités impuissantes, pour trouver l'esprit dans les sens, dans l'oreille, dans l'œil et surtout dans la main. Un naturaliste célèbre soutenait que la main et le pouce faisaient toute la différence entre l'homme et le singe ; un philosophe arrivait à cette conséquence grotesque que le cheval, s'il avait des mains, pourrait construire des maisons. Un troisième transforma la sensation, la fit devenir successivement attention, jugement, mémoire, etc., et trouva enfin l'intelligence tout entière au fond de son creuset métaphysique. Les philosophes de nos jours n'ont point eu de peine à renverser sous leurs arguments et leurs railleries, cet étroit sensualisme qui faisait l'admiration de nos pères et qu'ils regardaient comme le triomphe de l'analyse, mais le cerveau est resté, pour eux, invisible. Si le sensualisme n'a pu atteindre le cerveau, l'idéalisme va se perdre dans l'infini pour chercher je ne sais quelle raison universelle qu'il fait pénétrer en parcelles dans chaque tête humaine, sous la forme d'un rayon divin. Le principe de la raison est plus près de nous ; le bon sens le montre à la science, dans ce puissant organe que le mysticisme et l'idéalisme ne savent pas voir. La science de l'homme ne peut prendre son point d'appui et jeter l'ancre, si l'on peut se servir d'une telle figure, que sur le terrain solide du cerveau. Un acte du cerveau ne s'explique point. Tous les modes physiologiques, magnétiques, pathologiques de la vie ne sont que des modes d'être ou d'action, des états dynamiques spéciaux du cerveau. Que les molécules vivantes s'animent d'un mouvement perpétuel et forment le tourbillon vital de la vie végétative; que la vie prenne, dans le somnambulisme magnétique, des formes excentriques incompréhensibles ; que, sous une forme invisible et intangible, la pensée ou l'émotion nous lancent au-delà de l'espace et nous transportent aux pieds de l'être des êtres, la science ne voit dans tous ces prodiges que des impulsions diverses imprimées aux rouages mystérieux de l'organe cérébral. Nous pouvons signaler toutes les actions vitales secondaires, en apprécier l'importance et le caractère, saisir leurs analogies comme leurs diversités, trouver l'ordre et la loi de toutes ces relations, remonter de loi en loi, jusqu'à la loi la plus haute, à celle qui part du cerveau; mais une fois là, l'esprit s'arrête, nous n'avons plus rien à chercher; nous sommes arrivés à la loi des lois. Le cerveau et ses ministres ont ordonné; ils avaient mission de la Providence; ils ont été obéis; telles choses ont été; il n'y point à chercher le pourquoi des ordres. Ici on va de nouveau jeter devant nos yeux l'épouvantail du matérialisme. On va nous dire que le cerveau obéit et ne commande pas; que les ordres qu'il donne, il vient de les recevoir. On va nous accuser de confondre la condition avec la cause; de réduire toute la vie morale au mécanisme d'un organe, la conscience et la liberté, à un enchaînement fatal de mouvements organiques, d'offenser à la fois la société, la morale et la religion. Accusation vraiment étrange! Comment y aurait-il crime à se soumettre à une loi que Dieu a faite? A placer l'autorité et la responsabilité là où il semble les avoir mises? Dans une substance simple ou dans un organe complexe, âme et matière tout à la fois? On a chargé d'iniquités imaginaires un mot innocent qui ne blesse ni la morale, ni la religion, ni Dieu, ni les hommes. Nous l'avons dit déjà; l'âme, dans ce monde du temps et de l'espace, est tombée sous la loi de la matière. Il a plu à la divine Providence de confondre et de marier l'âme avec le cerveau; ce mariage mystique est indissoluble pendant la vie terrestre; l'action est commune jusqu'à la mort. Ce n'est que dans sa seconde existence, ce n'est que dans la vie future, que l'âme pourra, si telle est la volonté de Dieu, retrouver son indépendance et sa personnalité! Votre science n'est pas de ce monde. Sur la terre, il n'y a point d'actions directes de l'âme; il n'y en a point qui ne passent par le milieu cérébral. Il n'y en a ni dans le mode physiologique de la vie, ni dans le mode magnétique ou somnambulique. La mensambulance des magnétiseurs n'est, comme les évocations des nécromanciens, qu'une vision puérile, un mirage de l'imagination. Quant à ces mots bruyants et terribles de matérialisme et de spiritualisme, dont on a fait en quelque sorte le nom de la vertu et du crime, que sert de flétrir l'un et de sanctifier l'autre? ils n'ont mérité *ni cet excès d'honneur ni cette indignité*; ils n'ont point d'objet sur la terre et n'ont point de sens dans une science humaine. Il n'y a, sur la terre, ni esprit, ni matière. Il y a des êtres matériels et spirituels tout à la fois, chez lesquels l'auteur des choses a confondu matière et esprit dans une indissoluble unité. Il y a partout un ordre, une hiérarchie, des harmonies, des lois qui révèlent la grandeur, la puissance, la bonté de Dieu; il y a, à la tête de la création, l'être privilégié qui la résume et qui la représente tout entière, l'homme en qui la main divine a réuni et confondu la matière et le mouvement, la vie et la pensée, le sentiment, l'activité, la volonté. Il y a dans l'homme un système privilégié d'organes qui ont été faits dépositaires de tous ces dons; il y a un organe dominateur qui commande à tous les autres, qui nous fait aimer et connaître, agir et vouloir, qui nous conduit de l'effet à la cause, du point à l'infini, du moment à l'éternité, d'une pensée à Dieu. C'est sous le noble front de l'homme qu'il repose et qu'il agit ce roi des organes qui nous fait images de Dieu lui-même.

CHAPITRE VI.

Théories surnaturelles du magnétisme. Intervention des anges et des démons.

Que dire sur ce sujet? Le magnétisme vient-il du ciel ou de l'enfer? Il faut choisir entre l'ordre naturel et l'ordre surnaturel. Dans l'un on ne peut rien nier, on peut tout croire; dans l'autre, on observe et on raisonne. Pour moi, je n'hésite pas : mon choix est fait. Je ne comprends rien ni à la langue que parlent, dans les enfers, les esprits de ténèbres, ni à celle que parlent, dans le ciel, les anges de lumière, et je n'ai point l'ouïe assez fine pour en entendre, de la terre, les sons lointains. Que l'on reproche, si l'on veut, à Satan d'être l'auteur de tous les malheurs de la race humaine! Il a séduit et trompé la mère commune des hommes; mais il ne renouvelle point ses séductions et ses artifices sur nos filles ou nos femmes; il n'entre point dans leurs corps et ne prend point leurs nerfs pour de grands chemins. Il n'y a rien de diabolique dans le magnétisme animal; les somnambules n'ont affaire ni aux démons ni aux anges. Il n'y aura point dans cette étude de chapitre consacré au magnétisme surnaturel.

CHAPITRE VII.

Théorie physiologique rationnelle du somnambulisme-magnétique.

Il n'y a, dans le magnétisme animal, que des actions vitales, effets naturels d'une forme nouvelle et singulière de la vie. Le caractère merveilleux du magnétisme animal tient à l'imperfection de nos théories physiologiques, qui ne nous permettent pas de pénétrer le mystère de l'origine des faits magnétiques et de les suivre dans leurs incohérentes et capricieuses évolutions. Si nous connaissions mieux les lois de la vie; si les innombrables et mystérieuses fonctions du système nerveux nous étaient toutes dévoilées; si nous étions initiés à tous les secrets de l'action cérébrale, il n'y aurait point de magnétisme animal. Les faits magnétiques les plus extraordinaires ne seraient que des phénomènes purement physiologiques. Nous les verrions, sans étonnement, naître, se développer ou se correspondre suivant des lois prévues. Ils sortiraient de la classe des miracles pour rentrer dans celle des faits naturels. Le magnétisme est né de notre ignorance; il disparaîtra et se perdra dans la physiologie, quand la science, par de nouveaux progrès, aura soumis à la règle et à la loi des actes incohérents et bizarres qui troublent et déconcertent notre esprit, quand elle aura trouvé un fil conducteur qui puisse nous guider dans l'appréciation de ces prodiges. Mais il n'est point possible aujourd'hui d'assujettir à nos théories physiologiques toutes les formes de l'action nerveuse. Il y a un ordre de faits tellement extraordinaires, tellement insolites, qui se distinguent par des caractères si tranchés de tout ce qui nous frappe ordinairement dans les formes normales de la vie, qu'il n'est plus possible de leur appliquer les règles communes. Il est naturel, pour exprimer des choses qui, dans l'état actuel, n'ont point d'analogues, de créer des termes nouveaux et d'admettre une nouvelle science, ou au moins une branche distincte de la science. Il y a une forme mystérieuse de la vie qui révèle des facultés et une puissance dont les actes semblent contradictoires et irréductibles à nos formules accoutumées. On entre dans un monde de féeries et de merveilles; on voit, on touche, on entend et on hésite à croire; toutes les conditions de la vie sont changées; tout paraît surnaturel; en présence d'actes inouïs, inexplicables, qui brisent toute règle, échappent à toute prévoyance et à toute mesure : on est tenté de croire aux miracles. La science, la logique, la physiologie, la psychologie elle-même abdiquent leurs droits. En vain l'esprit se révolte, les prodiges se multiplient pour le dompter; on est forcé de se rendre au témoignage réitéré des sens. On reste confondu, mais on croit sans comprendre; on est convaincu, sans pouvoir rien expliquer.

C'est le somnambulisme lucide qui nous montre cette forme extraordinaire de la vie, dans laquelle notre esprit déconcerté ne trouve plus, entre les faits qui le frappent, le rapport naturel et ordinaire de la cause à l'effet. C'est là, c'est quand la science abdique, quand la physiologie cesse, que le magnétisme commence. Le somnambulisme lucide, de quelque manière qu'il se manifeste, quelle que soit l'influence morale ou physique qui le détermine, renferme pour nous le magnétisme animal tout entier. La vie n'échappe à la physiologie et à la psychologie que dans cette métamorphose qui imprime à tous ses actes des apparences magiques. En dehors du somnambulisme lucide, il y a, dans toutes les formes de la vie en exercice, des actions vitales régulières ou irrégulières, normales ou insolites, des influences physiques et morales réciproques, des merveilles inexpliquées; dans le somnambulisme lucide, il y a des choses qui ressemblent à des miracles.

Les auteurs qui ont écrit sur le magnétisme animal n'ont point considéré sous ce point de vue le somnambulisme lucide, qui n'est, en général, pour eux, qu'un état accidentel et une simple forme de l'état magnétique. Mesmer ne le connaissait pas. On trouve bien dans ses ouvrages quelques passages qui semblent indiquer qu'il l'avait entrevu; on a même dit que la lucidité somnambulique était, dans sa doctrine, un dogme secret qu'il n'avait révélé qu'à un petit nombre d'adeptes. Mais les paroles de Mesmer sont, à cet égard, plus incertaines que voilées. Tout porte à croire que s'il a soupçonné l'existence du somnambulisme lucide, il ne l'a point positivement connu. Quels étaient donc les principes et les fondements du mesmérisme ? En quoi consistait la fameuse doctrine ? Qu'est encore aujourd'hui la science des magnétiseurs adeptes du mesmérisme ? Demandez-le aux physiologistes et aux moralistes ; demandez-le aux observateurs qui ont étudié, dans tous les temps, l'homme dans sa double existence physique et morale. Ils avaient vu mille et mille fois tout ce que le magnétisme mesmérien prétendait leur montrer. Ils savaient bien que l'homme touche par les sens à toute la nature, et subit l'action de tout ce qui l'entoure. Ils savaient encore qu'il trouve en lui-même, dans l'activité spontanée de ses facultés, une source incessante et inépuisable d'émotion. Ils connaissaient l'action secrète de l'homme sur l'homme, le penchant à l'imitation, les sympathies et les antipathies instinctives; ils n'ignoraient point cette soudaine et mystérieuse métamorphose qui montre, dans une collection d'individus, tout un ordre nouveau de facultés et d'émotions, et fait de toute multitude un être moral qu'on ne comprendrait pas bien en ajoutant l'individu à lui-même. C'est exclusivement dans la double influence des choses extérieures sur l'homme et de l'homme sur lui-même, que se trouve le principe des phénomènes dits magnétiques. De l'action complexe ou isolée, successive ou simultanée de ces deux ordres d'influences, dérivent toutes les singularités, toutes les excentricités, tous les *miracles* du mesmérisme. Les magnétiseurs emploient, pour les faire naître, l'artifice et les prestiges ; ils commandent, disent-ils, au fluide magnétique; mais ils ne sont que de faux magiciens, c'est la nature qui fait tous les miracles.

Que les magnétiseurs fassent jaillir les flots et les ondes d'un prétendu fluide ; qu'ils en dirigent les courants à leur gré ; qu'ils calment ou soulèvent les tempêtes dans cette mer imaginaire, nous les laisserons se livrer à toutes ces vaines évolutions. Mais nous examinerons avec attention toutes les circonstances qui entourent le sujet soumis à la magnétisation; nous jeterons un regard scrutateur dans ses antécédents et dans sa vie, nous tâcherons de surprendre les secrets de son âme, et nous ne tarderons pas à trouver la cause réelle, la cause naturelle des effets produits. Les magnétiseurs prennent pour une preuve irrécusable de l'existence de l'agent occulte qu'ils ont imaginé l'absence de toute cause notable d'émotion ; et quand ils voient des effets se produire sans qu'ils aient ému les forces vives de l'âme, comme la crainte, l'espérance ou le désir, ils ne doutent pas qu'ils ne soient dus au fluide magnétique. Rien n'est plus incertain qu'une telle preuve. Les personnes qui se soumettent à la magnétisation sont, le plus souvent, accessibles aux causes d'émotion les moins appréciables ; la présence seule d'un magnétiseur suffit pour changer les conditions de l'état normal ; un homme investi d'un pouvoir magique, dont la volonté commande, pour ainsi dire, aux éléments, est toujours entouré d'un certain prestige. On est agité, ébranlé par les premières pensées qui se présentent naturellement à l'esprit; on se sent comme enveloppé dans une atmosphère d'action mystérieuse et inconnue. L'incertitude de ce qui va arriver, l'espoir que quelque effet va se produire ; un sentiment qui tient à la fois du désir et de la crainte, et qui porte à prévoir quels organes ressentiront les premiers l'influence de l'agent occulte ; tout cela impressionne, tout cela agite, tout cela apporte un certain trouble dans les sens et dans l'esprit, et doit changer plus ou moins l'équilibre normal des actions vitales. Il n'en faut pas davantage pour produire quelquefois les effets les plus prononcés sur des personnes impressionnables, chez les gens crédules, et principalement chez les malades, les plus crédules de tous les hommes. On peut même dire que si l'on a lieu d'être étonné de quelque chose, c'est de voir beaucoup de personnes subir, impassibles, de semblables épreuves. Mais les magnétiseurs produisent le plus souvent des effets sensibles ; ils jettent l'âme dans une sorte de langueur voluptueuse ; ils déterminent des changements qui sont souvent favorables dans les affections purement nerveuses ; ils calment ou déplacent des douleurs ; ils provoquent le sommeil, etc., etc. Tout cela semble merveilleux ; on croit au fluide magnétique ; on a été soulagé, guéri par un agent invisible ; des malades sentent ou croient sentir le fluide magnétique ; il en est même qui s'imaginent le voir sous la forme d'une auréole lumineuse qui émane du magnétiseur. Mais il n'y a, dans toutes ces illusions, que les effets de la confiance, de la crédulité, de l'agitation des sens et de l'esprit.

Qui n'a vu des effets analogues se produire dans une foule de circonstances diverses, sans magnétisme et sans magnétiseur ? Un malade a une ferme confiance dans son médecin ; dès qu'il le voit, il se sent soulagé, à moitié guéri, avant d'avoir pris aucun médicament, reçu même aucun conseil. Un autre, porté aux idées mystiques, compte sur son ange gardien ; il le prie avec ferveur, avec confiance ; sa prière est exaucée, ses maux disparaissent. Un troisième a entendu vanter une eau miraculeuse et, bien que ce ne soit que de l'eau tirée de la source voisine, il éprouve, dès qu'il en a pris, la plus soudaine et la plus heureuse amélioration dans ses maux. Est-il étonnant que l'on parvienne à provoquer le sommeil par une série de passes et d'actions monotones, véritablement endormantes ? C'est l'attitude passive du sujet, c'est l'affaissement moral, c'est une sorte d'abandon de soi-même, de complicité involontaire qui amènent le sommeil. Le magnétiseur n'est qu'un faux émule de Morphée, qui croit produire par le fluide qui sort de ses doigts un effet qui vient de la nature elle-même. Il vous endort, comme les bonnes endorment les enfants quand elles les bercent, et qu'elles murmurent à leurs oreilles des paroles monotones, faisant ainsi du magnétisme sans le savoir.

Il est vrai que la magnétisation détermine souvent des effets beaucoup plus saillants. On voit paraître des affections spasmodiques, des convulsions, des perversions nerveuses qui affectent les sens et l'esprit, et des désordres variés dans les fonctions organiques. Ces phénomènes se montrent principalement chez les femmes et chez les sujets nerveux et mobiles; et l'on peut être sûr d'avance que l'on verra ces troubles nerveux sous toutes les formes, s'il y a plusieurs femmes réunies ensemble, si l'on fait une magnétisation commune. Mais ici, l'intensité des effets est en rapport avec la nature et la multiplicité des causes d'émotion. Les phénomènes, pour être plus saillants, plus complexes, plus irréguliers, ne changent pas pour cela de caractère. Les magnétisations en commun étaient fort à la mode autrefois. Mesmer s'entourait d'un tel cortége de séductions et de prestiges, qu'il ne pouvait manquer assurément de jeter la plus profonde perturbation dans le moral de femmes impressionnables, disposées à l'enthousiasme, à la crédulité; parmi lesquelles il y avait des hystériques, des mélancoliques, des femmes vivant dans le luxe et la mollesse, et dont les sens et l'imagination avaient acquis, par les excitations d'une vie mondaine ou par l'oisiveté, la plus capricieuse mobilité. Il était certes bien inutile d'invoquer l'intervention d'un agent nouveau pour expliquer des effets si naturels, qu'il n'eût pas été plus difficile à un physiologiste de les prévoir qu'il ne l'était à Mesmer de les produire.

Quelles que soient les éclatantes fanfares des magnétiseurs de nos jours, on ne voit rien chez eux qui approche de la combinaison extraordinaire de prestiges et d'artifices, à l'aide desquels le grand thaumaturge bouleversait tant d'esprits. L'hôtel dont il avait fait le temple de la nouvelle et merveilleuse science était rempli de trépieds grecs et de caisses de fleurs, d'où s'exhalaient les plus doux parfums, cette première séduction des sens. Un demi-jour augmentait le mystère et faisait rêver ; on se parlait à voix basse, on se regardait avec curiosité. Dans la grande salle était une cuve en bois de chêne, de quatre à cinq pieds de diamètre, d'un pied de profondeur, fermée par un couvercle en deux pièces, et s'enchâssant dans la cuve dite *le baquet*. Au fond se plaçaient des bouteilles en rayons convergents, et de manière que le goulot se dirigeait vers le centre de la cuve. D'autres bouteilles partaient en sens contraire, ou en rayons divergents, toutes remplies d'eau, bouchées et *magnétisées*. On mettait souvent plusieurs lits de bouteilles ; la machine était alors à haute pression. La cuve renfermait de l'eau qui baignait les bouteilles ; quelquefois on y ajoutait du verre pilé et de la limaille de fer. Le couvercle était percé de deux trous pour la sortie de tringles en fer, coudées, mobiles, plus ou moins longues, afin de pouvoir être dirigées et appliquées sur différentes régions du corps des malades. D'un anneau du couvercle partait une corde très longue dont les patients entouraient leurs membres infirmes sans la nouer. Les malades se rapprochaient pour se toucher par les bras, les mains, les genoux et les pieds. Les aides-magnétiseurs tenaient une baguette de fer, dont ils touchaient les retardataires et les indociles.

Mesmer était, dit-on, plein d'assurance et d'audace ;

toutes ses pensées étaient traduites en un langage pittoresque, rempli d'expressions germanisées qui produisaient le plus grand effet. Il était grand musicien, jouait du piano, et touchait à ravir l'harmonica, instrument tout nouveau alors.

Dès que le baquet, les tringles, les bouteilles étaient posés, les patients entraient bientôt en crise. Les femmes éprouvaient d'abord des bâillements; leurs yeux se fermaient, leurs jambes ne les soutenaient plus; elles étaient menacées de suffocation. En vain les sons de l'harmonica, du piano, les chœurs de voix se faisaient entendre; cette musique paraissait accroître les convulsions des malades. Des éclats de rire sardoniques, des gémissements douloureux, des torrents de pleurs éclataient de toutes parts; les corps se renversaient en des mouvements tétaniques, la respiration devenait râleuse; les symptômes les plus effrayants se manifestaient. Alors les acteurs d'une scène aussi étrange couraient au-devant les uns des autres, éperdus, délirants; ils se félicitaient, s'embrassaient avec joie ou se repoussaient avec horreur. C'était, comme on l'a dit, un enfer de convulsions; on emportait les plus fous dans la salle des crises, où les femmes battaient de leur tête les murailles ouatées, ou se roulaient sur un parquet de coussins avec des serrements à la gorge.

Au milieu de cette foule palpitante, Mesmer se promenait en habit lilas, étendant sur les moins souffrants une baguette magique, s'arrêtant devant les plus agités, enfonçant ses regards dans leurs yeux, tenant leurs mains appliquées dans les siennes, avec les quatre pouces et les doigts majeurs en correspondance immédiate, pour se mettre en rapport; tantôt opérant par un mouvement à distance avec les mains ouvertes et les doigts écartés, *à grand courant*; tantôt croissant et décroissant les bras avec une rapidité extraordinaire, pour ce qu'il appelait : *passes en définitive*. Souvent, le geste du magnétiseur, effleurant les articulations, tirait subitement du malade un éclair brillant, pareil à ceux qu'on observe à la suite des journées très chaudes. Ce phénomène frappait de terreur la cohue des femmes échevelées qui se pressaient haletantes sur les pas de Mesmer; et le thaumaturge, épouvanté lui-même de sa puissance, reculait devant l'étincelle du fluide (1). (2).

Etait-il possible que des femmes impressionnables, délicates et mobiles résistassent à l'action de tant d'influences perturbatrices? Comment leurs faibles têtes auraient-elles pu ne pas tourner? Comment auraient-elles conservé le calme des sens et du cœur dans un tel enfer? Ne sait-on pas qu'il ne faut souvent que les plus légères impressions et les causes les moins appréciables, pour troubler chez elles l'équilibre des forces morales, pervertir la sensibilité et déterminer les dé-

(1) Ce phénomène n'était nullement l'effet du magnétisme ni du fluide magnétique, c'était évidemment un effet électrique.

(2) Rapport à l'Académie des sciences.

sordres nerveux les plus prononcés ? Les unes tombent en syncope, par l'effet d'une simple odeur ; d'autres éprouvent des convulsions à la vue d'un insecte; une simple surprise, une contrariété légère suffisent quelquefois pour porter le trouble dans tous les ressorts de la vie. Mais il y a des femmes virilement constituées qui peuvent résister aux influences perturbatrices les plus fortes, et l'on en voyait quelques-unes assister impassibles, chez Mesmer, aux plus orageuses séances; les hommes étaient ordinairement insensibles à l'action de tous ces prestiges, et l'on fit la remarque très significative, que tous ceux qui se distinguaient par la force de leur esprit, l'énergie de leur caractère et la direction sérieuse de leurs études, bravaient toujours impunément la puissance du thaumaturge. Cela devait être ; il y avait un rapport naturel entre les impressions reçues et l'énergie des causes d'émotion ; c'est la loi qui régit toutes les actions nerveuses. Si Mesmer avait fait jaillir du bout de ses doigts le fluide magnétique; s'il avait pu l'accumuler dans ses baquets, ses bouteilles, son verre pilé, etc., et en faire sortir à son gré des courants, sans doute les effets auraient pu varier suivant l'excitabilité des individus, mais ils se seraient montrés plus ou moins prononcés chez tous les hommes. Si le magnétisme avait été l'effet d'un agent spécial, on aurait vu ce que l'on voit dans les expériences électriques. L'électricité agit très diversement selon les personnes; d'un même courant, l'un ne reçoit qu'une légère et agréable secousse, quand l'autre est comme foudroyé et ressent un coup qui brise ses forces; mais l'effet ne manque jamais sur personne.

Que voyons-nous, si nous portons l'œil de la science sur les phénomènes dont les séances de Mesmer et celles de ses successeurs nous offrent le saisissant tableau? Des perturbations nerveuses, des perversions de la sensibilité, des troubles variés dans l'exercice des sens et de l'intelligence, des crises, des évacuations, des désordres dans les fonctions organiques qui viennent compliquer ou terminer ces scènes orageuses. Il n'y a rien là qui ne puisse être l'effet d'une vive impression; il n'y a aucun fait qui ne rentre dans le cercle des actions ou des réactions auxquelles est soumise, dans son exercice, l'excitabilité nerveuse. Il n'y a aucun de ces phénomènes qu'on ne voie se produire dans une foule de circonstances diverses; on les voit tous, dans les accès d'hystérie des femmes; ils se montrent spontanément, sous toutes les formes, dans leurs attaques de nerfs; et il est illogique, il est puéril d'attribuer à un agent exclusif, occulte et invisible, l'action de tant de causes variées. Je ne conteste point l'existence des phénomènes dits magnétiques; je sais tout ce qu'ils ont d'imprévu, de singulier, de capricieux, d'inattendu; je ne conteste point aux magnétiseurs le pouvoir qu'ils ont de les faire naître; mais je dis qu'ils n'ont, à cet égard, ni secret, ni privilége; leur baguette n'est point enchantée; ils n'ont point un agent occulte et mystérieux à leurs ordres;

ils ne font point jaillir du bout de leurs doigts un fluide ; leur regard n'en lance aucun, et celui qu'on croit en voir sortir ressemble aux feux qui animent l'œil dans les passions ; ces feux n'existent pas, c'est l'imagination qui les allume, et ils ne peuvent brûler que l'âme. Les appareils magnétiques, les baquets, les bouteilles vides et pleines, les conducteurs, le verre pilé, le charbon, le fer, etc., ne sont que de puérils moyens de prestige qui n'ont d'effets que ceux qu'on leur suppose. Les magnétiseurs ont à peu près tous renoncé à ces ridicules enfantillages ; mais on peut dire qu'il n'y a pas plus d'action directe dans les passes et les divers procédés physiques de magnétisation qu'ils emploient généralement. Je sais bien que l'action qu'ils produisent, pour ne pas être directe, n'en est pas moins réelle ; mais ils n'ont qu'un pouvoir moral, qui se confond dans ses effets avec toutes les causes d'excitation qui peuvent ébranler l'arbre nerveux et imprimer aux actes de la sensibilité, aux mouvements et aux émotions, des formes qui nous semblent capricieuses et désordonnées (1).

On est toujours porté à douter des choses, quand on n'aperçoit aucun intermédiaire entre les causes et

---

(1) Le lecteur remarquera qu'il n'est point encore ici question des phénomènes du somnambulisme lucide. Nous verrons plus loin que, dans cette forme extraordinaire de la vie, l'action de l'homme sur l'homme a un caractère spécial qui échappe aux conditions et aux lois qui règlent tous les autres actes de la vie.

les effets ; mais il faut bien convenir qu'il en est souvent ainsi des influences qui tiennent à l'action de l'homme sur l'homme. Les hommes se *magnétisent* réciproquement dans une foule de circonstances ; le magnétisme est, à chaque instant, produit et reçu ; qui n'a senti le poids magnétique du regard humain ? Ce fut un magnétiseur l'homme qui jeta le premier son regard sur son semblable. Ce n'est pas seulement par le regard que l'action magnétique se transmet ; la magnétisation a mille voies mystérieuses, inconnues, indéterminées : on rencontre, pour ainsi dire, partout cette action puissante et secrète de l'homme sur l'homme. Nous la voyons avec un étonnement toujours nouveau, dans les effets physiques que les magnétiseurs produisent ; nous en verrons bientôt les effets les plus saisissants, les plus élevés et les plus incompréhensibles, dans l'étude du somnambulisme, qui nous montrera la pensée, la volonté humaine, de simples actions mentales transmises d'un individu à un autre et perçues comme les sensations externes. Mais il ne faut pas la voir seulement dans ces actions nerveuses qui se montrent imprévues, irrégulières, désordonnées, dans ces aberrations vitales accidentelles, qui saisissent et étonnent l'esprit ; on la retrouve dans la plupart des actions normales, et jusque dans les modes les plus ordinaires de l'exercice de la vie.

Quels sont ces rapports imprévus, involontaires et irrésistibles qui s'établissent soudainement entre des hommes qui ne se connaissent pas, qui se voient pour la première fois ? Il y a tantôt une attraction, tantôt une répulsion que rien ne justifie ; nous avons tous instinctivement des sympathies et des antipathies, et ces impressions que nous ne pouvons ni maîtriser ni expliquer, laissent ordinairement leur empreinte dans les relations qui les suivent. Il y a ici une magnétisation réciproque.

Nous surprenons sur nous le regard d'un inconnu ; ce regard nous déconcerte ; il nous atterre. Cet homme nous adresse la parole ; à peine pouvons-nous lui répondre ; nous nous troublons, la voix nous manque. Nous avons été magnétisés.

Un malheur nous menace ; la crainte brise nos forces ; le désespoir nous courbe ; nous sommes sans vigueur et sans courage. Un ami survient ; sa présence ne change en rien notre état. Un autre arrive ; il ne nous dit rien de plus que le premier ; il ne peut nous fournir aucun secours ; il ne nous donne même aucun conseil, et pourtant nous nous sentons tout autres ; l'espoir et l'énergie nous reviennent ; nous nous croyons la force de braver tous les événements. Notre second ami porte avec lui une influence mystérieuse qui ranime les sources du courage ; il nous a magnétisés.

Vous êtes malade et souffrant ; deux personnes également dévouées et prévenantes vous assistent ; l'une vous blesse quand elle vous touche, et l'autre vous soulage. Il y a là du magnétisme.

La mère magnétise son enfant qui dort sur son sein

et pleure sur le sein d'une étrangère, comme un ami magnétise son ami malade par sa présence, sans recourir à la parole ni à aucun des actes expressifs qui la suppléent.

Qui donne aux uns l'instinct du commandement ? Qui fait, dans l'ordre moral, les maîtres et les esclaves ? Quel est le secret qui donne à un homme un ascendant sur vous que rien n'explique, que rien ne légitime, et auquel, néanmoins, vous ne pouvez vous soustraire ?

D'où vient le penchant à l'imitation, cette cause si puissante du perfectionnement et de la perversion des hommes ?

Quelle est cette âme nouvelle qui anime les grandes multitudes, dans lesquelles les individus s'effacent pour se fondre en un tout collectif, qui semble si différent des éléments qui le constituent ?

Quel est le talisman qui donne à certains hommes le pouvoir de soulever ou de calmer si facilement les tempêtes, dans ces mers vivantes ?

C'est un magnétiseur que Virgile nous dépeint quand il fait arriver un homme imposant et grave (1) au milieu d'une foule bruyante et frivole, et dans un langage qui devait *magnétiser* la postérité tout entière.

On sait que la nuit a des mystères et porte dans ses sombres flancs d'indéfinissables causes d'émotion.

---

(1) Tum pietate gravem ac meritis si forte virum quem
Conspexere silent.

On dit que quelque chose comme la peur descend au cœur des plus braves, quand ils se trouvent seuls, la nuit, dans une forêt, dans un bois, un vallon. Le *magnétisme* sort de chaque buisson ; il est dans les feuilles que le vent agite, dans le cri des arbres, dans les mille voix de la bise ; il est dans cette multitude de formes fantastiques, enfants capricieux de la pensée, qui voltigent devant vous ; il est dans le bruit, dans le silence. Qu'un enfant vous accompagne, tout diffère : plus de visions, plus de chimères, plus de fantômes. Cependant ce compagnon n'est point un frère d'armes qui pourrait vous aider dans le péril ; il a néanmoins remonté tous les ressorts de votre âme ; il vous a magnétisé.

Doit-on attribuer au hasard, ou à une action secrète de l'homme sur l'homme, certains faits qui nous surprennent d'autant plus qu'on pouvait moins les attendre ?

Une pensée vous vient à l'esprit, vous voulez l'exprimer à un ami dans une promenade ; au moment où vous allez parler, les mots partent de sa bouche pour exprimer la même pensée.

Vous songez à un air favori, vous vous rappelez avec émotion le plaisir que vous a plusieurs fois causé cette heureuse mélodie ; au même instant votre compagnon de promenade se met à fredonner le même air, sans que vous ayez exprimé d'aucune manière le sujet de votre préoccupation secrète.

Vous pensez tout à coup à une personne dont le

nom n'était pas tombé dans votre esprit depuis des semaines, des mois ou même des années ; au même instant vous rencontrez cette personne, ou bien elle frappe à votre porte.

Y a-t-il, dans ces divers cas, pressentiment ou hasard ? peut-on soupçonner des émanations mystérieuses qui se transmettent par des voies inconnues ? Nous n'osons vraiment trancher cette question. L'étude du somnambulisme, qui nous montrera des coïncidences tout aussi étonnantes, qui tiennent à des transmissions de pensée, est bien faite pour nous imposer, à cet égard, quelque circonspection.

On ne sait où l'on s'arrêterait, si l'on voulait énumérer toutes les circonstances dans lesquelles se révèle, en dehors des modes d'action et de perception saisissables et apparents, cette action secrète de l'homme sur l'homme. L'instinct de la sociabilité tient peut-être, en partie du moins, au besoin que nous éprouvons d'exercer ces sens internes et cachés. La solitude est toujours un supplice pour l'homme dont le cœur et l'esprit ne sont ni exaltés ni pervertis ; la présence seule d'un de nos semblables, sans action ni parole, est souvent un vrai bonheur. Quel adoucissement n'apporte-t-elle pas aux tristesses de l'isolement et aux ennuis de la captivité ?

On voit, par les considérations qui précèdent, que ce que les magnétiseurs appellent le magnétisme animal a mille sources diverses ; il est en nous et hors de nous ; il vient de tout ce qui peut agir sur l'homme ;

il est dans les mouvements spontanés de notre âme, comme dans les influences qui nous arrivent du monde extérieur : tout ce qui impressionne, tout ce qui émeut, tout ce qui ébranle les nerfs, tout ce qui anime les sens, échauffe l'imagination, allume les désirs; tout ce qui porte le trouble dans le moral des hommes, la crainte, l'espérance, toutes les nuances de l'émotion, les sentiments, les passions, les caprices du cœur et de la pensée, mille influences mystérieuses et indéterminées, voilà les causes du magnétisme. Les phénomènes magnétiques sont innombrables, puisque, n'étant que des actions organiques qui dérivent des impressions reçues, il y en a autant que la vie a de formes et d'expressions diverses, autant que l'âme peut mettre en jeu d'appareils, d'organes, d'instruments de tout genre. Pour énumérer tous les phénomènes magnétiques, il faudrait parcourir tous les degrés de l'échelle qui classerait toutes les actions nerveuses, depuis la légère émotion qui anime le regard et colore le visage, jusqu'aux spasmes et aux convulsions.

Mais il est toujours impossible de prévoir d'avance, dans toute circonstance donnée, soit l'intensité, soit l'apparition même des phénomènes magnétiques. Les effets de toute magnétisation échappent au calcul, comme à toute prévision ; ils varient et doivent nécessairement varier, comme le rapport entre les émotions et la faculté qui les perçoit. Qui pourrait suivre, dans ses degrés, ses nuances, ses caprices, cette puissance mobile, l'impressionnabilité, qui ne se ressemble jamais à elle-même, chez les divers individus, ni chez le même individu à des intervalles distincts? Il y a des hommes tellement organisés que rien ne les émeut; leurs nerfs ne sentent pour ainsi dire pas ; ce sont les gens dont parle Montesquieu, qu'on ne chatouille que quand on les écorche. Il y en a d'autres à qui n'échappent pas les impressions les plus légères, et qu'on blesse dès qu'on les touche. On conçoit que c'est avec ces derniers que les magnétiseurs obtiennent leurs plus éclatants succès; mais ils n'ont, je le répète, aucun privilége à cet égard. Tout peut magnétiser une personne nerveuse et mobile, et selon l'état, et je dirai même selon les caprices de sa sensibilité, une pensée qui traverse l'esprit, une surprise, un oiseau qui vole, un insecte qui bourdonne, les ténèbres, le bruit, le silence, etc. ; il n'est aucune influence, légère ou forte, qui ne puisse changer l'équilibre des forces nerveuses, et produire toutes les perturbations qui sont la suite ordinaire de la magnétisation. Les effets que déterminent les magnétiseurs n'ont donc rien de spécial; ils ne dépendent pas d'un agent à leurs ordres, dont ils dirigent à leur gré l'impulsion; il n'y a aucun secret dans leur pouvoir. On voit, à chaque instant, les femmes hystériques, les cataleptiques, nous montrer tous les phénomènes que les magnétiseurs nous donnent comme des effets de leur puissance et de leur fluide. Ce n'est ni le fluide magnétique, ni le démon, comme on l'a cru autrefois, qui leur font faire leurs contorsions et leurs grimaces. Il n'y a, dans tous ces prodiges, que des perturbations nerveuses, que les physiologistes observent et étudient, dans le but de soulever quelques replis du voile qui couvre les mystères de la sensibilité et de la vie.

CHAPITRE VIII.

Définition du somnambulisme.

Qu'est-ce que le somnambulisme lucide? Il n'est point possible de définir l'état somnambulique; on ne peut que signaler les causes qui le font naître et décrire les actes qui le constituent. Il en est ainsi de tous les modes physiologiques et pathologiques de la vie. L'état normal, l'état de veille, de sommeil, de rêve, l'état de passion, les états hystérique, cataleptique, épileptique, etc., ne sont tous, dans leur principe ou dans la condition physique qui les fait naître, que des états dynamiques spéciaux du cerveau et du système nerveux, qui prennent une forme sensible dans le jeu des instruments ou appareils organiques. Le caractère et la diversité, les modes et les nuances qui distinguent toutes ces expressions de la vie en exercice, tiennent à des actions intimes, moléculaires ou fibrillaires, qui échappent aux sens et que la pensée seule conçoit. Les instruments nerveux, merveilleusement mobiles et délicats, savent imprimer à leurs mouvements, l'ordre, la mesure et l'intensité qui font tous les états de la vie, comme les touches d'un instrument sonore, donnent tous les tons et tous les accords qui font l'harmonie. L'esprit ne pénètre point le mystère de ces actions cérébrales qui ne se révèlent que transfigurées dans les formes vitales. Il n'est donc point possible de les définir. On ne peut que les exprimer ou les peindre; toute définition ne peut être qu'un tableau. Le cerveau et les agents nerveux qui reçoivent ses ordres, nous font vivre, veiller, dormir, rêver; ils nous font sentir et penser, aimer et vouloir; ils nous rendent somnambules, hystériques, épileptiques, etc.; ils font le calme et l'orage, ils allument les passions, créent l'ivresse de l'amour comme les fureurs de l'ambition; ne demandez pas d'où leur viennent ces pouvoirs magiques; c'est un don de la Providence. Que sert d'aller, sur les pas égarés du mysticisme et de la métaphysique, porter sur toutes les routes de l'infini une vaine curiosité. Toute puissance a été donnée au grand appareil nerveux sur toutes les formes que la vie peut revêtir, dans sa double expression physique et morale, comme il avait été donné au Protée de la fable de prendre toutes les couleurs et toutes les figures. Qu'il s'agisse d'un état physiologique ou magnétique, normal ou excentrique de la vie, un seul mot suffit pour l'exprimer, ce mot qui résume toute notre science ou plutôt toute notre ignorance, est invariable; nous disons, c'est un état dynamique spécial du cerveau et du système nerveux.

L'état somnambulique n'est donc ni plus ni moins inexplicable que les autres. C'est un état accidentel et inconnu du cerveau; le magicien qui a le secret de toutes les scènes de la vie et qui nous a, pour ainsi dire, accoutumés aux merveilles, ne fait, dans le somnambulisme, qu'ajouter à ses artifices un artifice nouveau. Il est vrai que, dans cet état, les actes qui frappent nos sens nous mettent à l'épreuve des plus singulières surprises. Nous ne trouvons plus, entre deux termes, un rapport toujours appréciable; nous cherchons vainement à suivre les événements, comme les anneaux d'une chaîne continue. La scène prend un tour magique. Il semble que nous soyons, ainsi qu'on le dit vulgairement, dans un monde renversé. On se demande si l'on n'est pas dupe de quelque illusion, s'il n'y a pas là des artifices et des prestiges; on hésite à croire. Mais les prodiges ne cessent pas, ils se renouvellent, ils se multiplient; l'esprit, sous la pression des sens, est contraint de se rendre; mais, dans sa défaite, il s'abandonne aux visions; il brise les liens qui unissent le corps et l'âme; il imagine un fluide universel; il évoque les puissances du ciel et de l'enfer. Il se rassure alors; tout devient possible à des causes imaginaires; il n'y a plus à nier les choses; mais on les appelle des miracles dans le monde des chimères et des esprits.

Il serait plus naturel et plus simple de se souvenir

que nous ne connaissons pas tous les mystères de l'action nerveuse, et que les limites qui séparent ce qui est possible de ce qui ne l'est pas, ne sont pas, dans l'ordre physique, les mêmes que dans l'ordre vital. La vie échappe, sans miracle, aux lois qui se confondent, dans notre esprit borné, avec la nature des choses. Nous sommes portés à prendre, dans le monde matériel, nos analogies et nos exemples; les métaphores qui sont la ressource et la richesse des langues, tiennent à une loi de notre esprit. Nous avons des organes pour percevoir les attributs de la matière; nous n'en avons point pour saisir ceux de l'intelligence et de la vie qui ne tombent que sous l'œil de la conscience. Pour les exprimer ou les rendre intelligibles, il nous faut leur donner une forme sensible; et c'est par une inconséquence qui tient à une figure de langage, que nous sommes toujours tentés de prendre, dans l'ordre matériel, la mesure de ce qui peut être ou ne pas être. Mais les forces nerveuses n'ont point d'analogues; il y en a de merveilleuses qui commandent notre admiration; il y en a de singulières qui ressemblent à des caprices; il y en a d'inconnues qui nous causent de saisissantes surprises, qui échappent à la logique et nous imposent une sorte de résignation. Nous voyons avec un étonnement toujours nouveau des actions se correspondre à distance sans intermédiaires appréciables; entre deux termes, nous cherchons un rapport, c'est la loi de l'esprit. Mais la vie nous montre, dans tous ses modes, ce phénomène, sous mille formes; nous le trouvons dans le mode physiologique, comme dans le mode somnambulique; il n'y a point là de miracle; il n'y a que des effets dont la cause reste inconnue. Au reste, le même phénomène ne se montre-t-il pas dans l'ordre matériel lui-même. N'y a-t-il pas entre tous les corps inertes des actions et des réactions réciproques, dont les intermédiaires et les mobiles restent inaperçus. Est-il plus facile de concevoir une attraction réciproque entre le soleil et la terre, que l'action secrète de l'homme sur l'homme, que l'action d'un magnétiseur sur un somnambule ? On ne songe pas à placer une âme, un ange, un esprit, un démon dans le soleil pour expliquer sa puissante force attractive, pourquoi le faire chez les êtres vivants ? pourquoi s'étonner de voir chez eux des pouvoirs et des actes dont nous apercevons des vestiges ou des exemples dans toute la nature ?

Nous voyons, dans le somnambulisme, une sorte de renversement de toutes les conditions logiques, dans l'exercice de plusieurs fonctions; nous ne concevons rien à cette apparente magie. Les somnambules aperçoivent les choses qui ne sont en rapport avec aucun sens; ils voient à travers des corps opaques à des distances indéterminées, on tient la chose pour impossible ou bien on dit c'est un miracle. Nous verrons que tout se réduit à de simples modifications dans le mode d'exercice d'une faculté naturelle; il n'y a rien d'impossible; il n'y a point de miracle; mais il y a équivoque dans le sens d'un terme ; il y a, en outre, une fonction dont les modes d'exercice ne sont ni tous semblables ni tous connus. Il n'est pas nécessaire, pour s'en convaincre, de sortir du mode normal de la vie. Que se passe-t-il dans la vision ordinaire? Un objet frappe nos yeux, une image se forme au fond de l'œil ; elle est perçue, l'objet est vu ; mais cet objet, un objet même qui n'existe pas, nous le verrons clairement la nuit, dans un rêve. Il n'y a plus ici de lumière, il n'y a plus d'image ; quel est donc le mécanisme de la vision ? Il faut une seconde formule pour l'exprimer. Pourquoi nous étonner si le somnambulisme nous montre la nécessité d'une troisième formule ?

On voit, par les considérations qui précèdent, que la science du magnétisme animal a usurpé sur la physiologie et sur la psychologie, la plus grande somme de ses richesses et qu'elle a cherché à donner un air de mystère et de nouveauté aux phénomènes nerveux les plus obscurs ou les plus saisissants, en les appelant phénomènes magnétiques. Devenue science mystique et imaginaire, elle a rompu l'unité de la nature humaine, brisé, avant le temps, les liens indissolubles qui unissent l'âme et la matière et supposé des actions immatérielles étrangères au mode de la vie terrestre. Marchant jusqu'au bout dans la voie des chimères, elle a évoqué les puissances du ciel et de l'enfer, pour lesquelles il n'y point de place dans la boîte osseuse qui contient le cerveau humain. Sur une autre route de l'hypothèse et de l'imagination, les philosophes du magnétisme animal ont trouvé le fluide magnétique, et n'ont plus mis de bornes à leurs prétentions; ils se sont crus maîtres du plus grand secret de la nature; le magnétisme est devenu la science universelle. C'est Mesmer qui a été le premier des aéronautes dans cette atmosphère idéale du fluide magnétique où ceux qui ont voulu le suivre se sont perdus dans les espaces imaginaires. Le mesmérisme se vante d'avoir trouvé, dans le fluide magnétique, la clef de tous les mystères de l'univers; mais il explique le monde physique et le monde moral, comme le panthéisme explique Dieu. Le premier écrit sous chaque phénomène, le mot fluide magnétique, comme le second donne à chacun des êtres de la création, le nom de Dieu. Le fluide magnétique n'est en réalité qu'un nom nouveau donné au principe inconnu de la vie, qui en a déjà tant reçu. C'est l'x d'un problème que trente siècles de méditation n'ont pu dégager. Toutes les doctrines mystiques tiennent à un principe subtil et commun d'illusion. Le fluide magnétique, l'âme et les esprits, les anges et les démons ne sont que des artifices logiques, par lesquels l'esprit cherche à se calmer ou à se séduire, et qui consistent à donner à tous les faits inexplicables des causes inconnues dont la puissance semble être sans limites. Il n'y a dans les ambitieuses et illusoires explications des philosophes du magnétisme, qu'un mirage trompeur et des apparences qui, examinées sévèrement, deviennent de pures chimères. Ils nous donnent des expressions figurées pour des preuves et s'imaginent qu'il suffit, pour rendre raison des choses, d'appliquer un terme moral à un fait physique et réciproquement et de prendre des métaphores pour des arguments. Le magnétisme animal doit être étudié comme toutes les autres branches de la philosophie naturelle; il faut partir des réalités phénoménales et s'élever de fait en fait, de loi en loi, jusqu'à ce point que l'esprit ne dépasse point. A cette hauteur, on ne trouve ni fluide magnétique ni miracles; on trouve le principe inconnu de la vie dont le cerveau et le système nerveux ont été faits les plus hauts dépositaires. La méthode synthétique des philosophes du magnétisme qui consiste à imaginer une cause universelle dont on applique à chaque phénomène particulier les propriétés hypothétiques, n'est qu'une science de mots et de formules, un jeu trompeur de l'esprit, qui glisse à côté des difficultés et n'offre qu'une stérile simplicité et des simulacres d'explication. La méthode synthétique qui a toujours tenté l'esprit, n'a jamais manqué de le tromper. L'histoire des sciences en donne la preuve à chaque page. L'arbre de la science ne porte ses fruits divins que sur sa cime invisible, et il n'est donné de les atteindre qu'à ceux qui savent, le fil de l'analyse à la main, s'y élever péniblement de branche en branche. La vérité ne se montre point à qui veut violer son sanctuaire; on n'y arrive que par les rudes sentiers d'un tortueux labyrinthe. La méthode synthétique peut être celle de Dieu qui voit toutes choses à la fois, qui voit en même temps tous les principes et toutes leurs conséquences; pour nous, être bornés, faibles esprits, nous ne devons oser nous en servir que pour reproduire les découvertes que l'analyse nous a fait faire; il semble que la conquête de la vérité divinise en quelque sorte la nature humaine et nous permette d'agir à l'instar de Dieu lui-même.

CHAPITRE IX.

Description du somnambulisme.

En étudiant les actes du somnambulisme, nous allons être étonnés, déconcertés; les lois du monde moral et du monde matériel vont nous sembler bouleversées. Nous allons nous croire séduits par des prestiges; la raison va s'insurger contre les sens; nous allons voir des choses qui ressemblent à des miracles. En vain essaierons-nous de nous retrancher dans l'incrédulité; les merveilles vont se succéder, se renouveller, pour nous imposer la foi; nous serons contraints de dire, je crois, je ne sais pas comment cela se fait; je n'y comprends rien, mais enfin je vois, je vois clairement, indubitablement; je ne puis pas récuser le témoignage de mes sens.

Il y a trois genres de somnambulisme, qui sont peut-être identiques dans leur nature intime, mais qui diffèrent par leur mode d'origine, et peut-être par les facultés inhérentes à chacun d'eux.

Le premier est le somnambulisme que l'on peut appeler *physiologique* ; il est connu depuis longtemps, et a toujours été considéré comme une espèce de rêve, malgré les caractères différentiels qui le distinguent des rêves ordinaires.

Le deuxième est le somnambulisme que je nommerai *naturel spontané*. Celui-ci se rapproche du précédent par son origine, qui est jours spontanée, naturelle et nvolontaire. Il éclate inopinément dans l'état de veille, ou bien il est annoncé par quelques signes avant-coureurs ; mais, dans tous les cas, il semble lié à un état morbide, et compliquer ou constituer une affection nerveuse périodique, régulière ou irrégulière.

Le troisième est le somnambulisme *artificiel magnétique*. Il est toujours provoqué, toujours l'effet mystérieux de l'action secrète de l'homme sur l'homme. C'est la perception d'une action mentale, c'est l'action incompréhensible de la volonté humaine qui le font naître. Au reste, il paraît être complétement identique au somnambulisme *naturel spontané*, par tous les caractères qui le constituent, et par toutes les facultés normales ou anormales qui distinguent les somnambules. On pourrait résumer toutes les différences qui les séparent en disant que l'un est un produit volontaire de l'art, et l'autre un effet involontaire de la nature.

Toutefois, cette distinction du somnambulisme en trois genres pourrait bien être plus apparente que réelle. Le somnambulisme que j'ai appelé physiologique, plus rare ou du moins plus rarement observé, ne diffère peut-être pas, au fond, des deux autres; et il serait peut-être possible de ramener cette trinité somnambulique à un état unique et toujours identique à lui-même, dans lequel on retrouverait, par une observation attentive, les mêmes caractères, les mêmes facultés, les mêmes singularités, la même puissance.

Le *somnambulisme* dit *physiologique* vient ordinairement la nuit, comme un rêve; il est assez rare et a été trop peu étudié par des médecins philosophes; toutefois on a constaté, sous cette forme des phénomènes, des facultés singulièrement remarquables. On a vu des somnambules prendre des attitudes extraordinaires, marcher et courir sur des supports étroits et jusque sur les toits des maisons, circuler sans hésitation ni tâtonnement dans des sentiers difficiles, semés d'obstacles et d'embarras, et faire avec prestesse et agilité une foule d'évolutions qui leur eussent été complétement impossibles dans la vie ordinaire. On en a vu d'autres se livrer à un travail intellectuel, écrire, composer, calculer, peindre, et montrer, dans ces différents exercices, une capacité qui dépassait beaucoup la mesure des facultés qu'on leur connaissait. Quelquefois la vie semble s'être concentrée sur un seul organe, la vue, l'ouïe, etc., ou une faculté spéciale de l'esprit; le somnambule, dans cet état, voit et n'entend pas, ou entend et ne voit pas, ou bien se livre à un travail intellectuel qui ne met en exercice et en jeu qu'un des éléments de l'intelligence. Cette concentration vitale peut se faire sur deux ou plusieurs organes au lieu d'un seul, et, selon les parties qui veillent et celles qui dorment, amener les résultats les plus singuliers et les plus inattendus.

On conçoit que les organes sur lesquels la force vitale semble s'être accumulée tout entière, doivent acquérir une intensité d'action extraordinaire, et cela explique la vivacité et l'éclat des conceptions partielles des somnambules. Une fois l'accès passé, les somnambules ne se souviennent jamais de rien; ils n'ont pas même le souvenir d'avoir rêvé. Quand on les éveille pendant l'accès, on les voit tout surpris; ils ne comprennent pas comment ils ne se trouvent pas dans leur lit.

Le *somnambulisme naturel spontané* se montre sans provocation extérieure appréciable, comme le somnambulisme dit *physiologique*. Il est toujours le produit spontané de la vie, mais il tient à un état morbide spécial du système nerveux. On le voit se manifester comme les affections nerveuses; il forme souvent une des phases de leurs accès et le plus ordinairement il les termine; il semble être ainsi l'un des éléments de ces maladies intermittentes qui, sous une forme spasmodique ou convulsive, se composent d'une série de manifestations critiques que séparent des intervalles plus ou moins longs, réguliers ou irréguliers. On voit l'état somnambulique coexister ou alterner avec l'état convulsif; d'autres fois on le voit succéder aux spasmes, aux convulsions, au délire, et se montrer comme une douce et heureuse transformation critique de l'accès. Mais dans toutes ces circonstances, la nature se suffit toujours à elle-même; le passage de la vie normale à la vie somnambulique se fait spontanément, sans aucune aucune action provocatrice extérieure. Cette forme du somnambulisme n'a pu échapper entièrement à l'œil pénétrant des médecins qui ont observé les maladies nerveuses. Aussi la plupart ont été forcés, je crois, d'en admettre l'existence, mais sans jamais pouvoir s'entendre sur la nature ou la portée de ses caractères et de ses merveilleux phénomènes.

Les médecins au contraire, sont, en général, fort sceptiques relativement au *somnambulisme* que j'ai nommé *artificiel magnétique*. Mais le temps et l'expérience feront justice de leur scepticisme et de leurs vains sarcasmes. Ils seront forcés de reconnaître et d'admirer ce mystérieux effet de l'action secrète de l'homme sur l'homme, qui nous montre une faculté immatérielle, la pensée, ou plutôt l'élément le plus actif de la pensée, la volonté humaine, franchissant les limites qu'elle semblait ne jamais devoir atteindre, se transmettant par des voies inconnues, d'un individu à un autre, pour provoquer un état de la vie et des facultés qui n'ont point leurs analogues dans la vie ordinaire. Chose qui semble tenir du prodige! l'homme *veut*, et le somnambule naît. La volonté humaine, lancée sur des routes mystérieuses et inconnues, sans action apparente, sans mouvement physique appréciable, se transmet au somnambule; elle est sentie, elle est perçue, et de cette perception insolite sort ce mode nouveau d'existence, cet état extraordinaire de la vie dans lequel la sensibilité revêt des formes étonnantes et le *moi humain* un caractère merveilleux. Les passes, l'action du regard, les divers procédés physiques de magnétisation auxquels on a souvent recours ne sont que des auxiliaires, qui ne sont pas toujours nécessaires; on peut s'en dispenser dans un grand nombre de cas; ils ne sont point, par conséquent, la cause directe et réelle du somnambulisme. L'action de la volonté seule est toujours nécessaire, toujours indispensable. On voit qu'il n'en est point du somnambulisme *magnétique artificiel* comme de tous ces phénomènes nerveux, dits magnétiques, dont nous avons parlé et qui viennent de mille sources diverses. Ceux-ci sont variés, protéiformes, multiples comme leurs causes. Le *somnambulisme magnétique*, au contraire, est toujours un, toujours identique à lui-même; il est le produit exclusif et invariable d'une cause unique et toujours la même.

Quelle que soit la nature du somnambulisme, il peut se manifester sous les trois formes que nous avons admises, dans un état de simplicité ou d'indépendance qui exclut toute autre affection du système nerveux. Il en est toujours ainsi du somnambulisme dit *phy-*

siologique, et le plus ordinairement du somnambulisme *artificiel magnétique;* mais, ainsi que nous l'avons dit plus haut, on voit, dans un grand nombre de cas, le somnambulisme *naturel spontané* se montrer soit comme complication, soit comme élément dans diverses affections nerveuses, telles que l'hystérie, la catalepsie, l'épilepsie, etc.

Le mode singulier d'existence, que j'appelle *somnambulisme magnétique*, n'est ni la veille, ni le sommeil, ni le rêve. Quand on dit que les somnambules dorment, qu'on les a endormis, on se sert d'un terme impropre, qui n'exprime qu'une apparence partielle et accidentelle du somnambulisme. Le sommeil est la suspension momentanée de la vie morale, c'est la période de repos des organes de la vie de relation; l'homme qui dort n'est plus en rapport avec le monde extérieur, il n'a plus la conscience de sa propre existence; le sommeil complet ressemble à la mort. Les somnambules, au contraire, jouissent de la plénitude de leurs facultés intellectuelles et morales; on remarque même que leur esprit a ordinairement plus de portée et plus d'éclat, que leurs perceptions ont plus de délicatesse et plus de force que dans l'état normal; en outre, ils acquièrent des facultés nouvelles, qui n'ont point leurs analogues dans la vie ordinaire.

Le somnambulisme n'est point un état de rêve; tout le monde sait ce que c'est qu'un rêve, tout le monde rêve, tout le monde a rêvé; l'homme qui rêve jouit bien de la plupart de ses facultés intellectuelles et morales; il a des sensations, des idées, des sentiments, des passions; il aime, il hait, il craint, il veut, etc.; mais chez lui tout est incohérence, confusion, désordre. L'homme qui rêve manque de cette puissance de coordination qui, dans l'état de veille, combine les produits de l'esprit suivant des lois régulières, et imprime aux actes de la pensée des formes constantes et raisonnables. Le rêve s'offre toujours sous la forme des plus fantastiques visions, des plus incroyables chimères; c'est l'image d'un chaos intellectuel. On considère le rêve comme un état de sommeil partiel et irrégulier; certaines parties du cerveau dorment complétement, d'autres ne font que sommeiller, d'autres enfin conservent toute leur activité; et cette inégalité dans l'état des divers départements de l'organe de la pensée nous rend assez bien raison de toutes les discordances, de toutes les extravagances des rêves. Au réveil, les rêves restent souvent gravés dans la mémoire : on se souvient très nettement des uns, incomplétement des autres; il en est dont on se souvient à peine, on sait seulement qu'on a rêvé.

Rien de pareil dans le somnambulisme, il n'y a nul désordre dans les facultés intellectuelles ou morales des somnambules. Ils expriment leurs sentiments et leurs pensées avec une entière régularité; ils montrent une sensibilité exquise; leur mémoire acquiert une étonnante précision; et toutes les facultés de l'esprit semblent avoir grandi. Enfin, nous l'avons dit et nous allons le constater dans un instant, ils acquièrent des facultés et une puissance qui tiennent du prodige. Les somnambules conversent et discutent avec aisance ; ils peuvent écrire, calculer, dessiner, composer, faire de la musique, danser, etc., etc. ; le cœur conserve, chez eux, son empire et ses instincts ; ils ont des désirs, des passions ; ils éprouvent des émotions, des inquiétudes, etc. ; enfin, ils paraissent être, à quelques exceptions rares, qui ne portent que sur des facultés isolées, en possession pleine et entière de la vie ; et si l'on ne remarquait qu'il y a une certaine étrangeté dans leur habitude extérieure, et qu'ils ont les yeux involontairement fermés, ou une fixité, une expression insolites dans le regard, on pourrait, au premier abord, croire qu'ils ne sont pas sortis de l'état de veille, et qu'ils vivent de la vie ordinaire.

Quand le somnambulisme cesse, qu'il ait été physiologique, artificiel ou spontané, les somnambules, revenus à la vie ordinaire, ne se souviennent jamais de ce qui s'est passé pendant l'accès. Tout ce qu'ils ont fait, vu, dit, entendu, est aussi nouveau pour eux que le seraient les actes d'un étranger, d'un inconnu. Ils viennent de causer, de discuter avec vous pendant une ou plusieurs heures ; ils ont plaisanté, ils se sont fâchés, ils ont ri, dansé, etc., etc., et de tout cela, il ne leur reste pas un souvenir, pas une idée, pas l'ombre d'un soupçon. Vous leur causez une indicible surprise quand vous en faites le récit ; ils sont tentés de croire à la magie ; ils se suspendent à vos lèvres, pour vous entendre raconter ce qu'ils viennent eux-mêmes de dire ou de faire.

Ce caractère du somnambulisme est invariable et suffirait pour établir entre l'état somnambulique et l'état de rêve la ligne de démarcation la plus tranchée (1).

On voit qu'il y a dans le somnambulisme comme deux existences distinctes. Sans doute le somnambule conserve son individualité, son identité personnelle dans ces deux existences ; mais il en perd le sentiment dans l'une d'elles, la vie normale ; il le conserve, au contraire, dans la vie somnambulique. Dans celle-ci il sait ce qu'il est et ce qu'il fait dans l'autre ; le lien qui unit les deux existences ne se brise qu'au moment du retour à la vie normale ; et le somnambule nous représente, dans ce mystérieux dualisme, deux personnalités qui se confondent pendant la phase somnambulique, et qui se séparent dès que le somnambulisme cesse ; on peut dire, en d'autres termes, que le somnambule représente deux personnes, dont l'une connaît l'autre et n'en est pas connue.

Beaucoup de somnambules nous étonnent par l'éclat inaccoutumé que l'on remarque dans leurs facultés naturelles : leur langage est brillant et facile ; ils s'ex-

---

(1) On cite bien dans le somnambulisme artificiel quelques rares exceptions à cet égard ; mais nous verrons plus tard qu'elles s'expliquent et dépendent, dans ce cas, de la direction que donne à sa volonté le magnétiseur.

priment sur toutes les matières qui leur sont connues, avec une netteté, un choix, un bonheur d'expression qu'on ne leur connaissait nullement; ils écrivent quelquefois des morceaux dont ils sont tout au plus capables d'apprécier le mérite et la beauté, quand ils rentrent dans la vie normale; ils ont une finesse de perception étonnante; leur mémoire leur retrace les choses, les événements passés jusque dans leurs formes les plus effacées, jusque dans leurs particularités et leurs nuances les plus complétement évanouies.

Le caractère des somnambules ne change pas moins que leur esprit; ils sont, en général, impressionnables, souvent susceptibles, irascibles même; une contrariété, une simple contradiction les offense, et ils montrent une affectation de délicatesse qui ne leur était pas habituelle; ils ont presque tous un amour-propre irritable et des prétentions exagérées, qu'ils semblent puiser dans la conviction de leur infaillibilité. On ne brave pas impunément leurs exigences; si on ne les ménage pas sur ce point, on peut leur causer une agitation extraordinaire, qui va quelquefois jusqu'aux spasmes et aux convulsions. J'ai vu des somnambules entrer dans des colères extravagantes, par l'effet d'un simple contradiction, et sortir brusquement de l'état somnambulique, avec du délire et toutes les apparences de l'aliénation mentale; on était obligé de les magnétiser de nouveau, de ramener le somnambulisme et de les calmer par les attentions les plus délicates et la condescendance la plus empressée. Il est remarquable que ces dispositions morales soient pour ainsi dire constantes chez les somnambules, et constituent un caractère commun et uniforme, quelles que soient les variétés et les nuances de leur caractère naturel. On est obligé de caresser leurs caprices et de se soumettre à leurs fantaisies, à moins que, par une direction qu'il dépend ordinairement du magnétiseur de donner aux choses, comme nous le verrons plus loin, la tyrannie ne devienne la servitude même.

Jusqu'ici nous ne sommes pas sortis de l'état naturel dans l'examen des facultés et des dispositions morales des somnambules; nous n'avons vu la vie somnambulique différer de la vie ordinaire que par l'éclat ou l'intensité des facultés de l'esprit et la finesse des sens. Nous allons maintenant voir les somnambules sortir en quelque sorte de la nature, et nous montrer des aptitudes excentriques, des facultés insolites et une puissance interdite aux hommes dans cette vie terrestre. — Parlons d'abord de certaines aptitudes qui appartiennent plutôt à l'ordre physique qu'à l'ordre intellectuel, et qui impriment aux organes locomoteurs une agilité et une souplesse incroyables.

C'est avec une sorte d'ardeur capricieuse, et pour obéir à des impulsions irrésistibles qu'on voit des somnambules se livrer à des tours de force et à toutes sortes d'évolutions étonnantes. Ils sentent, tout à à coup, comme une impatience et un besoin invincible de mouvement.

On les voit alors sauter d'un meuble sur l'autre, marcher sur la rampe d'un lit, sur le bord d'une table, d'une console, se percher et se tenir en équilibre sur le dos d'un fauteuil; raser et côtoyer des vases et des meubles précieux, sans rien casser; glisser avec souplesse et agilité entre des obstacles de tout genre, dont on a voulu embarrasser à dessein leur passage, faire enfin mille évolutions surprenantes, dont seraient jaloux les sauteurs de profession et les saltimbanques les plus habiles. Et les personnes que vous voyez agir ainsi sont, le plus souvent, des femmes délicates, accoutumées aux nonchalances d'une vie somptueuse, dont les membres sont en quelque sorte engourdis par une inaction habituelle, qui seraient tout à fait incapables, qui n'auraient pas même la pensée, dans la vie habituelle, d'aucun de ces incroyables tours de force.

On explique diversement les merveilles de cette dynamique anormale, le[s uns?] prétendent que le somnambulisme développe [chez] les somnambules un sens nouveau, un instinct a[utomatique?], qui les pousse intérieurement et les dirige, sans qu'il y ait, de leur part, exercice du jugement ni de la volonté. Les autres, au contraire, pensent que les somnambules jugent et raisonnent dans leurs évolutions excentriques, et que le somnambulisme ne fait naître subitement en eux que cette incalculable rapidité de pensées, de jugement et d'actions, que l'habitude et le travail nous font acquérir, après un long apprentissage, dans plusieurs de nos exercices ordinaires. Personne ne doute que l'homme qui lit, qui touche du piano, qui fait des armes, etc., etc., ne juge, ne raisonne, ne se souvienne à chacun des mouvements, dont la succession, le nombre et la rapidité échappent à toute appréciation; ce ne sont pas là des mouvements involontaires, instinctifs, automatiques; ce sont des mouvements bien réellement coordonnés et volontaires, qui prouvent la rapidité infinie de la pensée. La raison que l'on allègue pour prouver que les somnambules jugent et raisonnent, dans ces différents actes insolites, c'est qu'ils ne les accomplissent que dans les lieux qui leur sont connus et familiers dans l'état de veille; mais ce fait n'est pas accordé par ceux qui ne veulent voir en eux qu'un instinct automatique. Quoi qu'il en soit de ces deux interprétations, que l'instinct des somnambules soit automatique ou raisonné, leur aptitude nouvelle n'est pas moins extraordinaire dans un cas que dans l'autre. Nous avons vu des somnambules artificiels et des somnambules naturels nous donner également le spectacle de cette gymnastique anormale. On sait depuis longtemps quelles sont, à cet égard, les aptitudes des somnambules dits physiologiques.

Mais nous allons voir de bien plus étranges merveilles. J'éprouve, en vérité, une sorte d'embarras pour raconter ce que j'ai vu chez les somnambules. Je crains que l'on ne m'accuse de n'avoir, comme beaucoup d'historiens du somnambulisme, fait que l'histoire de mes visions ; je crains que l'on ne s'imagine que j'ai voulu ajouter un chapitre aux contes des *Mille et une Nuits*. Je sais que ces prodiges courent le monde ; je sais que les livres des magnétiseurs sont remplis de *Miracles* ; mais les croyances populaires et des assertions suspectes ne sont pas des autorités qui me rassurent. J'ai été longtemps incrédule ; mais enfin *j'ai vu* et j'ai été forcé *de croire*. Je ne doute pas, néanmoins, que les fanatiques ne m'accusent de n'avoir fait que quelques pas timides sur le chemin des prodiges. Il est vrai que je me suis arrêté partout où la route m'a paru incertaine ou inaccessible. Tout ce que je raconterai, je l'ai vu et constaté moi-même ; j'engage ceux qui me liront à vérifier mes dires ; dans une semblable matière, on ne peut croire personne sur parole ; mais ce que j'ai vu, chacun le verra quand il voudra.

J'entre en matière, et j'ouvre tout d'un coup la boîte aux merveilles. J'ai vu des somnambules doués de cette faculté que l'on appelle la *clairvoyance* au plus haut degré, et j'ai constaté chez eux trois facultés extraordinaires, facultés dont nous n'avons pas même les rudiments dans la vie normale. Je crois que les somnambules n'en ont pas d'autres, et que ces trois facultés, dans leur exercice et dans leurs applications, dans la sphère de leur action comme dans leurs limites, expriment toute leur puissance intellectuelle. On peut toujours, par l'analyse, réduire soit à l'une, soit à l'autre, soit à toutes les trois tous

l. s phénomènes de la clairvoyance. Ces facultés sont prodigieuses et doivent contenter les esprits les plus avides de choses surnaturelles.

1° Les somnambules ont le pouvoir d'apercevoir, de percevoir, de voir enfin les choses *actuellement existantes* à travers les corps qui les dérobent aux sens ordinaires, quels que soient les obstacles ou les voiles qui les couvrent, et à des distances qu'il est difficile de déterminer et de limiter.

2° Ils ont la faculté de percevoir les actions mentales, la pensée, la volonté humaines, qui se transmettent à eux par des voies et des moyens inconnus; cette impressionnabilité extraordinaire se montre à la fois dans l'origine du somnambulisme artificiel, et dans le pouvoir que les somnambules possèdent de pénétrer en nous et de saisir directement nos pensées et nos sentiments,

3° Ils ont enfin la faculté de prévoir et de prédire des événements dont l'origine et le développement sont relatifs à eux-mêmes, dont le point de départ, la cause et le terme sont dans l'organisme même. Ainsi, pendant un accès de somnambulisme spontané, lucide, un malade annonce qu'il aura un autre accès tel jour et à telle heure, et qu'il durera tant d'heures, tant de minutes. Cette prévision s'étend à plusieurs jours, plusieurs semaines, plusieurs mois et même, dit-on, à plusieurs années.

Arrêtons-nous un instant; après avoir admis ces tr: is facultés chez les somnambules, on se sent comme coupable d'une énormité; on entend bourdonner autour de soi les mots : visionnaire, absurdité, crédulité, folie; que parlez-vous de voir des choses cachées aux sens? Les sens sont les seules portes ouvertes pour nous sur la nature; ce sont les sentinelles qui veillent autour de nous, les courriers qui nous apportent les nouvelles; quand ils ne disent rien, il n'y a rien pour nous. D'autre part, la pensée est impénétrable dans les replis de notre âme; il n'y a point de routes qui conduisent dans ces profondeurs inaccessibles, la pensée resterait inviolable et voilée dans son sanctuaire si nous n'avions, pour la transmettre aux autres, la parole ou des actes expressifs qui la suppléent.

Nous comprenons parfaitement toutes ces objections; mais nous savons aussi qu'avant d'affirmer qu'une chose est possible ou impossible, il est toujours prudent de vérifier si elle est ou si elle n'est pas. Nous pouvons plus facilement nous tromper sur les conditions qui permettent ou ne permettent pas les choses, que sur le fait de leur simple existence. Suivons cette marche, et cherchons à constater l'existence, la réalité des trois facultés que nous admettons chez les somnambules; nous verrons ensuite, quand nous serons bien certains qu'elles *sont*, s'il y a quelque moyen de comprendre comment elles sont *possibles*.

On conviendra qu'il est facile de placer les choses et de se placer soi-même dans des conditions telles qu'il ne reste aucun doute dans l'esprit relativement au fait capital dont il s'agit. L'expérience est si simple, qu'on ne peut être que très surpris que les hommes ne soient pas depuis longtemps d'accord à cet égard.

Placez un objet quelconque sous une enveloppe double, triple, quadruple; placez-le dans une boîte; dérobez le enfin à tous les sens de quelque façon que ce soit, pourvu que l'objet soit entièrement inapercevable. Vous êtes bien sûr qu'il n'y a personne au monde qui puisse voir cet objet dans de telles conditions. Eh bien! un somnambule *lucide* vous dira, non pas toujours, mais souvent, ce que vous avez si mystérieusement caché. Nous avons répété cette expérience, avec succès, un très grand nombre de fois.

Vous écrivez une phrase sur une feuille volante; vous la placez, après l'avoir pliée plusieurs fois sur elle-même, sous une ou plusieurs enveloppes complétement imperméables à la lumière; vous placez le paquet dans un carton, un portefeuille, une boîte, etc.; vous n'avez dit à personne ce que vous avez écrit; personne ne vous a vu l'écrire; vous l'avez fait chez vous avant de vous rendre chez le somnambule; vous lui demandez de vous lire cette phrase invisible; il prend une plume, un crayon, et il vous la transcrit tout entière. Cette seconde expérience nous a réussi aussi souvent que la précédente, avec certains somnambules.

Vous demandez à un somnambule de vous dire ce que vous avez dans votre maison, soit en ville, soit à la campagne, soit même dans une ville éloignée. Vous êtes sûr qu'il n'a jamais mis le pied chez vous ; il ne vous connaissait pas même avant que vous vinssiez chez lui ; il ne savait pas que vous existiez ; néanmoins, il dit ce que vous avez chez vous ; il vous décrit votre appartement, votre salon, votre cabinet, les meubles, et tous les objets qui les ornent, avec une précision et une exactitude qui touchent de bien près à la réalité.

Un jour, je me suis rendu chez un somnambule doué d'une très grande *clairvoyance* ; je n'avais dit à personne où j'allais, ni ce que je prétendais faire. Arrivé chez lui, je lui demandai s'il pouvait me dire le motif qui m'amenait, et à quelle personne je songeais. Il me répondit, ce qui était l'exacte vérité, que j'étais venu pour lui parler d'une dame à laquelle je portais un tendre et vif intérêt ; il me dit le nom de baptême et le nom de famille de cette dame ; c'était une dame étrangère, dont les noms n'ont pas même d'analogues dans les noms français ; il me conduisit *par la pensée* chez cette dame, dont la demeure était fort éloignée du domicile où nous nous trouvions ; il fit idéalement tous les tours et détours nécessaires, et arriva enfin à sa porte ; il me dit qu'il la voyait assise sur un divan, me fit son portrait très approximativement ressemblant, et me raconta, sur le caractère, les habitudes et les antécédents de cette dame, plusieurs choses qui étaient, il est vrai, un mélange de vérités et de fables.

Je racontai, le lendemain, ce tour de force à la dame dont il est question ; j'excitai ses éclats de rire ; elle crut que je voulais plaisanter, et que je ne parlais pas sérieusement. Eh bien ! lui dis-je, je trouverai peut-être le moyen de vous convaincre. Veuillez passer dans une pièce voisine, et là, bien renfermée, bien cachée à tous les regards, écrivez sur une feuille de papier telle phrase que vous voudrez ; mettez-la sous enveloppe ; placez le tout sous plusieurs plis complétement imperméables à la lumière ; scellez avec votre cachet ; demain, je vous rapporterai le paquet, dont le cachet aura été respecté, et je vous dirai, néanmoins, ce qu'il renferme. A peine pus-je obtenir ce que je demandais, tant ma proposition paraissait peu sérieuse, extravagante même. Quelle ne fut pas la surprise de cette dame, le lendemain, lorsque je lui rendis le paquet, avec les mots suivants que le somnambule avait écrits sur l'enveloppe la plus extérieure : *Pour croire, il faudrait voir*. Telle était réellement la phrase que le paquet contenait.

Ouvrez au hasard un livre quelconque, entièrement inconnu au somnambule et à vous-même ; lisez, avec lui, la douzième, la quinzième, ou telle autre ligne de la page ouverte. Puis, sans ouvrir autrement le livre, priez-le de vous lire la ligne correspondante de la trentième, quarantième, cinquantième page suivante, que personne assurément ne peut voir ; vous le verrez vous la lire, à travers une masse plus ou moins épaisse de feuilles opaques.

Je pourrais facilement multiplier ces exemples ; je ne ferais que varier les formes de l'expérience, son langage serait toujours le même.

Objectera-t-on qu'un somnambule qui dévoile vos pensées ou découvre un objet que vous avez caché à tous les regards a pu être servi par le hasard? Mais le hasard, qui serait déjà contre toute probabilité une première fois, devient complétement inadmissible quand vous répétez l'expérience deux, quatre, six, dix fois. Dira-t-on qu'il arrive à ces découvertes par suite de révélations indirectes, par la complicité de quelque compère? Il n'est personne, évidemment, qui ne puisse se soustraire avec la plus grande facilité à cette cause de déception. Le hasard ou quelques indices finement interprétés peuvent quelquefois dévoiler vos pensées et vos sentiments; mais il y a des mystères de l'âme que rien assurément ne peut trahir : le somnambule vous les révèle; et quand la merveille se répète et se renouvelle pour ainsi dire à volonté, on acquiert bien vite la conviction que le somnambule vous pénètre à l'aide d'une force d'intuition mystérieuse, dont les voies et les moyens sont insaisissables. On est forcé d'admettre qu'il lit en quelque sorte à livre ouvert dans votre cerveau.

On a voulu ramener les deux facultés extraordinaires des somnambules dont je viens de parler à une seule, à la faculté de pénétrer la pensée. On dit qu'ils n'aperçoivent pas *directement* les choses cachées ou éloignées; qu'ils ne les voient qu'*indirectement* et après les avoir trouvées dans votre pensée. Il est vrai qu'ils vous disent plus vite et plus facilement ce que vous savez que ce que vous ignorez; mais ils vous disent souvent des choses qui sont pour vous toutes nouvelles; ils vous font de véritables révélations. Dans l'expérience citée plus haut d'une phrase mise sous enveloppe sous plusieurs plis cachetés, je ne connaissais pas cette phrase. Quand les somnambules lisent une ligne à travers les feuillets opaques d'un livre, cette ligne est inconnue à tout le monde; on ne vérifie l'expérience qu'au moment où on ouvre le livre. On est donc forcé de reconnaître que les somnambules possèdent les deux premières facultés que nous avons signalées; on est forcé d'admettre qu'ils ont, sous ce rapport, une puissance que ne comporte pas l'état normal. Il n'y a ni déception ni prestige; c'est une puissance prodigieuse que nous ne pouvons ni contester ni concevoir; c'est un mystère impénétrable, j'allais dire incroyable. On a beau s'armer de défiance, multiplier les précautions, vouloir échapper à cette apparente magie, les somnambules se jouent de tous les obstacles, brisent toutes les barrières; ils soulèvent tous les voiles qui couvrent toutes les choses cachées, voisines ou éloignées; ils pénètrent en nous et saisissent dans les replis les plus profonds de l'âme nos sentiments et nos pensées.

La troisième faculté extraordinaire des somnambules, que l'on peut appeler *vision* ou *pressentation organique*, est, je crois, généralement admise; il n'est point de médecin de bonne foi qui ne l'ait constatée, non-seulement chez les somnambules lucides, mais même chez des hystériques ou des cataleptiques qui

ne montraient que peu ou point de signes des deux premières facultés. Nous pourrions mentionner ici quelques-uns des nombreux exemples qui se sont offerts à nous; mais nous aimons mieux nous borner à citer le fait que l'on trouve si nettement établi dans un rapport célèbre rédigé au nom d'une commission de l'Académie de médecine par M. Husson; le phénomène portera, de cette manière, avec lui la sanction de la science et de l'impartialité. Le sujet était un épileptique mis en état de somnambulisme par M. le docteur Foissac. On lui demande quand il aura un accès; il répond : « Que ce sera d'aujourd'hui en
» quatre semaines, c'est-à-dire le *trois novembre*,
» *à quatre heures cinq minutes du soir.* On lui
» demande ensuite quand il en aura une autre? il
» répond, après s'être recueilli et avoir hésité, que
» ce sera *cinq semaines* après celui qu'il vient d'in-
» diquer, le *neuf décembre, à neuf heures et de-*
» *mie du matin.....* La commission prit toutes les
« précautions convenables pour observer l'accès du
» *trois novembre*. Elle se rendit à quatre heures
» du soir chez M. Georges (c'était le maître chape-
» lier chez lequel travaillait le malade); elle apprit
» de lui, de sa femme et d'un de ses ouvriers, que
» Cazot (1) avait travaillé toute la matinée jusqu'à
» deux heures, et qu'en dînant il avait ressenti du
» mal de tête; que cependant il était descendu pour

---

(1) C'était le malade.

» reprendre son travail ; mais que le mal de tête aug-
» mentant et qu'ayant eu un étourdissement, il était
» remonté chez lui, s'était couché et endormi. Alors
» MM. Bourdois, Fouquier et le rapporteur montè-
» rent, précédés de M. Georges, vers la chambre de
» Cazot. M. Georges y entra seul et le trouva
» profondément endormi, ce qu'il nous fit remarquer
» par la porte, qui était restée entr'ouverte sur l'es-
» calier. M. Georges lui parla haut, le remua, le se-
» coua par le bras, sans pouvoir le réveiller, et à
» *quatre heures six minutes*, au milieu des tenta-
» tives faites par M. Georges pour le réveiller, Cazot
» fut saisi des principaux symptômes qui caractérisent
» un accès d'épilepsie, et semblables en tout à ce que
» nous avions observé sur lui précédemment.

» Le second accès, annoncé pour le *neuf décembre*,
» c'est-à-dire *deux mois d'avance*, eut lieu à *neuf
» heures et demie*, et fut caractérisé par les mêmes
» phénomènes précurseurs et par les mêmes symp-
» tômes que les précédents.

» Enfin, le onze février, Cazot fixa l'époque d'un
» nouvel accès au *vingt-deux avril suivant*, *à midi
» cinq minutes*, et cette annonce se vérifia comme
» les autres, à cinq minutes près.....

» Enfin, Cazot annonce qu'il aura encore deux
» accès, l'un de demain en neuf semaines (25 *juin*),
» à *six heures trois minutes*. Il ne veut pas penser
au deuxième accès, parce qu'il faut songer à ce qui
» se passera auparavant ; alors il ajoute qu'il devien-

» dra fou environ trois semaines après l'accès du
» 25 *juin;* que sa folie durera trois jours, pendant
» lesquels il sera si méchant, qu'il se battra avec tout
» le monde, qu'il maltraitera sa femme et son enfant,
» et qu'il ne sait pas s'il ne tuerait pas une personne
» qu'il ne désigne pas. Il faudra alors le saigner des
» deux pieds. Enfin, ajoute-t-il, je serai guéri pour
» le mois d'août, et guéri pour jamais. C'est le 22
» *avril* que toutes ces prévisions nous sont annon-
» cées, et deux jours après, le 24, Cazot, voulant
» arrêter un cheval fougueux qui avait pris le mors
» aux dents, fut précipité contre la roue d'un cabrio-
» let qui lui fracassa l'arcade orbitaire gauche et le
» meurtrit horriblement. Transporté à l'hôpital, il
» mourut le 15 *mai.* »

On trouve dans cette observation remarquable un exemple évident et réitéré de *pressentation organique*; et en même temps la preuve que cette *vision* merveilleuse des somnambules ne s'étend pas au-delà des phénomènes qui doivent éclater dans l'organisme même. Cazot indique avec la dernière précision, un ou deux mois à l'avance, le jour et l'heure où il aura un accès d'épilepsie; il indique même des accès qui ne doivent jamais avoir lieu, et il ne voit pas, il ne prévoit pas que, dans deux jours, un accident extérieur le frappera mortellement. Cette remarque n'a pu échapper au savant rapporteur, qui a fait quelques tentatives pour se rendre compte de la *pressentation organique*. Mais il ne trouve d'explication possible que dans certaines analogies éloignées qui ne révèlent que bien imparfaitement la cause de ce mystérieux phénomène et n'apportent à l'esprit qu'une incomplète satisfaction ; il compare les prévisions des somnambules à celles de certains malades, les épileptiques entre autres, qui reconnaissent, à divers symptômes précurseurs, qu'ils auront bientôt un accès. La sensibilité infiniment plus exquise des somnambules leur permet de prévoir de beaucoup plus loin les accès qu'ils auront, par l'effet, sans doute, de quelques impressions révélatrices intérieures qui échapperaient à l'homme dans l'état normal. On conçoit, de cette manière, pourquoi les somnambules ne peuvent jamais prévoir les événements extérieurs qui n'ont pas leur point de départ, leur *germe*, si l'on peut ainsi dire, dans l'organisme. Ils ne tiennent, dans ce cas, par aucun lien à l'avenir. Aussi Cazot, qui a pu prévoir des accès qui devaient avoir lieu, mais qui n'eurent pas lieu, n'avait-il aucun moyen de prévoir l'accident qui devait, dans un bref délai, briser sa vie.

Il ne faut pas croire que les facultés extraordinaires des somnambules s'exercent promptement, facilement, instantanément ; que les somnambules aperçoivent les choses, par exemple, comme nous les voyons nous-mêmes, par l'action du regard, à l'aide des actes rapides et instantanés de nos sens : loin de là ; leur mystérieuse intuition est souvent fort laborieuse ; et ce n'est qu'à la suite d'efforts prolongés, en apparence pénibles et fatigants, qu'ils parviennent à trouver ce qu'ils cherchent. Ils font des gestes bizarres, ils prennent des attitudes singulières; ils flairent les objets, les posent sur leur front, sur l'épigastre, etc.; ils se mettent pour ainsi dire l'esprit à la torture. Souvent ils paraissent réfléchir et méditer, comme nous le faisons nous-mêmes quand nous cherchons à résoudre un problème difficile, quand nous courons après un souvenir qui se dérobe, un mot qui ne vient pas ou une pensée abstraite. Si vous leur demandez ce qui se passe en eux, ce qu'ils sentent, ce qu'ils éprouvent pendant tout ce travail, ils ne vous font que des réponses qui vous éclairent bien peu; ils ne peuvent vous dire comment ils voient. D'abord les choses qu'ils cherchent ou qu'on leur demande leur paraissent couvertes d'un voile, d'un brouillard épais; ils cherchent à percer ce brouillard. Ils lancent à travers les regards de l'esprit, si l'on peut se servir d'une telle figure, ils tendent tous les ressorts de la volonté, et l'objet cherché leur apparaît. Ils en sentent en eux l'image, disent-ils. Quelquefois les choses leur apparaissent tout à coup; d'autres fois successivement, après plusieurs tâtonnements. Dans plusieurs circonstances, ils ne les voient qu'incomplétement ou même ils ne les voient pas du tout, comme nous allons bientôt le dire. Si on les aide en les mettant un peu sur la voie, on facilite toujours beaucoup leur travail et on abrége le temps de leurs recherches. Il importe de savoir que les somnambules, même les plus lucides, ne peuvent quelquefois rien apercevoir ; leurs facultés semblent engourdies, paralysées ; ils ne parlent qu'à l'aventure et ne débitent que des extravagances : ils ont de bons et de mauvais jours. Aujourd'hui un somnambule trouve tout ce que vous lui demandez, c'est un prodige ; revenez demain l'interroger : il ne voit plus rien, il ne fait plus que rêver et battre la campagne. Ces alternatives d'impuissance et de lucidité se succèdent quelquefois dans le même jour, dans la même séance. Un somnambule qui vient de vous émerveiller par la précision de ses réponses et par toutes les marques d'une puissance surhumaine, perd tout à coup ses facultés : il ne voit plus rien clairement, il divague et se trompe sur toutes choses. Et, chose étrange ! c'est avec la même assurance qu'il débite le vrai et le faux. Quand il se trompe, il croit voir aussi clairement que quand il ne se trompe pas ; il est dupe de quelque illusion qu'il ne connaît pas et à laquelle il ne peut se soustraire. On conçoit que toutes ces inégalités expliquent beaucoup de contestations et d'incrédulités. Deux observateurs également sincères et sans prévention aucune examinent le même somnambule : l'un voit des merveilles, l'autre ne voit rien et n'entend que des radotages ; pour l'un, le somnambule est un être intéressant, doué de facultés prodigieuses, de facultés presque divines ; pour l'autre, ce n'est qu'un rêveur ou un fourbe. L'un revient croyant, l'autre reste incrédule : voilà deux hommes qui ne s'entendront jamais, et que des recherches plus patientes, plus longues et plus suivies auraient mis d'accord.

Que peut-on conclure de ces inégalités? Absolument rien. Dans l'ignorance où nous sommes de la nature du somnambulisme, nous ne pouvons nous rendre aucun compte de ces alternatives d'impuissance et de lucidité. Les somnambules ne nous fournissent aucun renseignement qui puisse nous éclairer, nous mettre même sur la voie. Quand ils trompent notre espoir, quand ils se trompent eux-mêmes, cela ne prouve pas qu'ils n'ont pas les facultés qu'on leur croit, dont on a vu, dont on verra encore les prodigieux effets : il peut en effet n'y avoir que trouble ou absence des conditions inconnues qui en permettent la manifestation. Il suffit que les somnambules puissent faire, dans des circonstances bien déterminées, des choses telles qu'il n'est donné à personne sur la terre d'en faire de semblables dans les mêmes circonstances, pour croire à une puissance extraordinaire ; il suffirait à la rigueur d'un seul succès, d'un seul exemple bien constaté, pour autoriser cette conclusion; mais les succès ne sont point chez les somnambules une exception, et les inégalités de leur puissance ne peuvent être invoquées sérieusement comme des objections et ne légitiment point l'incrédulité. Il ne faut pas non plus oublier que si les somnambules ne se ressemblent pas toujours à eux-mêmes, il y a aussi de très grandes différences entre les divers individus. La vie somnambulique, pareille en cela à la vie ordinaire, comporte beaucoup de diversités et de degrés. La *clair-*

voyance, extrêmement prononcée chez les uns, peut être faible chez les autres; il y a des somnambules qui n'en ont pour ainsi dire pas; et quand on veut raisonner sur le somnambulisme, il faut tirer ses raisons et ses objections du même sujet, et non de sujets différents.

Comment les somnambules peuvent-ils pénétrer en nous et hors de nous, dans des régions qui semblent être complétement impénétrables? Nous ferons dans un instant quelques tentatives, je ne dis pas pour expliquer ce prodige, sur lequel nous n'avons en réalité, dans l'état actuel des sciences, aucune prise, mais plutôt pour reposer l'esprit par quelques analogies, quelques images comparables. Mais auparavant je veux examiner un point de doctrine et apprécier une opinion singulière des magnétiseurs, qui, pour nous faire admettre le merveilleux, commencent par nous faire passer par l'absurde. Je veux parler de ce qu'on appelle la transposition des sens. Les magnétiseurs supposent que dans le somnambulisme il y a une sorte de transformation générale ou de confusion réciproque dans les instruments de la vie : que les divers organes peuvent se suppléer réciproquement les uns les autres, que l'œil n'est plus nécessaire pour la vision, l'oreille pour l'audition, la langue pour le goût, etc. Les somnambules, disent-ils, voient par l'épigastre, par le bout du doigt, etc., aussi bien que par l'œil; ils savourent par l'estomac, par l'ombilic; entendent par la nuque, etc. Bien que nous soyons dans le pays des prodiges, et que dans ce pays-là rien ne doive sembler extraordinaire, il est pourtant difficile, malgré les apparences, de croire que l'on puisse voir par l'épigastre ou par le bout du doigt; il est difficile d'admettre qu'il puisse s'opérer dans l'appareil tégumentaire une réfraction et une concentration des rayons lumineux, comme dans le merveilleux instrument d'optique auquel ce rôle appartient exclusivement. Mais il faut ici s'entendre, car il y a un malentendu, et de plus il y a un manque de logique et une contradiction même dans les termes. Que se passe-t-il en effet? On place un objet quelconque sur l'épigastre d'un somnambule qui a les yeux fermés et recouverts d'un voile impénétrable à la lumière. Il fait nuit, aucun flambeau ne brille, l'obscurité est complète : on lui demande quel est l'objet qu'on lui a ainsi posé sur l'épigastre. Il en fait la description plus ou moins exacte ; il en désigne les surfaces, les contours, les angles, il en indique les *couleurs;* il reconnaît la nature de ce corps ; il peut le trouver de son goût et le savourer : il prend alors plaisir à simuler l'acte de la mastication. Il a donc vu cet objet, dit-on, et il l'a vu par l'épigastre; il le goûte également par l'épigastre. On obtient les mêmes résultats quelles que soient les parties du corps sur lesquelles on place les objets. Toutefois, c'est principalement à l'épigastre et aux extrémités des doigts et des orteils qu'ont lieu ces transports apparents des sensations. Les résultats ne diffèrent pas, si l'on a soin de tenir les objets à une certaine distance du corps pour enlever au somnambule le secours qu'il pourrait tirer du sens du toucher. On conclut de tout cela que les somnambules peuvent indifféremment voir, entendre, goûter par tous les organes, par toutes les parties de leur corps. Mais on va, il me semble, au delà de l'expérience. Sans doute le somnambule *aperçoit* ou plutôt *perçoit* l'objet qu'on lui a présenté soit à l'épigastre, soit ailleurs; il en a découvert, saisi, senti, perçu les qualités sensibles; mais par quel mécanisme, par quelles voies, quelles filières, ces qualités sont-elles parvenues à lui? Il n'a pas vu les couleurs certainement par le mécanisme qui nous les fait apercevoir quand il fait jour, quand les objets lancent les rayons qui les éclairent à travers les milieux réfringents de notre œil. Il n'a pas *vu* dans le sens *direct* et *absolu* du terme. L'équivoque vient de ce que l'on prend pour synonymes des mots qui ne le sont pas, les mots: *voir, apercevoir, percevoir, sentir, avoir conscience.* Il est important de bien saisir les nuances qui séparent ou distinguent ces termes, c'est le seul moyen d'interpréter le phénomène, sans admettre des conditions impossibles, qui impliquent un non-sens absurde et ridicule. Il y a dans la vie normale des circonstances où nous voyons nous-mêmes des choses qui n'arrivent pas à notre esprit par la voie des sens. Dans nos rêves, par exemple, dans une vision, une hallucination, nous voyons très clairement des choses qui ne sont pas présentes, qui n'existent même pas, et qui n'ont pu par conséquent arriver à notre esprit par les yeux. Notre cerveau reproduit spontanément l'image d'un objet telle que l'œil la lui avait apportée à une époque antérieure. Nous pourrions le décrire, en signaler toutes les formes et toutes les qualités, comme font les somnambules, si nous avions, comme eux, dans nos rêves, la direction volontaire de nos pensées. Je sais bien que le mécanisme de nos visions, dans l'état de rêve, ne peut pas rendre raison de la perception anormale des somnambules; mais il y a au moins rapprochement ou analogie sous un rapport, c'est que, dans un cas comme dans l'autre, l'âme voit et peut voir, c'est-à-dire percevoir les choses, sans l'intervention préalable des sens externes.

Mais quel peut être le mécanisme de cette perception anormale des somnambules? Comment peuvent-ils voir ou percevoir dans des conditions si singulières et si insolites? Il faut convenir qu'il est difficile de trouver dans cette circonstance une explication qui puisse contenter l'esprit; mais il est inutile d'ajouter à notre ignorance des explications qui impliquent absurdité et contradiction : il n'est pas permis de donner d'un fait incompréhensible une interprétation qui révolte le bon sens.

Rien n'embarrasse jamais les philosophes du magnétisme animal. Le fluide magnétique suffit à tout; c'est le talisman miraculeux, c'est la baguette de la fée qui produit et explique les prodiges. Ce fluide, disent-ils, répandu entre les molécules de tous les corps, entre celles de l'air, celles du propre corps des somnambules, établit une communication directe entre l'âme et les objets. Ce fluide, étant lumineux par lui-même, remplace pour les somnambules l'organe de la vision ou tout autre sens, comme médiateur entre l'âme et le monde extérieur.

Cette explication n'est que spécieuse ; car, en admettant même l'existence d'un fluide magnétique lumineux, universel, répandu entre toutes les molécules des corps, les somnambules se trouveraient encore dans le cas où sont les aveugles en plein jour, alors que la lumière solaire éclaire tous les objets. Leur âme ne percevrait pas les formes, parce qu'il faut pour cela non-seulement que les objets soient éclairés, mais que les images soient dessinées et reproduites par un instrument d'optique spécial, et présentées avec netteté dans cet état à l'âme qui les saisit.

Le fluide magnétique lumineux des magnétiseurs ne pourrait donc affecter l'âme des somnambules que comme une lueur générale, sans distinction de formes précises : ils verraient de la lumière et ne verraient pas les objets.

Bien qu'il soit très facile de se convaincre de la réalité des facultés extraordinaires des somnambules, elles sont tellement remarquables, tellement inattendues ; elles dépassent de si loin ce qu'il a été donné à l'homme de pouvoir faire sur la terre, qu'il n'est pas étonnant qu'il y ait tant d'incrédules, et que le magnétisme animal trouve toujours prévenus et armés contre lui tous les esprits sévères que le hasard ou la curiosité n'ont pas rendus témoins des faits. On se retranche dans des objections de toute nature, quelques-unes semblent dictées par le simple bon sens, mais le plus souvent elles ne sont que spécieuses. On dit : Mais si les somnambules avaient réellement ces facultés que vous leur croyez, il a y longtemps qu'ils auraient découvert une foule de choses qui doivent vivement exciter leur convoitise et qui seraient si utiles à eux comme à tout le monde ; ils auraient trouvé toutes les richesses enfouies dans le sein de la terre ; ils pourraient révéler le cours des effets publics dans les villes éloignées ; ils connaîtraient tous les secrets des hommes, ceux des familles, ceux de l'État, etc., etc.; ils diraient les numéros heureux des loteries, et mille choses que cherchent en vain la curiosité ou la cupidité des hommes.

D'abord, il faut éliminer de cette liste les numéros gagnants des loteries avant le tirage et tout ce qui suppose le pouvoir de dévoiler l'avenir ; personne n'a ce pouvoir ; nous ne l'avons pas admis chez les somnambules, et nous verrons bientôt qu'ils ne l'ont pas.

Quant au reste, nous dirons que le pouvoir des somnambules, tout extraordinaire qu'il est, a ses limites comme tout dans ce monde, et que dans les circonstances où ils peuvent l'exercer, il y a des conditions inconnues, indéterminées, qui viennent continuellement l'entraver. Nous en avons à chaque instant la preuve chez les somnambules même les plus lucides, dans ces alternatives et ces inégalités dont nous ne pouvons ni assigner ni prévoir les causes. Ensuite leur puissance, bien qu'elle s'exerce dans une sphère et dans des conditions qui nous sont interdites, n'a pourtant pas l'étendue, la spontanéité, la sûreté, la promptitude d'action que réclameraient tant de découvertes. Ils pénètrent nos sentiments et nos pensées, cela est vrai, cela est prodigieux ; mais pourtant on ne peut pas dire qu'ils saisissent facilement et à volonté ce qui se passe en nous ; ils ne le trouvent que péniblement, successivement, quelquefois après de longs tâtonnements, quand ils sont provoqués, ou s'ils ont un grand intérêt personnel à le faire. On dit qu'ils lisent dans notre cerveau, on devrait plutôt dire qu'ils épellent. Il en est de même de la faculté de voir les choses en dehors de nous. On ne doit pas espérer faire à son gré de grandes, d'immenses applications pratiques d'une puissance qui, toute réelle, toute merveilleuse qu'elle est, n'est pourtant, si l'on peut ainsi dire, qu'à l'état rudimentaire. Mais il est probable que cette puissance serait, comme toutes les facultés humaines, susceptible de perfectionnement.

Il importerait donc d'étudier sérieusement le somnambulisme ; il faudrait que la science revînt de ses préventions et cherchât à déterminer les conditions qui peuvent accroître, diminuer ou paralyser la lucidité des somnambules. Il faudrait faire pour le magnétisme ce que l'on a fait pour l'électricité. Si nous en étions restés aux premières apparences ; si nous n'avions pas interrogé la nature avec une laborieuse persévérance, nous n'aurions encore que le bâton de cire qui attire les corps légers, et quelques joujoux électriques; nous n'aurions aucune de nos puissantes machines, ni la pile voltaïque, ni le paratonnerre, ni le télégraphe électrique, etc., etc. Mais on abandonne le magnétisme animal aux charlatans et aux sibylles de la rue, et le plus merveilleux phénomène que les hommes aient entrevu dans l'étude de la nature n'a servi jusqu'à ce jour qu'à tirer des horoscopes, faire des prédictions ridicules, exploiter la faiblesse des malades et la crédulité de tout le monde.

Il ne paraît pas du tout impossible que les somnambules indiquent quelques-unes des richesses cachées dans le sein de la terre; ceux qui sont très lucides pourraient bien faire quelques révélations de ce genre; mais, comme ils se trompent souvent, on ne peut pas s'en rapporter à eux; et jusqu'à ce qu'on ait trouvé un moyen, *un criterium* certain pour distinguer ce qu'ils voient de ce qu'ils croient voir, personne ne voudra jamais ouvrir à grands frais les routes qui pourraient conduire aux mines précieuses qu'ils auraient annoncées.

Il est arrivé plusieurs fois qu'on a retrouvé sur l'indication des somnambules des richesses cachées dans des lieux inconnus et dont la trace s'était perdue. D'autres fois, ils ont fait connaître les réduits où le crime avait déposé ses rapines; mais, dans l'état actuel des choses, on ne peut réellement recevoir leurs indications que comme de simples renseignements, des soupçons ou des indices qu'il reste à vérifier. On ne pourra songer à utiliser sérieusement la puissance des somnambules que quand on aura découvert quelles sont les conditions qui peuvent la rendre sûre, incertaine ou nulle.

Il est impossible, aujourd'hui, par exemple, de savoir la raison qui a empêché les somnambules de satisfaire aux conditions du programme posé par l'Académie et de gagner le prix *Burdin*; il s'agit, je crois, de lire les yeux fermés et couverts d'un bandeau imperméable à la lumière. J'ai vu des somnambules triompher de cette apparente impossibilité si souvent et si promptement en ma présence, que je m'étonne de leur insuccès devant l'Académie. MM. les académiciens auraient pu, je n'en doute nullement, voir, comme moi, comme tant d'autres, isolément, individuellement, ce qui a été impossible dans une réunion publique. A quoi donc a pu tenir l'impuissance des somnambules ? On croit assez généralement qu'il suffit de la présence de personnes incrédules, et surtout de celles qui donnent à l'incrédulité les formes de la raillerie ou du dédain, pour paralyser leurs facultés. Je ne sais ce qu'il faut penser de cette conjecture, mais j'ai souvent vu des somnambules faire des merveilles et convaincre des incrédules décidés qui avaient apporté aux expériences les dispositions les plus malveillantes. La cause d'impuissance dont il s'agit n'aurait, au reste, rien que de fort naturel ; les somnambules ont, comme tous les hommes, leurs sympathies, leurs aversions et leurs caprices; ils sont même, nous le savons, très impressionnables et très susceptibles; et il n'y aurait assurément pas lieu de s'étonner qu'ils fussent déconcertés par la présence de gens qui n'ont pas d'autre but que de se moquer d'eux. Ne nous voit-on pas nous-mêmes dans la vie ordinaire, en présence d'un homme qui nous trouble ou nous intimide, nous embrouiller dans nos paroles, perdre la suite de nos idées et jusqu'à la voix elle-même?

Quoi qu'il en soit de ces causes secrètes et indéterminées qui influent sur la puissance des somnambules et qui les rendent si peu semblables à eux-mêmes dans des circonstances en apparence analogues, il serait plus philosophique et plus raisonnable de chercher à les découvrir que d'en conclure que cette puissance n'existe pas. En bonne logique, les faits négatifs n'infirment pas les faits positifs quand ils sont bien constatés, quand ils sont certains.

Je suppose, et cette supposition est un exemple que je prends dans mes souvenirs, et qui me paraît bien propre à imposer dans cette circonstance une certaine circonspection; je suppose, dis-je, que l'inventeur de la machine électrique, voulant montrer à un incrédule la puissance de son merveilleux instrument, l'ajuste et le pose accidentellement contre un mur dans lequel il y a une tige métallique terminée en pointe. L'inventeur ne connaît pas encore la propriété qu'ont les pointes de soutirer le fluide électrique. Il tourne la manivelle, il s'épuise en efforts; rien ne paraît; il n'y a ni fluide ni étincelles, il n'y a rien. L'incrédule triomphe et raille ; l'inventeur s'en va confus et déconcerté. A peine a-t-il déposé la machine chez lui, dans le lieu accoutumé, qu'il tourne de nouveau la manivelle ; les effets ordinaires se montrent. L'inventeur ne conçoit rien à cette singulière aventure. Il invite son triomphant adversaire à se rendre chez lui ; celui-ci vient ; il n'y avait cette fois ni tige ni pointe dont l'action secrète et perfide pût troubler l'expérience. L'incrédule voit les prodigieux effets du fluide électrique ; il admire, il est convaincu. Il arrivera sans doute un jour que l'on découvrira les causes perfides et cachées qui déterminent toutes ces alternatives d'impuissance et de lucidité, toutes les inégalités que nous voyons chez les somnambules ; ce jour-là, croyants et incrédules, tout le monde sera d'accord.

Cette double faculté que possèdent les somnambules de pénétrer en nous et de voir en dehors de nous, dans des conditions impossibles aux autres hommes, nous donne à la fois la mesure, le secret et les limites de leur puissance. Ils n'ont point en réalité de sens nouveau, ils n'ont point de facultés d'un ordre supérieur et inconnu, qui leur permettent de pénétrer dans des régions inaccessibles à l'esprit humain, et de découvrir les innombrables mystères dont la Providence a couvert le monde. Ils n'ont ni la divination, ni la prescience, ni le don des langues, etc., etc. Ils sentent, perçoivent, jugent et raisonnent comme nous ; ils n'ont point d'autres éléments que nous pour former leurs idées et ne peuvent arriver qu'aux connaissances qui dérivent, pour eux comme pour nous, de l'action de l'esprit sur tous les genres de perception qu'il reçoit. Il est vrai que le champ de la perception est plus étendu et plus varié chez eux que chez nous : mais ils ne voient que les choses que nous pouvons voir nous-mêmes, bien qu'ils les saisissent dans des conditions où elles nous échappent. Ils n'ont point, comme le croient des illuminés et des fous, le don des miracles; ils ne sont ni dieux ni prophètes.

Quand les somnambules reviennent à la vie ordinaire, nous l'avons dit déjà, ils ne conservent aucun souvenir de ce qui vient de se passer. Ils s'imaginent qu'ils s'éveillent, qu'ils viennent de dormir d'un sommeil naturel. La ligne de démarcation entre la vie somnambulique et la vie normale est complète, tranchée, et ce caractère du somnambulisme est invariable. Je ne sais ce qu'il y a de vrai dans le système de la métempsychose : mais depuis ce Grec qui se souvenait après plusieurs siècles d'avoir assisté au siége de *Troie*, personne n'a jamais montré une aussi miraculeuse mémoire. Nous n'avons aucun souvenir des diverses existences qui auraient précédé celle que nous avons dans le pauvre monde actuel. Eh bien ! notre oubli à cet égard n'est pas plus complet que celui des somnambules à l'égard de leur vie somnambulique.

Nous avons dit plus haut qu'on avait constaté quelques rares exceptions à cet égard. Cela n'est guère arrivé que dans les circonstances où le magnétiseur a voulu qu'il en fût ainsi. La volonté humaine est quelquefois si puissante sur les somnambules, qu'elle peut modifier dans certaines limites la nature même du somnambulisme.

Nous avons dit que le somnambulisme artificiel magnétique n'avait qu'une seule origine, une seule cause, toujours la même, l'action de la *volonté*. Les magnétiseurs provoquent le somnambulisme par une simple action mentale; il leur suffit de le *vouloir*. Mais il faut quelquefois vouloir avec une extrême énergie; il faut une volonté fixe, dirigée exclusivement vers le but que l'on veut atteindre, sans distraction, sans déviation d'aucune sorte. Quand on a cette vigueur de résolution et de pensée, cette force et cette confiance dans son pouvoir, les passes et les divers procédés physiques de magnétisation sont ordinairement inutiles; on n'a jamais besoin de les employer quand on a acquis par l'effet de l'habitude un certain empire sur le somnambule. Ils ne sont donc que des moyens accessoires ou auxiliaires de la volonté, et paraissent n'avoir d'autre effet, quand on y a recours, que celui de concentrer ou de fixer par des actes sensibles la pensée du magnétiseur et l'imagination du somnambule.

Que se passe-t-il dans ce *miracle* de la pensée humaine franchissant les limites qui bornent ordinairement son action, et se transmettant d'un individu à un autre pour produire des effets inaccoutumés? Quelle est cette impressionnabilité nouvelle qui rend le somnambule sensible aux irradiations d'une faculté immatérielle? Quel est le mode, quel est le mécanisme, quels sont les intermédiaires de cette mystérieuse transmission? Y a-t-il action, rapprochement, pénétration réciproque, confusion, communion des âmes? Y a-t-il seulement action réciproque entre les produits immatériels de l'âme ou du cerveau, entre les pensées, au moment où elles sont élaborées, où elles jaillissent, pour ainsi dire, de l'organe? Nous n'avons aucun moyen d'aborder de telles questions; nous ne pouvons asseoir notre esprit sur une base qui se dérobe; la raison n'a aucune prise sur des actions immatérielles, et c'est se jeter dans de vaines subtilités, ou se perdre dans les nuages d'un ténébreux mysticisme, que de raisonner sur des déplacements de l'âme ou de la pensée. Tout ce qu'il nous est permis de constater et de saisir dans le phénomène, c'est ce qu'il a de sensible et d'apparent. Le somnambule reçoit, sent, perçoit l'action d'une pensée étrangère; le fait est indubitable; cette impressionnabilité extraordinaire se montre avec une entière évidence. Mais si ce phénomène étonne à juste titre, on ne peut pas dire pourtant qu'il choque les lois de l'esprit, ni qu'il implique contradiction ou absurdité. Il n'y a là en effet qu'un degré de plus dans les effets d'une faculté qui dans l'état normal nous a pour ainsi dire accoutumés aux merveilles. Ajoutez quelque chose à l'étonnante perceptibilité qui fait saisir à l'œil les rayons lumineux et à l'oreille tant de modifications délicates dans les vibrations sonores, et vous arriverez aisément à une perceptibilité qui rend sensibles les irradiations de la pensée elle-même.

Cette délicatesse inouïe de la perceptibilité nous étonne parce qu'elle est accidentelle, et qu'elle appartient exclusivement aux somnambules? Mais est-elle plus extraordinaire, plus incompréhensible que les grands faits primitifs de la nature et de la vie, que la perception elle-même dans son degré le plus simple? Est-il plus facile de concevoir la perception d'un corps matériel que celle d'une pensée? Des rayons lumineux se concentrent et dessinent une image au fond de l'œil; cette image est perçue, de là vient une sensation, une pensée, qui nous donnent le sentiment de nous-mêmes, la conscience du *moi*. Il y a là entre le monde physique et le monde moral un abîme, un intervalle incompréhensible, que tous les efforts de notre esprit ne combleront jamais. Mais quoique nous ne concevions pas la perception d'un rayon de lumière, nous sommes bien forcés de la croire, parce que l'expérience nous la montre, et que notre propre sentiment ne nous laisse aucun doute à cet égard. Pourquoi, si l'expérience nous montre que les somnambules perçoivent la pensée, refuserions-nous de l'admettre? N'y a-t-il pas dans la nature des faits tout aussi merveilleux, tout aussi incompréhensibles? Ne voyons-nous pas entre tous les corps matériels eux-mêmes une action et une réaction réciproques, dont le mode et les voies de transmission nous sont inconnus? Il n'est pas plus facile, je l'ai dit déjà, de concevoir l'attraction entre le soleil et la terre que les relations mystérieuses qui s'établissent entre un magnétiseur et un somnambule. Dans un cas comme dans l'autre nous devons nous borner à constater les choses, sans prétendre les expliquer ; nous devons laisser le raisonnement et croire l'expérience.

Nous calculons très bien les effets de l'attraction sans en connaître le mécanisme et la nature ; de même nous voyons très clairement que les somnambules perçoivent la pensée sans pouvoir nous rendre compte ni du mode, ni des intermédiaires de cette perception insolite. Nous n'avons point la prétention d'expliquer ce mystère ; toutefois, il n'est peut-être pas impossible de trouver dans des faits connus et d'un ordre moins obscur quelques analogies comparables, qui nous fassent comprendre, sinon comment se produit cette étonnante perception, au moins comment elle peut se produire. Tous les physiciens sont aujourd'hui très portés à admettre l'existence d'un fluide ou d'un éther universel dont les diverses modifications, les vibrations ou les oscillations produisent tous les phénomènes de la lumière, de la chaleur, de l'électricité. N'est-il pas possible que l'action cérébrale, d'où résulte primitivement, selon les matérialistes, et secondairement, selon les spiritualistes, une pensée, un acte intellectuel, produise aussi certaines vibrations, certains mouvements oscillatoires qui se transmettent et se propagent à travers cet éther général ? N'est-il pas possible que ces vibrations, arrivant à un autre cerveau, déterminent des mouvements analogues et correspondants à ceux dont elles sont l'effet? On conçoit ainsi qu'une pensée se répète d'un cerveau dans un autre, comme on voit une image se réfléchir d'un miroir dans un autre miroir, ou plutôt comme les mouvements d'une corde sonore se transmettent, par l'intermédiaire de l'air atmosphérique, à une ou plusieurs cordes harmoniques placées à une certaine distance. Je ne sais si les choses se passent ainsi dans le somnambulisme; je ne sais si l'on peut expliquer par de semblables vibrations cette prodigieuse impressionnabilité qui fait percevoir *aux somnambules* la pensée et la volonté, qui les soumet instantanément à de simples influences mentales exercées par les magnétiseurs; mais on conviendra que le phénomène, interprété de cette manière, n'implique aucune absurdité et ne semble pas impossible. Un fait que l'esprit conçoit possible n'a besoin pour être admis que d'être vu et vérifié. Or, les somnambules nous montrent la perception de la pensée avec la plus irrécusable évidence; et s'ils ont ce privilége à l'exclusion des autres hommes, cela n'a encore rien qui répugne aux lois de la perceptibilité, en vertu desquelles, dans un état de choses donné et uniforme, nous voyons si souvent les uns percevoir ce qui échappe aux autres.

En admettant ce mode de concevoir dans l'interprétation des phénomènes du somnambulisme, on descend de la région des actions immatérielles dans celle des faits matériels et physiques; l'esprit se dégage des ténèbres de la métaphysique ou du mysticisme, et se repose dans des images et des analogies qui sont peut-être les seules explications que la matière comporte. Veut-on que nous nous trompions, que cette théorie soit imaginaire, elle aura au moins pour effet d'apaiser l'esprit, qui, voyant que les faits si nouveaux qu'il ne voulait pas admettre ne sont pas impossibles, se sentira ébranlé dans son incrédulité et cherchera de toutes ses forces la véritable interprétation. Il ne suffit pas sans doute qu'un fait soit possible pour être admis; mais la transmissibilité et la perception de la pensée sont des faits acquis chez les somnambules; l'expérience nous les donne. Qu'ont ces faits, encore une fois, de plus étonnant, de plus incompréhensible, que tant de merveilles que nous révèle l'étude de la nature, que les causes premières et les grandes lois de la vie?

On dira peut-être que si la pensée peut se transmettre par une série de mouvements vibratoires ou ondulatoires, soit à travers l'éther, soit même par l'intermédiaire de l'air atmosphérique, comme les vibrations des cordes sonores, les hommes devraient vivre dans une sorte de communion et d'identité morales et intellectuelles. Les effets de la pensée, réduits ainsi à des actions physiques et soumis aux lois du mouvement, auraient comme la fatalité des actes mécaniques; chaque pensée se répèterait irrésistiblement dans tous les cerveaux qui se trouveraient placés dans les limites où les vibrations dont elle résulte auraient conservé une énergie suffisante. Les sentiments et les pensées de chaque homme se multiplieraient ainsi et se réfléchiraient comme une image se réfléchit d'une glace principale dans toutes celles qui l'entourent. Il n'est pas impossible, en effet, que les choses se passent de cette manière ; et si nous n'avons pas le sentiment, la conscience de ces images ou de ces pensées secondaires, cela peut tenir à ce que notre sensibilité n'est point assez exquise pour nous faire saisir des actions aussi subtiles. Mais ce privilége appartient aux somnambules. L'observation ne nous permet aucun doute à cet égard.

Au reste, peut-être avons-nous nous-mêmes, dans certaines circonstances, comme une *semi-perception* de la pensée des autres hommes. Serait-ce ainsi que s'établissent ces rapports mystérieux, soudains et involontaires, que nous ne pouvons nous expliquer, et dont résultent les sympathies, les antipathies, les pressentiments et diverses coïncidences morales que nous attribuons au hasard ? Nous en avons signalé plusieurs dans les pages précédentes ; il n'y aurait sous ce rapport de différence entre nous et les somnambules que des différences en plus ou en moins. Tous les philosophes savent que c'est plus souvent à de simples variations dans l'intensité que dans la nature des causes que tiennent les plus énormes différences dans les effets. Une goutte d'eau qui s'évapore produit de l'électricité comme une pile voltaïque : l'une est insensible, échappe au vulgaire des hommes et s'est longtemps dérobée aux savants ; l'autre est visible pour tout le monde et peut même devenir foudroyante ; mais la nature du principe électrique est toujours la même. C'est toujours moins dans le nombre des causes primitives que la nature nous montre sa fécondité, que dans l'inépuisable variété des effets.

On ne fait pas un pas, dans l'étude de la nature, qui ne montre combien il importe de ne jamais nier les choses que l'observation révèle, même quand l'esprit ne peut ni les expliquer ni les comprendre. Je parlais, il n'y a qu'un instant, des cordes sonores harmoniques, qui, placées à de certaines distances les unes des autres, entrent toutes en vibration, et rendent les mêmes accords quand on touche l'une d'elles. Nous connaissons aujourd'hui la cause et les voies de transmission des sons dans cette circonstance ; mais quand nous ignorions la nature du son, la loi des vibrations sonores ; quand nous ne savions pas que l'air lui-même était un corps vibrant, nous ne concevions rien au phénomène ; il fallait le voir pour le croire, on était tenté de le prendre pour un miracle.

Cette transmissibilité, cette perceptibilité de la pensée est le fait capital du somnambulisme. On peut en faire les applications les plus fécondes et les plus heureuses dans l'explication des merveilles du magnétisme animal ; il ne faut jamais le perdre de vue, si l'on veut se reconnaître dans les *miracles*, et débrouiller une foule d'histoires dans lesquelles l'esprit déconcerté n'aperçoit pas de relations raisonnables entre les choses; c'est le lien qui rattache les effets aux causes; c'est le rayon de lumière au milieu de la nuit. On dira que le fait est lui-même merveilleux, que c'est un *miracle;* non, c'est tout simplement un fait de perception démontré par l'observation; il ne nous étonne que parce qu'il est exceptionnel et que nous n'en connaissons pas d'une manière certaine le mécanisme. Il n'a rien qui répugne aux lois de la vie; la perceptibilité est une faculté dont les nuances et les degrés sont innombrables; l'infini sépare les extrêmes; à l'une de ces limites sont perçues les irradiations de la pensée elle-même.

Mais il y a plus; le somnambulisme n'est probablement pas le seul état de la vie dans lequel s'aperçoivent la transmissibilité, la perception de la pensée et l'action directe de la volonté d'un individu sur un autre. Les hystériques et les cataleptiques nous causent à cet égard les mêmes surprises que les somnambules. Il est étrange que les médecins n'aient pas jusqu'à ce jour remarqué cette curieuse faculté qui nous donne le moyen, dans certains cas, de faire cesser ou au moins de calmer des accès d'hystérie, des attaques nerveuses de toute forme. Le fait une fois mis hors de doute, on trouvera moins étonnant qu'une perceptibilité qui se développe spontanément chez ces malades puisse naître de la magnétisation chez les somnambules.

M. le docteur Gromier, médecin de l'Hôtel-Dieu de Lyon, a aperçu comme moi et sans doute avant moi cette impressionnabilité, qui rend les hystériques et les cataleptiques sensibles à l'action directe de la pensée; il croit même que les épileptiques sont dans le même cas. J'emprunte à une brochure que ce médecin a publiée sur le magnétisme animal, et dans laquelle il montre tout le savoir et toute la sagacité d'un habile physiologiste, quelques passages intéressants, qui prouvent le fait dont il s'agit avec la dernière évidence.

M. Gromier fut mis, dit-il, sur la voie par ce qui lui arriva auprès d'une dame hystérique qui était en proie à un violent accès depuis deux heures; il la trouva sans connaissance, ne répondant à aucune question, indifférente à tout ce qui l'entourait, se livrant de temps en temps à des mouvements cloniques désordonnés, criant et portant la main à son cou comme pour en arracher quelque chose qui l'étouffait. Après s'être informé des causes de la crise, de toutes les circonstances qui l'avaient précédée, et avoir employé vainement les moyens vulgaires, le docteur Gromier eut l'idée d'agir avec sa malade comme on le fait avec une somnambule dont on veut faire cesser les accès. Il se mit à la magnétiser; il tendit tous les ressorts de sa volonté et chercha à substituer, par l'action seule de sa pensée, une série nouvelle d'idées ou de sentiments à ceux qui avaient dû faire éclater l'accès. En quelques minutes, l'accès cessa et la connaissance revint tout entière. Ce succès ne donnait pas sans doute une démonstration absolue et ne légitimait qu'une présomption ; toutefois M. Gromier a renouvelé la même tentative chez beaucoup d'autres femmes hystériques, et il a toujours fait cesser, pour ainsi dire, subitement les accès par une simple action mentale, qui brisait le cours des émotions perturbatrices qui les avaient fait naître et les remplaçait par une série d'idées nouvelles plus calmes.

Voici, par exemple, un fait qui ne laisse à cet égard aucune incertitude. Un soir, M. Gromier fut appelé auprès d'une dame hystérique au moment d'un violent accès. Il demanda au mari la permission de magnétiser la malade; elle fut accordée. Alors M. Gromier, *sans proférer aucune parole*, conduisit mentalement cette dame en pleine mer : tant qu'il fit durer le calme, la malade resta tranquille; mais tout à coup il fit enfler les voiles, siffler les vents, mugir la tempête, alors la malade se mit à pousser des cris effroyables et à se cramponner à tous les objets qu'elle pouvait saisir. L'expression de sa physionomie, sa voix, ses larmes indiquaient une frayeur terrible. Le docteur laissa durer un instant l'orage, puis il calma la fureur des vagues, toujours *mentalement*, par la pensée; elles cessèrent de bouleverser le navire; le calme revint aussitôt dans l'esprit de la malade en suivant la même mesure que dans les flots du terrible élément. La malade conservait seulement une respiration haletante et un tremblement nerveux général. « Ne me ramenez jamais en pleine mer, s'écria-t-elle un instant après; j'ai trop peur; et ce maudit capitaine qui ne voulait pas nous laisser monter sur le pont ! » Cette exclamation fut un trait de lumière et causa une surprise d'autant plus saisissante que M. Gromier n'avait pas prononcé une seule parole et n'avait rien dit à personne qui pût révéler la nature de l'expérience qu'il faisait. Tout s'était passé dans son for intérieur; il n'y avait eu de navire et de tempête que dans son cerveau.

Un autre jour, la même dame était dans une de ces dispositions d'esprit où la vie semble être un supplice; elle gémissait et se désespérait. M. Gromier la magnétisa et l'*endormit*; puis il lui adressa *mentalement* des exhortations et des encouragements : *Pourquoi vous tourmentez-vous ainsi? pourquoi perdre l'espérance?* lui dit-il en lui-même, dans sa pensée, sans proférer un mot. *Vous êtes une femme religieuse; la sainte Vierge viendra à votre secours; vous guérirez, soyez-en certaine.* En même temps, il découvrit, toujours *mentalement*, bien entendu, le toit de la maison; il y groupa dans les angles des images représentant des anges et des chérubins, et au milieu il fit descendre la sainte Vierge dans toute sa splendeur et toute sa magnificence, telle que ses souvenirs et son imagination pouvaient la lui représenter. Dire quelle fut l'expression qui vint alors animer la physionomie de la malade serait chose impossible; ce fut du ravissement, de l'extase. Alors, fléchissant le genou, elle s'écria, dans un transport inouï : « Ah! mon Dieu ! depuis si longtemps que je la prie, voilà la première fois qu'elle vient à mon secours. » M. Gromier n'avait pas dit un mot ; la malade avait saisi tout dans sa pensée.

J'ai fait des observations du même genre, et qui confirment la réalité de ces étonnantes perceptions. J'ai donné des soins à une dame hystérique qui avait chaque jour des accès qui se présentaient sous les formes les plus bizarres. Les plus légères causes d'émotion déterminaient dans la sensibilité, dans les mouvements, les sens et l'intelligence, des perturbations inattendues et souvent effrayantes. Des spasmes, des convulsions, du délire, des cris et des sanglots se succédaient en désordre; chaque accès arrivait ordinairement tout à coup, et partait, pour ainsi dire, comme un éclair. La malade acquérait, dans ces accès, une force de géant. Plusieurs hommes robustes pouvaient à peine la maîtriser et prévenir les coups violents qu'elle se donnait en se jetant contre les murs, ou en se roulant sur le parquet, par bonds tumultueux et désordonnés. J'essayai le magnétisme, qui m'avait réussi dans un cas analogue, et à l'aide duquel je transformais des accès hystériques en somnambulisme. Je ne pus rendre ma malade somnambule; mais je m'aperçus que sous l'influence de la magnétisation les accès semblaient devenir moins longs et moins violents; j'insistai sur le magnétisme, et dans l'espace de quelques semaines j'acquis un tel empire, que je commandais pour ainsi dire au tumulte et au désordre. Je faisais cesser les accès presque subitement, comme par enchantement. Je n'employais ni passes, ni aucun procédé physique de magnétisation ; je n'agissais pas par le regard ; car souvent la malade, échevelée, délirante, les yeux contournés, ne me voyait pas. Je n'agissais que *mentalement*, je *voulais*, je chassais *par ma pensée seule* les idées perturbatrices qui avaient fait éclater l'orage. Je commandais intérieurement à la malade de rentrer dans le repos, j'étais obéi, le calme renaissait. Cette observation isolée ne serait pas sans doute entièrement probante ; on pourrait attribuer à une transformation ou aux phases de l'affection ce que je donne pour un effet de l'action mentale. Mais si on la rapproche des faits curieux signalés par M. Gromier, on conviendra qu'elle fait entrer dans l'esprit des probabilités qui touchent de bien près à la démonstration.

L'hystérie et la catalepsie ont donc des points de contact et des analogies frappantes avec le somnambulisme. Dans ces trois formes de la vie, les actions mentales se transmettent et sont saisies et perçues. Il semble que dans toutes ces affections la force vitale se concentre et s'accumule tout entière dans le cerveau ; l'organe acquiert, par l'effet de cette concentration, de cette surabondance de vie, un degré de puissance et d'énergie qui dépasse toutes les limites normales ; et nous pouvons, jusqu'à un certain point, concevoir, en suivant cette figure, la perception des irradiations mentales, de la pensée et de la volonté. Dans cet état de concentration, d'accumulation, la force vitale éclate ou déborde, si l'on peut ainsi s'exprimer, chez les hystériques et les cataleptiques, et la vie se montre sous des formes irrégulières et insolites. Chez les somnambules, au contraire, la force vitale accumulée ne change en rien ni les rapports ni les harmonies des fonctions nerveuses ; l'ordre se concilie avec la force ; le niveau des facultés monte, mais les somnambules conservent la direction de leur intelligence, de leurs mouvements et de leur volonté.

Ces trois états de la vie semblent être des formes variées du magnétisme animal, qui se touchent souvent au point de départ, pour s'écarter ensuite et revêtir chacune leur caractère particulier. On pourrait dire que les cataleptiques et les hystériques se magnétisent eux-mêmes par l'effet d'une disposition mentale, qui est souvent involontaire et irrésistible, mais qui peut aussi être arrêtée ou entravée par une résolution énergique de leur part. On voit la lutte s'engager ; on voit les phases du combat jusqu'au moment où surviennent le triomphe ou la défaite. Les malades sentent les approches de l'accès ; ils prédisent souvent l'heure, le moment de l'invasion. C'est la nature de l'émotion ou de la vision interne qui les a vaincus qui détermine le caractère et les formes de l'accès. Les cataleptiques conservent ordinairement l'attitude qui exprime le genre de vision ou d'hallucination qui les a envahis ; les formes des accès hystériques sont au contraire multiples, mobiles, protéiformes, infinies. L'extase est un mode de la vie morale commun aux trois affections; l'état extatique n'est même souvent qu'une des phases de l'état hystérique, cataleptique et somnambulique. Il est vrai qu'il peut être simple et isolé; mais il naît spontanément chez les hystériques et les cataleptiques, et on le provoque artificiellement avec la plus grande facilité chez beaucoup de somnambules. Toutes ces affections, au reste, coexistent, se mêlent et se transforment souvent les unes dans les autres; et si nous avons trouvé le moyen de faire des somnambules et de porter sans désordre, par la magnétisation, la sensibilité et la force morale à un degré de concentration et de puissance inaccoutumées on peut dire que la nature, dans ses caprices désordonnés, dans l'hystérie, comme dans la catalepsie, nous avait montré des métamorphoses non moins étonnantes. On ne refusera plus de croire à la transmissibilité et à la perception de la pensée chez les somnambules, quand on aura vu le même phénomène se montrer spontanément dans l'hystérie et la catalepsie, chez les extatiques et, s'il faut en croire M. Gromier, chez les épileptiques.

Les médecins qui voudront se convaincre à cet égard en trouveront de nombreuses occasions. Ils savent combien sont incertains et impuissants les moyens que la science indique pour faire cesser ou même pour abréger les accès d'hystérie et de catalepsie. J'ose assurer des succès prompts et faciles à ceux qui voudront appliquer sérieusement le magnétisme à ces malades. Mais il faut agir avec une volonté ferme, invariable, qui ne craint ni les revers ni la révolte ; il faut fermer son âme au doute, vouloir énergiquement, sans distraction, sans hésitation, vouloir enfin de cette volonté de fer qui, comme la foi, peut rapprocher les montagnes. Que ceux qui ne sont pas capables de cette tension vigoureuse et invincible dans les ressorts de l'esprit ne s'en mêlent pas et ne contestent pas à d'autres des succès qui ne sont pas accordés à leur impuissance !

Nous allons bientôt suivre les somnambules dans l'exercice et l'application des facultés extraordinaires que nous leur connaissons; nous allons les voir, dans leurs actes les plus excentriques, se renfermer constamment dans la sphère d'activité de ces facultés, de telle sorte que nous trouverons toujours en elles la mesure et les limites de la puissance des somnambules; elles seront pour nous un *criterium* infaillible, qui nous permettra d'apprécier sûrement toutes les histoires que l'on raconte. Nous pourrons dire : Ceci est possible, cela ne l'est pas. Armés de ce fil conducteur, nous marcherons avec sécurité dans le labyrinthe des *prodiges*, comme avec le fil d'*Ariane* on marchait dans le labyrinthe antique.

On peut dire que si les facultés extraordinaires que nous avons aperçues chez les somnambules sont également étonnantes; que s'il eût été également impossible de les prévoir, l'une, ne nous sort pas de la nature, pour ainsi dire, et ne nous commande que l'admiration ; tandis que l'autre, par les conditions inattendues dans lesquelles elle s'exerce, par les voiles impénétrables qui dérobent toute relation entre les causes et les effets, semble imposer à l'esprit une sorte de résignation. Si les somnambules, en effet, ne possédaient que la faculté de saisir les actions mentales, de pénétrer en nous, et de découvrir nos sentiments et nos pensées, sans doute nous ne pourrions être que fort surpris de les voir montrer une aptitude si nouvelle et si singulière; mais l'esprit, pour les suivre, n'aurait pas à se lancer sur des routes inconnues, puisqu'il ne s'agirait que d'étendre et d'amplifier le champ d'activité d'une faculté naturelle et commune à tous les hommes, la perceptibilité. Nous verrions les somnambules percevoir ce qui échappe à tout le monde, comme nous voyons dans la vie normale les uns percevoir ce qui échappe aux autres. Mais la faculté d'apercevoir les choses extérieures, malgré les voiles qui les couvrent et les distances qui les séparent, devra nécessairement amener beaucoup d'inégalités et d'imprévu dans nos surprises. Nous ne sommes guidés ici ni par l'analogie ni par l'exemple, nous entrons dans un monde d'accidents et d'incohérences où nous perdons de vue l'enchaînement et la filiation des choses. Nous ne pourrons que mettre nos sens en garde et nous en rapporter exclusivement à l'expérience. Nous devrons croire tout ce que nous verrons nettement et rejeter ce que nous ne verrons pas. Nous devrons également nous incliner avec résignation devant l'incompréhensible faculté que les somnambules naturels possèdent de prévoir et de prédire longtemps d'avance des accès dont rien ne peut faire soupçonner l'incubation et dont l'invasion sera plus ou moins tardive, plus ou moins prochaine.

Revenons un instant sur l'origine du somnambulisme artificiel, et signalons le caractère, l'étendue, les modes d'action et les limites de la cause dont il provient. Nous savons que le somnambulisme artificiel est exclusivement provoqué et produit par l'action d'une pensée étrangère. C'est l'élément le plus actif et le plus énergique de la pensée, *la volonté*, qui a le privilège de le faire naître : les irradiations de la volonté se transmettent par des voies inconnues ; elles sont perçues par le somnambule, et de cette perception résulte un mode d'existence tout nouveau, une forme de la vie sans analogues que l'on connaît sous ce nom de somnambulisme magnétique. Cette action prodigieuse de la volonté, cette perception insolite et la transformation de la vie qui en résulte sont des faits primitifs, inexplicables et incompréhensibles, comme tous les grands faits primitifs de la vie normale, comme toute sensation, toute action vitale, comme la transformation d'une impression physique en perception. C'est l'expérience et l'observation qui nous révèlent ces origines premières des choses ; l'esprit n'en saisit point le mécanisme ; nous n'avons point ici à discuter, nous ne pouvons que constater, admirer et croire. Mais il faut, pour que le somnambulisme naisse, qu'il y ait chez le somnambule une prédisposition spéciale, un état du système nerveux qui crée cette aptitude singulière et cette impressionnabilité étonnante ; il faut que le somnambulisme existe en quelque sorte en germe chez le somnambule, puisque la volonté ne peut en provoquer l'apparition que chez certains individus, le nombre en est même fort restreint. On trouve cette disposition plus commune chez les femmes que chez les hommes, ce qui tient sans doute à l'excitabilité plus grande de leur système nerveux et à la délicatesse de toutes leurs perceptions. Mais on croit que l'on rencontrerait beaucoup plus de somnambules dans l'un et l'autre sexe, si on ne se laissait pas trop facilement décourager par l'inutilité des premières tentatives, et si l'on soumettait avec plus de persévérance les individus à la magnétisation.

Le somnambulisme naît quelquefois tout à coup, l'action est prompte comme l'éclair. A peine le magnétiseur a-t-il eu le temps de vouloir qu'il a créé un somnambule. La volonté semble agir sur un individu étranger avec la même rapidité qui lui fait mouvoir les muscles de notre propre corps. Il y a, pour ainsi dire, simultanéité dans l'action de la cause et dans l'effet produit. On ne voit guère, au reste, cette soudaineté d'action que chez les individus que l'on a magnétisés un grand nombre de fois ; c'est une susceptibilité qui tient de l'habitude. Le plus souvent le somnambulisme n'arrive, le sujet soumis à la magnétisation ne cède à la puissance qui doit le vaincre, qu'après des tentatives plus ou moins répétées. Le magnétiseur est souvent forcé de tendre avec effort tous les ressorts de son esprit et d'ajouter à l'action d'une volonté ardente et énergique le secours du regard, des passes et de divers procédés physiques de magnétisation.

Le somnambule peut singulièrement favoriser ou contrarier l'action du magnétiseur, selon les dispositions morales qu'il apporte aux épreuves. Selon qu'il cède, ou qu'il résiste, le somnambulisme arrive plus ou moins facilement, plus tôt ou plus tard. La résistance est rare; le somnambule ordinairement va, pour ainsi dire, au-devant de la puissance qui semble l'attirer, qui l'entraîne et qui va le vaincre; il se sent dominé par une sorte de fascination, il se soumet volontairement à une force irrésistible, il trouve du charme dans l'abandon de lui-même, dans l'abdication de sa personnalité; il subit librement sa défaite et semble trouver dans une domination étrangère le caractère et le sceau d'une supériorité naturelle et légitime.

Il éprouve le sentiment d'un calme bienfaisant, d'un repos rempli de délices; il tombe dans une sorte de langueur voluptueuse; une douce vapeur semble envahir et pénétrer toutes les fibres de son corps; tous les ressorts de la vie sont comme assouplis; bientôt le mouvement s'arrête, on croirait le somnambule endormi, mais sous la forme de sommeil se révèle bientôt la vie mystérieuse du somnambulisme.

Dans cet état, il y a chez le somnambule un changement radical dans le gouvernement de la vie morale. L'autorité qui commande dans la vie normale, c'est-à-dire la volonté, semble avoir entièrement disparu ; elle est endormie et ne donne plus aucun signe de sa puissance. C'est une autorité nouvelle, une volonté étrangère qui la remplace. Le somnambule n'est plus libre ; il n'a ni responsabilité, ni moralité, il est passif, il obéit à tous les ordres, à tous les caprices d'un maître, et pour créer un tel esclave, celui-ci n'a eu besoin que de vouloir (je parle ici des cas les plus tranchés). Le somnambule arrivé à ce point n'est plus qu'une machine vivante, qui n'a plus en elle, mais qui a hors d'elle, le principe de son mouvement; il sent et vit automatiquement; il vit en quelque sorte pour le compte d'un autre. Les choses peuvent, dans certains cas, arriver à ce degré que, le somnambule perd même le sentiment du monde extérieur et jusqu'à la conscience de lui-même.

Non-seulement le somnambule reçoit l'ordre et l'impulsion d'une volonté étrangère dans la partie morale de sa vie, dans ses sentiments ou ses pensées; mais on voit quelquefois jusqu'aux impressions physiques se répéter instinctivement ou automatiquement du magnétiseur à lui; ainsi une douleur éprouvée par le premier est au même instant ressentie par l'autre ; on voit le somnambule éternuer quand le magnétiseur prise, on le voit tousser, rire, etc., etc., de la même manière.

On conçoit facilement de quels abus le magnétisme animal peut être la source et l'occasion, et combien il importerait de surveiller de près l'application d'un pouvoir dont un homme immoral peut abuser si aisément et avec tant d'impunité. Car un somnambule qui a perdu son libre arbitre, qui peut devenir pendant sa vie somnambulique non-seulement votre esclave soumis, mais comme une partie de vous-même, comme un de vos propres organes, ne se souvient jamais de rien en revenant à la vie normale; si vous abusez de lui, si vous faites de lui une victime, il n'aura pas les moyens d'obtenir justice ou de se venger; il n'aura pas même la triste consolation de vous savoir coupable et de vous accuser. Mais je parle ici, je le répète, des cas les plus saillants; du plus haut degré que puisse atteindre la volonté du magnétiseur, il arrive souvent, et c'est même le cas le plus ordinaire, que le somnambule conserve, en partie du moins, son libre arbitre, soit que cela tienne à la nature du somnambulisme, soit que le magnétiseur n'ait pas épuisé sur lui tout son pouvoir. Dans ce cas, le somnambule conserve la liberté de ses déterminations. Il ne cesse pas d'être un agent libre; il ne perd ni sa personnalité ni sa conscience; il ne perd pas le caractère d'un être moral; il est libre, quand il cède comme quand il résiste. Il aime souvent même, comme nous l'avons dit déjà, à porter l'usage de ses facultés jusqu'à l'abus; il est susceptible, irritable, rempli de caprices, de prétentions et d'exigences : cette tendance tyrannique forme en quelque sorte un caractère commun aux somnambules; on en est d'autant plus frappé qu'on le remarque même chez des personnes qui possèdent dans la vie normale les qualités contraires, et dont on admire la douceur, la modestie et la patience.

Néanmoins, les somnambules qui conservent ainsi leur libre arbitre, leur volonté, la moralité et la responsabilité de leurs actions, et qui montrent tant de fantaisies et un esprit de domination prononcé, n'en sont pas moins soumis dans une certaine mesure à la puissance et à la volonté du magnétiseur ; il semble qu'il n'y ait pas de milieu pour eux entre l'obéissance et le commandement, entre l'esclavage et la tyrannie. Le magnétiseur a toujours sur eux un ascendant qui, pour ne pas être irrésistible et absolu, n'en est pas moins réel. S'il le veut, les somnambules n'usent que faiblement de leur liberté ; ils ne s'en servent que pour se soumettre ; c'est volontairement, mais presque constamment, qu'ils cèdent à l'influence qui les domine. Quand ils cherchent à résister, il semble qu'il y ait quelque chose de pénible pour eux dans la lutte ; ils en sortent toujours souffrants et agités ; la contradiction les émeut et les accable ; on dirait qu'ils sentent d'avance qu'ils seront vaincus, ou même qu'ils craignent de vaincre. Ils ressemblent à ces athlètes qui, convaincus de l'inutilité de leurs efforts, combattent sans énergie, sans plaisir et sans espoir, et qui savent qu'ils ne peuvent que reculer le moment de leur défaite.

La résistance et la lutte ne sont jamais sans danger pour les somnambules. Il est prudent de ménager leur susceptibilité, de respecter même jusqu'à leurs caprices. On a vu des troubles nerveux plus ou moins prononcés, des spasmes, des convulsions, du délire, naître chez eux d'une contrariété ou d'une simple contradiction exprimée sans ménagement. On a vu ces accidents persister après les accès de somnambulisme, et les somnambules conserver au réveil un ébranlement nerveux général et divers dérangements dans l'action des sens, dans l'intelligence et dans les fonctions organiques.

L'autorité du magnétiseur n'a pas seulement pour effet de provoquer la naissance du somnambulisme, et de substituer sa volonté à celle du somnambule dans la direction de la vie morale; mais on peut voir se traduire, dans les fonctions vitales de tout ordre, toutes les nuances intentionnelles de sa pensée. Il semble que le principe de la vie, chez le somnambule, lui soit soumis dans toutes les formes de son action. Il peut, quand il le veut, s'emparer de toute la personnalité du somnambule; il peut aussi, quand il le veut, limiter et circonscrire le champ de sa puissance. Il peut à volonté agir sur tous les organes ou sur quelques-uns, exalter la vie dans les uns, ralentir ou pervertir ses mouvements dans les autres. Il peut agir simultanément ou isolément sur le cerveau, sur l'ensemble du système nerveux ou sur quelques nerfs isolés, provoquer à son gré le jeu de divers appareils de la vie organique, produire toutes sortes d'anomalies et de désordres dans l'intelligence, les sens, les mouvements, les fonctions nutritives ou organiques, déterminer des convulsions, l'insensibilité générale ou partielle, des crises, des évacuations, et maîtriser ainsi la vie dans son expression la plus haute, le sentiment et la pensée, comme les actes les plus humbles qui la constituent.

L'impressionnabilité et la dépendance du somnambule sont telles, que l'influence de la volonté s'étend sur un individu étranger au-delà des limites qu'elle peut atteindre dans son action sur nos propres organes. Nous n'avons, en effet, sur nous-mêmes qu'un empire assez borné. Nous commandons avec plus ou moins d'autorité à nos pensées, à nos sentiments, à nos passions; — les organes de la locomotion et de la voix nous obéissent; mais toutes nos autres fonctions échappent à notre volonté comme à nos caprices, nous ne pouvons ni paralyser nos membres, ni mettre nos muscles en convulsion. Nous ne pouvons ni surexciter ni suspendre nos sécrétions, sauf quelques exceptions faibles et rares; nous ne pouvons rien sur les mouvements de notre cœur, ni en général sur aucune de nos fonctions organiques.

Un magnétiseur peut, au contraire, paralyser à volonté un bras ou une jambe chez certains somnambules, éteindre la sensibilité ou suspendre le mouvement dans une région du corps limitée et déterminée; il peut commander des actes de sécrétion ou d'excrétion, et donner ainsi à des impulsions mentales l'action et l'effet des agents matériels.

CHAPITRE X.

Applications du somnambulisme, vérités et merveilles, chimères et rêveries.

Nous connaissons maintenant les somnambules, nous connaissons leurs facultés merveilleuses ; nous savons quels sont l'influence et le pouvoir des magnétiseurs : examinons maintenant les principales applications que l'on a prétendu faire du somnambulisme, et le parti que l'on a voulu tirer de la puissance des somnambules.

Les pentes sont glissantes dans le pays des merveilles. On a vu les somnambules faire ce qui était impossible aux autres hommes, on en a conclu qu'ils pouvaient tout faire. On a vu qu'ils avaient des facultés extraordinaires, on a supposé ces facultés illimitées. On s'est imaginé qu'ils pouvaient prédire l'avenir, qu'ils avaient le don des langues et des miracles, qu'ils pouvaient communiquer avec les esprits et les anges ; que leur âme, dégagée de ses liens matériels, pouvait se mettre en rapport avec les âmes des morts, avec Dieu lui-même, et rapporter du ciel sur la terre les impénétrables secrets d'un autre monde.

Dans tous les temps, l'homme a été tourmenté du besoin de connaître l'avenir. C'est une maladie de l'esprit humain, que rien n'a pu détruire. Il y a eu chez tous les peuples des prophètes, des sibylles, des devins, des sorciers. Les anciens nous ont transmis dans de vaines sciences occultes et jusque dans des institutions politiques et religieuses les témoignages de leur faiblesse et de leur crédulité à cet égard. Ils croyaient voir l'avenir dans les signes naturels du ciel et de la terre ; ils le demandaient aux astres, aux animaux, aux songes ; ils cherchaient à le lire jusque dans les lignes qui sillonnent la main de l'homme. Un corbeau, un hibou, un poulet ont plus d'une fois fait trembler les vainqueurs de la terre. Il n'y a pas longtemps que le progrès des lumières et des sciences a guéri les peuples modernes de plusieurs folies semblables, et on en trouverait encore au besoin de tristes vestiges chez beaucoup d'esprits faibles et crédules, et chez les peuples incultes et grossiers. L'homme savait tout, dit-on, avant sa chute ; il a perdu par elle la connaissance du secret de sa destinée, et cette perte semble lui laisser un éternel regret ; il cherche à percer les ombres qui l'entourent, il se tourmente, il s'agite ; il demande partout la vérité. Quand il la cherche dans le présent, il a sa raison pour guide ; la mémoire la lui montre dans le passé ; mais c'est la crainte et le désir, guides aussi aveugles qu'infatigables, qui le font courir après elles dans l'avenir. Course inutile ! vaines tentatives ! l'avenir n'existe pas ; il ne peut se montrer ni aux devins, ni aux sibylles, ni aux somnambules.

Des philosophes anciens n'accordaient pas même aux dieux le pouvoir de découvrir l'avenir.

Mais on dit : les somnambules font des prédictions et elles se réalisent ; ils ont donc une puissance divinatoire, une *seconde vue*. Il y a ici une illusion, une déception, une fausse interprétation des choses. Les somnambules ne voient pas l'avenir qui n'existe pas, qui n'est rien, par une intuition directe et une divination surnaturelle; ils ne plongent pas, si l'on peut ainsi dire, dans l'avenir. Quand ils le prédisent, ils ne font que tirer des conséquences des choses passées ou présentes. Le passé et le présent sont gros de l'avenir; pour l'en faire sortir, les somnambules n'ont pas d'autres secrets que ceux que nous avons nous-mêmes. C'est en saisissant les rapports et les conséquences des choses, c'est par un enchaînement et une succession de déductions et d'inductions, qu'ils parviennent à suivre la filiation des événements jusque dans le temps futur; quand ils prédisent, ils raisonnent : il n'y a pas *prédiction* réelle, miracle; il n'y a que raisonnement, *prévision*. Il est vrai que dans ce travail intellectuel les somnambules peuvent nous laisser bien loin derrière eux et se montrer très supérieurs à eux-mêmes. Faut-il s'en étonner? Dans cet état de concentration de la vie sur un seul organe, sur l'instrument même de la pensée, la force intellectuelle peut acquérir un éclat et une portée tout à fait inattendus; les perceptions, dont quelques-unes d'ailleurs sont puisées à des sources qui nous sont interdites, ont une finesse et une délicatesse inouïes; la mémoire montre une fraîcheur et une précision qui tiennent du prodige; l'esprit retrouve et perçoit jusqu'aux nuances les moins perceptibles des choses. Aucune distraction ne vient troubler l'élaboration de la pensée. Le jugement s'applique, dans toute sa force, à tant d'éléments divers, et saisit mille rapports qui nous échappent. D'un mot, d'une circonstance qui paraît sans portée, d'un souvenir effacé pour tout le monde, le somnambule tire des conséquences qui étonnent et qui semblent appartenir à la divination. On croit qu'il devine, qu'il prédit; il n'a fait, en réalité, que juger, comparer, raisonner; mais les jugements, les raisonnements, les *prévisions* des somnambules n'en méritent pas moins, dans ce cas, une sérieuse attention, bien que ce ne soient pas des *prédictions*. Les somnambules ne sont pas des *oracles*, des prophètes, ce sont des hommes qui jouissent accidentellement, dans une forme nouvelle de la vie, d'une pénétration et d'une sagacité qui égalent et qui peuvent surpasser celles que les esprits privilégiés tiennent de la nature.

D'autres fois, les somnambules ne jugent ni ne raisonnent; ils ne font que sentir vaguement en eux l'image de choses futures complétement imaginaires. C'est alors tout simplement un rêve; ils ont une vision dans le somnambulisme, une pure hallucination. Aussi l'avenir ne manque-t-il pas de donner, dans ce cas, un démenti aux somnambules. Il ne faut pas attacher plus d'importance à ces sortes de prédictions que nous n'en attachons à nos songes. Ces prédictions ne se composent, en général, que de paroles confuses, entrecoupées, incohérentes, auxquelles nous cherchons avidement à donner un sens; elles ne sont en rapport qu'avec les idées ou les images que l'hallucination retrace aux somnambules ; elles n'expriment ni les choses réelles ni leurs rapports ; et quand nous voulons les appliquer à l'avenir et découvrir par elles l'objet de nos désirs et de nos craintes, nous ne faisons pas autre chose que ce que faisaient autrefois les eunuques et les devins des rois d'Orient, c'est-à-dire que nous interprétons des songes.

Il n'y a donc nul rapport entre ces hallucinations, ces visions fantastiques et les prévisions rationnelles dont nous venons de parler ; il n'y a pas ici exercice d'une même faculté, d'un même instinct divinatoire, qui tantôt voit juste et tantôt se trompe ; il y a, dans un cas, un homme qui raisonne, et dans l'autre un homme qui rêve.

Enfin, il y a chez les somnambules un troisième ordre de prédictions qui ne viennent ni du raisonnement ni de l'hallucination. Elles tiennent à la transmissibilité et à la perception de la pensée ; elles causent de telles surprises et éblouissent par de telles séductions, qu'il est bien difficile de ne pas tomber dans l'illusion et de suivre l'enchaînement et la filiation des choses. Vous vous rendez chez un somnambule, à qui vous ne vous faites pas connaître ; vous ne lui dites rien qui puisse lui faire savoir qui vous êtes, d'où vous venez, quel est le motif qui vous amène, pas un mot enfin qui puisse le mettre sur la voie. Après quelques instants de recueillement, il vous dit : Vous méditez, vous projetez, vous allez bientôt entreprendre un lointain voyage ou vous engager dans une entreprise périlleuse ; c'est la nécessité, le devoir ou l'honneur qui vous imposent cette obligation ; il y a des dangers à courir, mais vous les braverez ; vous surmonterez tous les obstacles ; votre famille est inquiète et agitée ; votre femme et vos enfants pleurent et se désespèrent. Ensuite, le somnambule vous décrit votre habitation ; il trace les divers compartiments de votre maison, il vous dit ce qu'il y a chez vous, dans votre salon, dans votre cabinet. Tout cela est vrai ou du moins approximativement vrai : comment ne seriez-vous pas frappé d'un tel prodige ? Le somnambule vous semble un être divin doué d'un instinct sublime, d'une force divinatoire incompréhensible. Eh bien ! remarquez que le somnambule qui vous dit ces choses qui vous sont personnelles et qui vous émeuvent à juste titre, ne pourrait pas vous dire un mot, un seul mot, de choses semblables ou analogues qui vous seraient étrangères. Si vous aviez, ce qui pourrait être, *sans que vous en fussiez informé, sans vous en douter en aucune manière*, un compagnon de voyage ou d'aventures, le somnambule n'en saurait rien, ne pourrait rien vous en dire. Il a trouvé tout ce qu'il vous a dit dans votre pensée ; il vous a renvoyé, comme un miroir renvoie les rayons qui le frappent, vos idées, vos projets, vos agitations, vos émotions ; il vous a paru être créateur quand il n'était que copiste ; le devin n'a fait que lire dans votre cerveau. Il a prédit l'avenir, c'est-à-dire des choses qui n'existaient pas encore, mais il ne les a pas vues dans l'avenir : il les a trouvées réalisées, par anticipation, dans votre pensée.

De même, quand un somnambule vous dit : Vous avez telle ou telle maladie, vous souffrez dans telle partie du corps; ou bien : Vous êtes menacé de tel accident; il faut suivre tel régime, employer tel moyen de traitement; tout cela peut bien ne pas être très conforme à la science et à la raison; mais tout cela, vous le pensez vous-même, tout cela s'accorde avec vos préjugés ou vos résolutions. Le somnambule ne vous dit tout cela que parce qu'il le trouve chez vous; vous croyez à son instinct, à sa puissance, à sa divination; vous vous confirmez dans vos croyances, dans vos projets ou dans vos erreurs; vous ne vous doutez pas que c'est de vous qu'il tient tout ce qu'il vient de vous dire; le somnambule n'a rien créé, rien deviné; c'est votre pensée qui s'est transmise et qui a été perçue. La transmissibilité de la pensée, qu'elle donne l'avenir ou le présent, n'est pas plus étonnante dans un cas que dans l'autre. Le somnambule, je le répète, ne trouve jamais l'avenir que réalisé dans le cerveau sous forme de désirs, de craintes, de projets, etc.

Il y a donc trois formes de prédictions. Les unes tiennent à un accroissement, à une exaltation accidentelle des facultés de l'esprit, à une vivacité insolite de la force intellectuelle, de la perception, de la mémoire, du jugement, du raisonnement; ce ne sont pas précisément des prédictions, mais ce sont des prévisions réelles et sérieuses. Les autres ne sont que des visions, des hallucinations; ce sont de simples rêves; on rêve dans l'état somnambulique comme dans l'état normal. Les autres enfin sont des transmissions de pensée ; celles-ci ne vous apprennent rien que ce que vous savez parfaitement vous-même ; ce sont des révélations curieuses au point de vue scientifique ; mais elles ne peuvent que vous étonner sans vous instruire.

En dehors de cela, il n'y a rien ; si le somnambule parle, il s'amuse ou radote et ne débite que des extravagances ; s'il vous fait des prédictions, il se moque de vous et ne montre que des prétentions puériles et une vanité mensongère.

On a fait encore entre les prédictions des somnambules une autre distinction qui n'est ni sans importance ni sans vérité. Tantôt ils prédisent des événements ui sont relatifs à leur propre personne ou qui doivent naître, se développer, s'accomplir en eux-mêmes, comme une attaque de nerfs, un accès, une maladie quelconque : c'est ce que l'on voit chez beaucoup de somnambules naturels ; tantôt, au contraire, ils prédisent des choses qui sont sans rapport à eux-mêmes, qui n'ont en eux ni leur point de départ ni leur terme, et auxquelles ils doivent rester complétement étrangers.

Nous avons déjà parlé des prédictions du premier ordre, que nous avons désignées sous le nom de *pressentations organiques*. Il n'est pas rigoureusement impossible que les somnambules éprouvent quelque perception interne qui ne serait pas saisie dans l'état normal et qui leur fasse prévoir un dérangement futur dans leurs organes ; et selon la netteté, la vivacité plus ou moins grande de cette perception, ils peuvent approximativement prévoir l'époque à laquelle arrivera l'événement annoncé. Ce ne sont pas encore là des *prédictions*, ce sont des *prévisions*. Les somnambules annoncent le mal futur, parce qu'ils en sentent le germe qui fermente déjà en eux. Il n'y a là que le plus haut degré d'une faculté naturelle et commune à tous les hommes, qui leur fait souvent prévoir qu'ils seront prochainement indisposés, parce qu'ils éprouvent quelques sensations insolites qui sont pour eux des indices, des signes avant-coureurs ou précurseurs, ainsi qu'on les appelle ; on annonce souvent le matin qu'on aura la fièvre le soir, parce qu'on en sent déjà réellement les premières atteintes. Les prédictions de ce genre ne nous frappent chez les somnambules que parce qu'ils trouvent dans la prodigieuse délicatesse de leur perception des sensations et des signes précurseurs qui échappent dans tout autre état que le somnambulisme; les somnambules ne sont pas pour cela devins ou prophètes ; ils n'agisssent pas en vertu d'une force divinatoire, surnaturelle, et la preuve, qui me paraît sans réplique possible, c'est qu'au moment où ils nous apprennent qu'ils auront dans quelques jours un accès, une péripneumonie, une affection quelconque, il leur est tout à fait impossible de prévoir et d'indiquer aucun des nombreux accidents qui peuvent leur arriver, aucun des mille événements qui peuvent survenir dans l'intervalle.

Quant aux prédictions des somnambules relatives à des choses qui sont étrangères à l'organisme dont l'origine et le terme sont en dehors d'eux-mêmes, je n'en ai jamais constaté aucune en dehors des trois genres de prédictions dont j'ai parlé, c'est-à-dire des prévisions, des hallucinations, ou des transmissions de pensée ; je sais que les livres des magnétiseurs en sont remplis ; je n'ai le droit d'imposer à personne ni mon opinion ni l'obligation de ne pas croire ; mais quant à moi, je n'ai sur ce point que la foi de saint Thomas : quand j'aurai vu, je croirai.

On ne s'est pas contenté de voir, dans les somnambules, des devins et des prophètes. On a supposé encore qu'ils avaient le don des langues ; on les a vus, dit-on, répondre à des choses qu'on leur exprimait, dans une langue qui leur était inconnue et parler eux-mêmes cette langue ; et je ne sais pourquoi on a cru voir, dans ce miracle, l'intervention du démon. Il me semble qu'une si merveilleuse faculté devrait plutôt être attribuée à Dieu qu'au diable. Ce n'est pas le démon, c'est l'esprit saint qui apporta jadis le don des langues aux apôtres. Il y a dans les faits qui ont été l'occasion de cette croyance, une apparence trompeuse bien faite pour séduire et donner le change. Mais on peut, par une interprétation fine et légitime, rattacher le phénomène aux facultés que nous avons reconnues chez les somnambules et spécialement à la transmissibilité de la pensée. Vous faites une question à un somnambule dans une langue qu'il n'entend pas ;

il vous comprend et vous répond. Mais vous, vous entendez cette langue, vous vous comprenez vous-même. Les mots qui sortent de votre bouche expriment les pensées qui sont dans votre cerveau. Ce sont vos pensées que le somnambule perçoit ; les mots, il ne les comprend pas. Les pensées sont toujours perceptibles pour le somnambule, elles sont toujours les mêmes, quels que soient les bruits produits dans l'air par les diverses articulations des langues. La preuve que les choses se passent ainsi, c'est que le somnambule ne comprend plus rien, si vous articulez des mots dans une langue qui vous est inconnue à vous-même.

Quant à la faculté de parler une langue qui leur est étrangère dans l'état normal, les somnambules ne la possèdent pas et ne la montrent dans aucune circonstance. Ils ne pourraient tout au plus que répéter machinalement les mots de cette langue, sans en comprendre le sens. Ils ne feraient que ce que font les perroquets et les autres oiseaux parleurs. Il ne faut pas se laisser abuser par le prestige de quelques tirades latines, allemandes, anglaises, etc., que les somnambules jettent quelquefois accidentellement et avec à-propos dans la conversation. Ce ne sont jamais que des reminiscences plus ou moins incorrectes que la mémoire retrouve dans la vie somnambulique, bien qu'elle les ait à peu près entièrement perdues dans la vie ordinaire.

Il n'y a pas d'autres mystères dans les prétendues

possessions et dans les exorcismes que dans ce fabuleux don des langues. On peut accuser, si l'on veut, le démon d'être l'auteur de tous les maux qui désolent la terre, mais il a suffi à sa malice de séduire la mère commune des hommes pour perdre la race humaine. Il n'a eu besoin que d'un jour pour accomplir son œuvre maudite, et il ne vient point, sans doute, à chaque instant sur la terre, faire faire des grimaces et des contorsions aux hystériques et aux somnambules.

Mais il y a encore ici, dans les faits qui font naître et qui perpétuent cette triste croyance, des apparences faites pour égarer la raison et dont il faut savoir se défendre. Il faut reprendre d'une main sûre et ferme le fil conducteur qui seul peut nous guider dans les obscurs labyrinthes du magnétisme animal. Voici comment se passent ordinairement les choses : un somnambule hystérique croit que le diable vient quelquefois le visiter. Tous ceux qui l'entourent habituellement ont la même croyance. Il y a, certes, là une cause d'émotion bien suffisante pour faire naître des accès. Pendant ces accès le système nerveux, indépendamment de toutes les formes désordonnées qu'il imprime aux fonctions vitales, acquiert, nous le savons, cette prodigieuse impressionnabilité qui fait percevoir la pensée. Les malheureux *possédés* ne trouvent et ne saisissent dans le cerveau de ceux qui les entourent que des pensées conformes à celles qui les tourmentent ; ils ne doutent pas de la présence du diable ; l'effroi, le remords, s'ils ont quelque chose à se reprocher, bouleversent leur esprit. Ils font mille cortorsions, mille grimaces ; tous leurs mouvements deviennent convulsifs. Ils se livrent, par l'impulsion de cet hôte terrible et maudit, à toutes sortes d'actions extravagantes. Mais Dieu est plus puissant que le diable. Un homme fortement pénétré de cette pensée, invoque son intervention ; il le prie avec ferveur; il ne doute pas que sa prière va être exaucée, il a la foi ; le somnambule ou l'hystérique perçoivent ce nouveau cours de pensées ; un secours inespéré leur arrive ; l'espoir renaît, le calme revient enfin, le diable s'en va. Vous avez calmé la tempête par des moyens semblables à ceux qui l'avaient soulevée. Votre pensée avait porté le trouble dans l'âme des prétendus possédés ; votre pensée changeant de caractère, y ramène la paix et le calme. Dieu n'est pas plus intervenu que le diable, vous n'avez fait que croire à la présence de l'un et de l'autre. Il n'y a eu que transmission et perception de vos pensées. Vous n'êtes pas un exorciste, vous êtes un magnétiseur sans le savoir.

Les succès que les exorcistes obtiennent souvent, entretiennent cette déplorable croyance aux possessions. Un homme qui voit des accès convulsifs, cesser à sa prière, et qui ne se connaît aucun pouvoir direct, ne doute pas que la divinité n'intervienne. Il ne se doute pas que la foi qui sauve est en même temps la foi qui perd. Il ne comprend pas qu'il aurait pu empêcher le diable de venir tout aussi aisément qu'il a pu le chasser. Il n'aurait eu besoin que de le savoir et de le vouloir ; il aurait suffi d'apprendre aux somnambules ou aux hystériques qu'ils n'ont que des affections nerveuses naturelles et de les convaincre que le diable n'a rien de commun avec le principe mystérieux qui anime leurs nerfs. Tous les accès auraient disparu, tous ceux du moins qui viennent de cette triste cause d'émotion, de cette superstition honteuse.

Les facultés extraordinaires des somnambules sont certes assez merveilleuses et devraient contenter les hommes les plus disposés à l'enthousiasme ; mais l'esprit aime les prodiges, et quand il n'aperçoit pas la filiation naturelle et l'enchaînement des choses, il a recours aux causes surnaturelles. Quand les hommes ignoraient les principales lois de la nature, ils faisaient à chaque instant intervenir les dieux. Depuis qu'ils se sont un peu éclairés, la divinité est retournée au ciel, et laisse le monde marcher selon les lois qu'elle a établies. Ce n'est point un dieu, ce n'est point un démon qui meuvent convulsivement le corps des somnambules hystériques et qui parlent par leur bouche. On peut attribuer à Dieu, comme à l'auteur de toutes choses, tous les actes nerveux qui ont véritablement un caractère divin ; mais on ne peut, sans honte et sans crime, accorder au diable le pouvoir de les pervertir et de venir à chaque instant sur la terre troubler l'œuvre de Dieu.

On ne saurait trop le répéter ; il n'y a nulle raison

de voir dans le somnambulisme un état surnaturel. Les somnambules n'ont point d'instinct divinatoire e. n'offrent dans les plus excentriques facultés du corps et de l'esprit, rien qui ne puisse rentrer dans l'ordre humain. Ils ont des perceptions plus fines et plus délicates que nous ; ils aperçoivent les choses dans des conditions où elles nous échappent ; mais ils sentent, pensent, jugent et raisonnent comme nous et ne peuvent connaître que des choses qui sont accessibles pour nous dans des conditions différentes. Ils ne peuvent point sortir du cercle dans lequel la Providence a renfermé l'esprit humain, ni dévoiler les grands secrets qu'elle a voulu se réserver. Il ne faut voir en eux ni des oracles, ni des prophètes, ni des dieux. Ce sont des hommes dont les facultés naturelles ont grandi et s'exercent d'une manière anormale dans une forme accidentelle de la vie.

On a beau soumettre les somnambules à toutes les épreuves ; quelles que soient les investigations que puisse suggérer l'imagination ou la curiosité, quelles que soient les apparences, on n'aperçoit jamais aucun phénomène qui ne puisse se rattacher aux facultés extraordinaires que nous avons reconnues, qui ne puisse s'expliquer, soit par la transmissibilité de la pensée, soit par l'intuition mystérieuse qui révèle aux somnambules les choses actuellement existantes dans des conditions impossibles aux autres hommes, soit enfin par la prévision des accès ou des affections qui, dans un temps plus ou moins rapproché, plus ou moins éloigné, menacent d'envahir l'organisme.

N'espérons donc pas pénétrer, avec les somnambules, les grands et impénétrables mystères du monde ; n'espérons pas des révélations d'un ordre inconnu. Laissons les sciences occultes et mystiques à ces esprits malades qui s'échauffent dans les ténèbres. Ne quittons pas l'humble séjour de la terre pour nous élever dans les cieux, pour aller converser avec les âmes des morts, avec les anges et même avec les dieux. Il n'y a point d'autres chemins pour monter de la terre au ciel que les chemins fantastiques que trace dans l'espace l'imagination des hommes. C'est par là que les âmes des morts viennent quelquefois visiter les humains. C'est sur cette route que les somnambules les rencontrent et parlent avec elles de l'autre vie. Tous ces voyages, semblables sous ce rapport à l'immense et célèbre voyage qu'un homme d'esprit fit jadis autour d'une chambre (1), commencent et finissent dans un espace limité par les parois de la boîte osseuse qui renferme le cerveau.

Mais si les somnambules ne peuvent pas nous ouvrir les portes du ciel, on ne peut disconvenir qu'ils peuvent souvent nous causer de grandes surprises sur la terre. Nous n'avons guère cherché, jusqu'à ce jour, qu'un vain amusement ou un objet d'émotions stériles dans le magnétisme animal. Le somnambulisme sert

---

(1) *Voyage autour de ma chambre*, par M. le comte de Maistre.

chaque jour d'instrument au charlatanisme et d'aliment à la superstition. Il serait temps peut-être de faire du merveilleux pouvoir des somnambules des applications sérieuses et utiles. Sans doute, on ne verra jamais réalisées les espérances qui avaient tourné a tête des premiers adeptes du magnétisme animal et qui ne laissent pas droite celle de beaucoup d'illuminés de nos jours. On ne soulèvera pas tous les voiles qui couvrent les mystères de la nature; on ne trouvera pas le secret de la destinée humaine. Mais il ne faut pas, en revenant du pays des chimères, se laisser aller au découragement qui ne trompe pas moins que l'illusion. De ce que les somnambules ne peuvent pas tout, il ne faut pas en conclure qu'ils ne peuvent rien. La vérité n'est ni chez les illuminés ni chez les incrédules. Elle est ici, comme partout, entre les extrêmes.

Il est vrai qu'il faudrait, pour arriver à des résultats sérieux, que le magnétisme animal sortît de l'abaissement dans lequel il est plongé et quittât les tréteaux où les charlatans promettent des *miracles* au son de la grosse caisse et des grelots, pour entrer dans le cabinet du savant. Si les médecins, répudiant une fausse dignité et des préjugés qui ressemblent beaucoup à l'entêtement, voulaient se donner la peine d'étudier sérieusement le magnétisme animal et d'approfondir les mystères du somnambulisme, ils trouveraient, je n'en doute nullement, d'utiles et précieux auxiliaires chez les somnambules, dans l'exercice de la médecine. Ils ne trouveraient pas la panacée universelle ; il faut laisser cette ridicule prétention aux charlatans, avec les horoscopes et la bonne aventure. Mais un somnambule pourrait être, pour un médecin instruit et habile, comme un sixième sens dont la puissance s'ajouterait à celle des sens naturels. Il n'est point douteux que les somnambules *très lucides* n'aperçoivent les organes intérieurs du corps humain, qu'ils ne saisissent tout ce qu'il y a d'apparent, l'aspect général, les changements de coloration et de situation, les connexions anormales diverses, les modifications appréciables de texture, etc., etc. ; mais comme ils sont, en général, étrangers aux connaissances anatomiques et médicales, ils ne peuvent pas se rendre compte de ce qu'ils aperçoivent ; ils ne comprennent pas ce qu'ils voient. Cependant un médecin instruit trouverait là de précieux indices ; et si l'on pouvait initier quelques somnambules aux connaissances anatomiques et physiologiques, on arriverait, par leur secours, à ne trouver rien de plus obscur, rien de plus conjectural, dans les maladies internes, que dans celles qui se développent et se montrent au dehors.

En restant dans ces limites que prescrit l'observation et que la raison autorise, nous sommes loin, sans doute, d'atteindre les hauteurs où les magnétiseurs font entendre leurs fanfares et leurs clairons ; à les entendre, il n'y a point de limites à la puissance intellectuelle des somnambules. Ils on la science infuse. Ils connaissent et jugent directement les maladies avec une précision mathématique. Ils voient et savent tout. Les mouvements moléculaires, les causes premières, le caractère essentiel, la nature intime des maladies, rien ne leur échappe. Un somnambule *lucide* vous dira combien il passe de gouttes de sang dans une artère pendant un temps donné, combien dans le cœur, dans le poumon, etc. Le somnambule, en un mot, est doué d'un *instinct* sublime qui lui révèle instantanément tous les mystères de l'état morbide, comme tous ceux de l'état normal. En présence de cet incompréhensible pouvoir, la raison doit s'humilier, abdiquer ses prétentions et ses droits. Le médecin ne peut et ne doit être que l'humble et docile instrument des somnambules. La science est imparfaite, incertaine, infinie; le médecin conjecture, tâtonne, hésite et souvent se trompe; l'instinct du somnambule est absolu, certain, fini; le somnambule ne se trompe jamais, il est infaillible.

Mais cette superstitieuse crédulité met les philosophes du magnétisme a de terribles épreuves. Les somnambules débitent sur les actes physiologiques et pathologiques, des explications absurdes, inintelligibles, fantastiques. Ils prescrivent des moyens bizarres, insignifiants, puériles et souvent des médicaments vénéneux, dont la mort semble devoir être l'inévitable et rapide effet. Il n'importe, disent les intrépides séides du magnétisme; il faut tout croire et tout faire. Les somnambules voient mieux que nous ce qui est et ce qui n'est pas; ils savent mieux que nous, ce que l'état d'un malade réclame. S'il survient des revers et des accidents, cela tient à ce qu'on n'a pas suivi dans toute leur rigueur les prescriptions des somnambules. On a administré un médicament, *une minute trop tard ou trop tôt*; on en a mal pesé un autre ; il manquait *un milligramme* à la dose ; il faut agir avec une précision mathématique, avec les somnambules; car ils ne jugent pas approximativement, ils ne vont pas à tâtons comme nous.

On a lieu d'être étonné, je dirai même scandalisé d'une aussi extravagante crédulité. On pourrait croire que je prête des ridicules aux magnétiseurs, mais je ne fais que relater fidèlement les dires de beaucoup d'entre eux. Il faut vraiment pousser le fanatisme jusqu'aux limites extrêmes de l'absurde, pour croire à de semblables folies ; il faut répudier tout bon sens et toute raison et fermer les yeux à l'évidence même. Une semblable aberration de l'esprit serait à peine concevable, si on ne devait pas l'attribuer souvent à des motifs étrangers à toute conviction. Mais il y a réellement des enthousiastes sincères; nous verrons dans un instant comment ceux-ci se laissent abuser quelquefois par de trompeuses apparences et par une intelligente interprétation des choses.

Il importe plus encore, dans l'étude du somnambulisme magnétique, que dans celle de toutes les autres branches de la philosophie naturelle, de ne voir dans les faits que ce qu'ils expriment et de ne pas regarder comme certain tout ce qui ne semble pas impossible. Les magnétiseurs vous disent : mais cette infaillibilité, cette omnipotence, cette omniscience de l'instinct chez les somnambules, ne sont pas plus incompréhensibles que les facultés extraordinaires que vous reconnaissez vous-même. Cela est vrai ; mais ce que nous croyons, nous, ce que nous admettons sans le comprendre, notre foi, en un mot, c'est l'expérience qui nous l'impose ; tandis que la prétendue infaillibilité, la science absolue que vous attribuez aux somnambules, c'est vous qui l'imaginez. Les somnambules ont des facultés qui n'appartiennent pas aux autres hommes ; ils voient ce qui nous échappe et font ce que nous ne pouvons pas faire, donc rien ne leur est caché, donc rien ne leur est impossible. Voilà votre logique ; si elle ne prouve pas que les somnambules sont infaillibles, elle prouve à coup sûr que vous ne l'êtes pas.

Mais voyons les somnambules à l'œuvre et cherchons à apprécier les signes et les preuves de leur prétendue infaillibilité. Il y a deux manières principales d'invoquer, en médecine, la science et le pouvoir des somnambules. On les interroge sur leurs propres maladies, sur les siennes ou sur celles d'une personne présente qui peut se mettre directement en rapport avec eux. Dans d'autres circonstances, il s'agit d'une personne absente, et alors on leur présente ordinairement divers objets venant de cette personne, comme des cheveux, des objets de toilette, une lettre, etc., etc.

Dans le premier cas les somnambules commencent par vous signaler avec assez de précision, soit leur maladie, soit la vôtre; cette première partie du tableau ne s'éloigne pas sensiblement de la vérité, parce qu'ils vous exposent ce qu'ils aperçoivent, soit en vous, soit en eux-mêmes, en vertu de la mystérieuse vision dont ils sont doués; mais ils brodent sur tout cela des couleurs fantastiques et vous font des histoires qui ressemblent à toutes celles qui ont cours dans le monde. C'est un pêle-mêle de choses confuses, contradictoires et ridicules, qui tiennent aux reminiscences des somnambules, à leurs préjugés, à ceux du pays et aux notions qu'ils ont acquises dans leurs lectures ou dans le commerce de la vie. Les causes sont chimériques, les explications absurdes; tout révèle une complète ignorance de l'anatomie, de la physiologie, de la médecine, des instruments et des lois de la vie. Mais au milieu de ces contes de toute couleur, qui seuls ne nous inspireraient que du dégoût et de la pitié, il y a eu des révélations lumineuses, étonnantes, qui vous fascinent, qui vous déconcertent et qui semblent appartenir à la divination. Nous connaissons, à cet égard, les merveilles du somnambulisme; vous vous êtes approché d'un somnambule, sans lui dire quelle était votre maladie; vous lui avez dit que vous étiez souffrant, pas un mot de plus. Il vous répond et vous dit sans hésiter beaucoup, quelle est la partie du corps où vous souffrez, quels sont chez vous les organes affectés; cette réponse est conforme ou à peu près conforme à la vérité. Cela vous semble naturellement prodigieux. C'est après ce trait de lumière, qu'il vous explique la nature de vos maux, et vous prescrit un traitement; alors le roman commence. Mais le tour de force, dont vous avez été ébloui, vous laisse sous le charme et vous dispose à la crédulité.

Le somnambule vous a montré une pénétration admirable et inattendue, vous n'attendez plus que des merveilles. Vous avez vu un tableau dont le dessin était d'abord assez correct; rien ne vous choque plus, dans les couleurs monstrueuses, dans le barbouillage informe qui viennent le défigurer; disons, en outre, que si tout ce que le somnambule ajoute à ses premières intuitions n'est conforme ni à la science ni à la raison, tout cela s'accorde bien souvent avec vos propres idées, vos préjugés ou vos résolutions. Rappelez-vous tout ce que nous avons dit de la transmission de la pensée; le somnambule vous semble voir les choses d'autant plus clairement qu'il les voit comme vous; mais il les voit comme vous, parce que c'est de vous même qu'il les reçoit; c'est dans votre pensée qu'il les a trouvées. Il ne vous dit que ce que vous saviez vous-même. Il vous a renvoyé vos croyances et vos préjugés, en les mêlant aux siens. Le somnambule a été le miroir, c'est vous qui avez fourni en grande partie l'image.

En général, on peut dire que le tableau que le somnambule trace de sa maladie ou de la vôtre, se compose toujours de trois couleurs. La première de ces couleurs comprend tout ce qu'il trouve et saisit à l'aide de la mystérieuse intuition qui lui fait apercevoir plus ou moins nettement l'état physique des organes souffrants; il prend la seconde chez vous, dans votre cerveau, par la perception directe de vos pensées; la troisième se compose de ses opinions personnelles, de ses préjugés, des notions qu'il a acquises dans ses études et dans le commerce des hommes.

De ces trois couleurs, la première représente seule plus ou moins nettement, plus ou moins fidèlement, les choses, selon le degré de lucidité du somnambule; les autres sont fantastiques; le pinceau n'a plus marché qu'au hasard et n'a peint que vos chimères et vos fantaisies ou celles du somnambule.

Tout se passe de la même manière quand on consulte un somnambule sur une personne absente et quand on lui remet des cheveux ou d'autres objets venant de cette personne. Il est difficile, il est impossible d'apprécier le degré de clarté avec lequel le somnambule peut apercevoir une personne absente et ses organes malades, malgré les obstacles et les distances; il est encore plus impossible de comprendre comment des objets matériels ayant appartenu à cette personne peuvent faciliter la mystérieuse intuition du somnambule; mais il a souvent, à cet égard, une perception plus ou moins nette, plus ou moins confuse ; ajoutez aux effets de cette perception, claire ou obscure, les idées que vous avez vous-même, les opinions que vous vous faites, vous ou le magnétiseur, de la maladie, et qu'il perçoit dans votre pensée; ajoutez enfin les suppositions, les conjectures et les préjugés personnels du somnambule, et vous aurez la triple base sur laquelle il fonde toujours l'édifice de sa consultation. Cet édifice est toujours bien irrégulier, bien informe, il règne dans toutes les parties une grande confusion, de choquantes discordances ; mais vous vous y reconnaissez d'autant mieux que vous avez, sans vous en douter, contribué à sa construction.

On voit, par ces simples considérations, quel est le degré de confiance que l'on doit accorder aux somnambules ; on voit qu'ils ne peuvent réellement fournir, dans les maladies internes, que des aperçus et des indices. Tout ce qu'ils ajoutent à cela vient de vous et ne vous apprend rien, ou vient d'eux et ne mérite ordinairement aucune attention. Il faudrait, pour s'en rapporter à eux, que les somnambules fussent en même temps des médecins instruits. Nous devons juger et apprécier leurs perceptions insolites comme nous jugeons nos propres perceptions naturelles. Qui ne sait que si la raison ne venait souvent rectifier les premiers aperçus de nos sens, nous tomberions dans les plus singulières, les plus grossières méprises ?

Quant à la thérapeutique des somnambules, il est

étrange que des hommes sensés consentent à se soumettre à ce mélange sans nom de recettes et de traitements puérils, bizarres, insignifiants et quelquefois effrayants. Tous ces moyens décèlent la plus complète ignorance, et sont au-dessous de toute critique. Il est bien difficile de reconnaître, à travers ces formes extravagantes de la superstition et du délire, cet *instinct sublime* qu'on accorde aux somnambules.

Si le somnambulisme développait miraculeusement un *instinct sublime*, si les somnambules avaient cette omniscience qu'on leur suppose si aveuglément, il y a longtemps qu'ils auraient découvert et indiqué ce qu'il importerait tant aux hommes de connaître, les agents thérapeutiques efficaces, les médicaments spécifiques et mille autres choses qui font le désespoir de la science et le tourment perpétuel de l'esprit; ils n'ont rien fait de tout cela; ils n'ont fait aucune découverte, ils n'ont pas fait faire un pas à la science. Il ne faut donc pas se bercer d'illusions; les somnambules, je le répète, ne peuvent être utiles que comme le serait un sens nouveau qui peut fournir, dans les maladies internes, des indices qui échappent à nos sens ordinaires; et encore ce sens est-il très imparfait, très mobile, très inégal. Nous devons toujours peser et juger très sévèrement les indications qu'il nous donne : c'est un témoin douteux dont nous ne pouvons tirer que des présomptions, jamais des preuves certaines.

On ne saurait trop se défendre de l'entraînement

et de l'illusion dans l'étude du somnambulisme; car on rencontre à chaque instant des faits inattendus, qui vous causent de singulières incertitudes et qui vous bouleversent vraiment l'esprit. Il arrive souvent, par exemple, que les *somnambules naturels* se prescrivent une substance active et à une dose qui en fait un véritable poison. Un médecin n'ose pas exécuter une semblable prescription; mais un croyant enthousiaste n'hésite pas. Il est fermement persuadé que le somnambule n'a pu se tromper, qu'il sait mieux que nous ce qu'il convient de faire, ce qui est utile, ce qui ne l'est pas, ce qui serait ou ne serait pas dangereux; l'instinct du somnambule est infaillible. Il administre hardiment et tranquillement le poison; et, chose remarquable! on ne voit paraître aucun des fâcheux effets qu'on avait sujet de craindre, le somnambule prend impunément un breuvage qui, dans toute autre circonstance, aurait porté avec lui la mort. Il faut convenir que de semblables expériences sont bien faites pour ébranler les esprits, les plus incertains, comme les plus résolus. Mais, en présence de ces faits remarquables, et, il faut en convenir, très nombreux, qui nous montrent les poisons sans effet, la physiologie ne nous laisse pas entièrement désarmés. Les agents médicamenteux, même les plus actifs, n'ont jamais, dans les diverses affections, des effets identiques. Il s'établit par l'effet du trouble moral ou du désordre matériel qui caractérisent une maladie, une disposition inconnue, mais réelle, qui modifie toutes les excitations, toutes les forces vitales et qu'il importe beaucoup de connaître, pour apprécier l'action des médications. Il est telle affection dans laquelle un malade peut supporter telle substance active dans une proportion à laquelle on ne songerait même pas dans un autre cas. Cette diversité est si remarquable qu'elle est devenue en thérapeutique la base d'un principe fondamental sous le nom de *tolérance*. Nous voyons dans le *tétanos* un exemple des plus frappants de cette *tolérance* pour un médicament énergique. On administre aux tétaniques, hardiment et sans aucune témérité, des doses d'opium qui seraient infailliblement mortelles dans une autre circonstance. La maladie introduit donc dans le système nerveux une modification dont nous ignorons la nature, mais qui se révèle par ses effets. Le système nerveux *tolère* et sent à peine, dans le *tétanos*, l'action de la substance à laquelle il résiste ordinairement le moins.

Eh bien! on doit penser que le somnambulisme détermine aussi un changement dans l'excitabilité nerveuse et dans toutes les conditions de la vie; il en résulte une *tolérance*, une modification vitale, qui permet aux somnambules de supporter ces doses énormes de poisons qu'on leur voit prendre impunément. Le somnambulisme introduit dans le système nerveux une force de résistance, et arme en quelque sorte la vie de telle sorte que, dans la lutte qui s'établit entre les poisons et les organes, la force vitale triomphe. Nul doute que si l'on se permettait ces témérités chez des personnes qui n'auraient pas acquis par l'effet du somnambulisme, ou par toute autre cause, cette force de résistance, ou, si l'on aime mieux, cette *tolérance*, nul doute, dis-je; qu'on ne vît les effets ordinaires se montrer; il y aurait infailliblement des empoisonnements et partant des victimes et des coupables. On voit combien il importe de ne pas se laisser égarer par de trompeuses apparences; de ne pas croire à des analogies qui n'existent pas, et de prévenir les suites possibles et déplorables d'une aveugle crédulité. Il ne faut jamais oublier que le somnambule est dans un état exceptionnel; c'est un être en quelque sorte à part. On ne peut pas établir sur des conditions toutes spéciales et toutes nouvelles de la vie des principes et des règles qui aient l'autorité d'un précédent ou d'un exemple. On tomberait dans les plus affreuses méprises si l'on voulait en appliquer indistinctement les conséquences à tous les hommes.

Il n'est point nécessaire de dépasser les limites raisonnables de l'analogie, pour admettre que l'état nerveux que nous appelons somnambulisme puisse modifier l'excitabilité et porter très loin la *tolérance* des organes pour des agents thérapeutiques très énergiques. Il suffit, pour le comprendre, de se rappeler qu'une simple excitation cérébrale peut amener, dans une certaine mesure, des conséquences semblables. Tous les médecins savent ou doivent savoir, par exemple, que l'opium agit quelquefois très différemment chez un malade selon qu'il sait ou ignore qu'il prend cette substance énergique, et surtout selon l'indifférence ou la crainte qu'il éprouve. Le trouble cérébral, la tension d'esprit que produisent l'émotion et l'inquiétude peuvent paralyser presque entièrement l'action de l'opium. J'ai vu, une fois, les effets les plus inattendus de ce médicament déterminés par une simple agitation nerveuse. Je devais pratiquer une opération qui ne comportait, pour ainsi dire, aucun délai, et à laquelle pourtant le malade ne pouvait prendre sur lui de se soumettre ; il faisait inutilement, chaque jour, des efforts inouïs sur lui-même et prenait les résolutions les plus sérieuses pour le lendemain ; mais le moment arrivé, son courage s'évanouissait, il lui était impossible de se décider. Le péril croissait chaque jour, il fallait nécessairement prendre un parti. Après mille tentatives de tout genre, mille exhortations pressantes, qui n'eurent aucun succès, il fut décidé, dans une consultation, qu'on administrerait au malade de l'opium, et à une dose suffisante pour produire un certain degré de narcotisme (1). On supposait que dans cet état le malade perdrait sa susceptibilité, son impardonnable pusillanimité, ou même qu'on pourrait, si cela était nécessaire, lui faire aisément une utile violence. Le malade n'accepta pas cette ressource et cette épreuve sans de grandes irrésolutions, il se soumit

---

(1) Nous ne connaissions point encore le chloroforme, ni les effets anesthésiques de l'éther.

néanmoins; mais on voyait à son trouble et à son anxiété, qu'il ne cédait qu'à la plus impérieuse nécessité. Je lui administrai donc l'opium. Quatre grains d'extrait aqueux d'opium en une seule prise ne produisirent aucun effet sensible. Dix minutes après cette dose j'en administrai une seconde, c'est-à-dire quatre nouveaux grains; elle n'agit pas davantage que la première. D'accord avec les médecins consultants, j'administrai en une seule fois dix grains d'opium; aucun effet ne parut. Le malade était agité, se tournait et se retournait dans son lit, l'œil animé, l'air inquiet, mais pas le moindre assoupissement, pas d'accablement, pas même de tendance au sommeil. J'abrége les détails de ce fait remarquable; il suffit pour l'objet dont il s'agit ici, de dire que je portai inutilement l'opium à la dose énorme, et qu'on pourrait presque dire extravagante, de *cent dix grains*, dans le courant de la journée. Je n'obtins pas le plus léger degré de narcotisme; le malade ne ferma pas l'œil une minute. Il passa même la nuit suivante sans dormir; il avait une forte céphalalgie, la figure rouge et vultueuse, beaucoup d'agitation, un sentiment de démangeaison insupportable dans toutes les parties de la peau et un orgasme vénérien, une sorte de priapisme plutôt douloureux que voluptueux. Or, notez que j'avais souvent calmé les douleurs que lui causait sa maladie, que je lui procurais ordinairement du calme et le bienfait du sommeil à l'aide d'une dose ordinaire d'opium, c'est-à-dire 3/4 de grain, un grain tout au plus. A quoi tint donc cette sorte de rébellion de l'économie contre une attaque aussi formidable ? Quelle fut la cause de cette résistance ou plutôt de cette *tolérance* qui firent que cent dix grains d'opium ne produisirent pas l'effet si souvent obtenu à l'aide d'un grain ? Évidemment, cela vint de la tension d'esprit, de l'agitation morale du malade. L'action insolite du cerveau retentit dans tous les départements de l'arbre nerveux, et de là vint une modification organique inconnue qui rendit l'économie rebelle à l'action de l'opium et fit naître cet état d'immunité, de *tolérance*, que nous observons toujours chez les tétaniques.

Le somnambulisme magnétique ne nous offre pas moins de contrastes que de mystères. Nous venons de voir les somnambules braver jusqu'aux poisons, nous venons de les voir supporter impunément des médications auxquelles personne, dans les conditions ordinaires de la vie, ne pourrait se flatter de résister ; nous allons les voir maintenant sensibles à des actions thérapeutiques pour ainsi dire imaginaires, qui passeraient chez nous complétement inaperçues. Nous allons voir de nouveaux *miracles* produits par la volonté, de nouvelles et en quelque sorte incroyables transmissions de pensée ; nous allons voir des agents thérapeutiques de tout genre et à toute dose ne plus produire les effets que comporte leur nature, se transformer en quelque sorte, suivre dans leur mode d'action les nuances intentionnelles de la pensée du magnétiseur, et ne déterminer que les effets qu'il aura *permis ou voulus*.

On va se récrier; on va dire que nous nous lançons à notre tour dans les exagérations et les chimères; que nous donnons aux magnétiseurs le pouvoir de commander même aux éléments. On va nous accuser de tomber dans l'impossible, l'absurde, le fantastique. Nous répondrons que nous ne cessons pas de nous tenir bien en garde contre l'illusion et la crédulité. Mais qu'on veuille bien ne pas oublier tout ce que nous avons dit jusqu'à ce moment du somnambulisme magnétique; que l'on se souvienne qu'un somnambule est dans un état de vie exceptionnel, qu'il jouit d'une impressionnabilité, d'une délicatesse de perception telles, qu'il peut saisir jusqu'aux actions mentales; qu'il *sent* la pensée, la volonté; et l'on verra que cette action et ce pouvoir *fantastiques* des magnétiseurs ne sont que des applications naturelles, des effets inévitables d'une puissance et d'une sensibilité que nous avons reconnues, vérifiées, admises.

Ne savons-nous pas que le magnétiseur provoque le somnambulisme par l'action seule de sa volonté? Ne savons-nous pas que le somnambule, qui est né pour ainsi dire d'une pensée, continue d'en ressentir, d'en percevoir les irradiations, lesquelles se traduisent souvent chez lui en actes physiques, en actions vitales régulières ou insolites de tout genre? N'avons-nous pas vu le magnétiseur produire par l'effet de sa volonté des convulsions générales ou partielles chez le somnambule, déterminer l'insensibilité ou la paralysie, pervertir directement toutes les actions nerveuses et indirectement les fonctions organiques? Ne savons-nous pas, en un mot, que le somnambule réfléchit dans tous les modes de sa sensibilité et dans le mouvement de toutes ses fonctions jusqu'aux nuances intentionnelles de la volonté du magnétiseur? Eh bien! il n'y a rien de changé, il n'y a rien de nouveau, il n'y a rien d'impossible, dans le fait d'une action thérapeutique modifiée, transformée, dénaturée, exaltée ou anéantie par la volonté du magnétiseur. Cette volonté est si puissante chez l'un; si rapidement, si finement, si délicatement perçue par l'autre, qu'elle peut transformer les actions excitantes, sédatives, purgatives, spécifiques, etc., introduire dans le système nerveux du somnambule une modification telle, qu'un agent thérapeutique manquera ou doublera son effet, qu'il produira l'effet qui appartient à un autre, qu'une évacuation ou une transpiration se montreront là où on aurait dû s'attendre à une sédation ou à des convulsions, que le somnambule trouvera un effet bienfaisant dans un agent thérapeutique qui, dans toute autre circonstance, eût été inerte, nuisible ou délétère.

Cette puissante métamorphose, qui est l'effet de la volonté du magnétiseur, est peut-être même la principale cause qui rend en quelque sorte les somnambules invulnérables, leur permet de braver les poisons et de se prescrire, comme nous l'avons vu, des doses vénéneuses de médicaments. Elle concourt au moins avec la transformation vitale que le somnambulisme introduit dans l'économie, pour amener cette *tolérance* que nous avons signalée. Cette explication conduit loin et entraîne cette conséquence qu'un poison ne produit pas chez un somnambule ses effets accoutumés, parce que le magnétiseur ne le *veut pas*.

On a vu dans tous les temps les magnétiseurs produire chez leurs somnambules des crises et des évacuations de diverses natures. Tout cela a varié selon les opinions et les théories du temps, l'école à laquelle appartenaient les magnétiseurs. Mais au milieu de cette diversité, l'action de la volonté se montre toujours puissante, toujours irrésistible. L'un veut une crise exclusivement nerveuse, il concentre toute la tension de son esprit sur le système nerveux, des convulsions se déclarent. L'autre veut des évacuations, il donne aux irradiations de sa volonté un cours différent; il pousse *mentalement* les forces vitales du somnambule vers l'issue qui lui semble convenable; il veut une transpiration, elle s'établit, et elle s'établit parce qu'il l'a *voulu*, énergiquement *voulu*, etc., etc.

Pourquoi, si les magnétiseurs obtiennent tous ces effets divers par l'action de leur volonté seule, sans médicaments d'aucune sorte, n'auraient-ils pas le pouvoir de changer, de transformer l'action des médicaments eux-mêmes ? Il n'y a rien qui ne concorde avec les effets connus de la volonté chez les somnambules, dans l'explication que nous venons de hasarder relativement aux poisons.

Quand on voit les somnambules supporter des doses incroyables de substances actives et braver les poisons eux-mêmes, on est bien forcé d'admettre que le somnambulisme leur donne ce privilége et les arme d'emblée d'une force spéciale de résistance. Mais il est possible qu'ils aient encore un autre préservatif et que ce préservatif se trouve dans la volonté même du magnétiseur. M. le docteur Gromier est, je crois, le premier qui a émis cette opinion, qui, sans me paraître certaine, n'a rien qui m'effarouche; elle n'est ni contradictoire ni absurde, et n'est pas plus merveilleuse que les caractères fondamentaux du somnambulisme artificiel, et les effets en quelque sorte magiques de la volonté, bien qu'elle implique, comme nous l'avons dit, que si une substance vénéneuse, si un médicament administré aux somnambules à une dose qui le transforme en poison, ne produit pas ses effets accoutumés, s'il ne leur fait pas de mal, c'est parce que le magnétiseur ne le *veut* pas.

Sans doute, toutes ces choses semblent incroyables, absurdes; mais, encore une fois, nous ne sommes pas dans le monde ordinaire. Il s'agit d'une puissance qui ne peut pas nous atteindre, nous pour qui la pensée, la volonté ne sont pas transmissibles, qui ne les percevons pas. Il s'agit d'une sensibilité dont nous n'avons ni traces ni rudiments; il s'agit enfin d'un ordre d'actions et d'impressions que nous ne devons pas chercher à expliquer et que nous ne pouvons apprécier que par leurs effets sensibles; nous sommes arrivés à ces résultats incompréhensibles graduellement et en suivant l'expérience ; nous n'avons pas été libres de ne pas faire le premier pas ; nous avons vu la pensée et la volonté se transmettre et être perçues; nous ne pouvons pas, quand nous avons reconnu des facultés nouvelles, répudier leurs effets; — nous ne pouvons pas faire qu'un principe ne porte pas ses conséquences.

Nous sommes, relativement aux somnambules, ce que pourrait être à notre égard un aveugle-né, qui manque d'un sens que nous possédons. Il serait sans doute fort tenté de nier l'existence des couleurs. Mais si nous parvenions, par un moyen indirect quelconque, à lui faire comprendre qu'il y a des couleurs, il serait bien forcé ensuite d'admettre tout ce que nous lui apprendrions des merveilles de la création et de la magnificence des tableaux de la nature. Il serait forcé de croire qu'à l'aide de la lumière, de l'organe qui la perçoit et de quelques artifices que nous avons imaginés, nous portons la vue jusque dans des régions dont l'imagination peut à peine concevoir la distance, il ne pourrait pas refuser d'admettre qu'à l'aide d'un prisme à double réfraction nous sommes parvenus à mesurer avec une étonnante précision le diamètre des corps célestes, et mille choses qui sont toutes pour lui incroyables, impossibles.

Que pourrions-nous trouver de plus merveilleux, de plus inconcevable, dans l'action de la volonté sur les somnambules, que ce que nous avons déjà dit ? Nous n'avons pourtant point encore parlé d'un ordre de faits qui ont étonné les magnétiseurs eux-mêmes, bien qu'ils ne soient en réalité que des faits analogues et même semblables aux précédents. En magnétisant à travers des agents médicamenteux, les magnétiseurs ont produit les mêmes effets qu'auraient produits ces médicaments eux-mêmes. Ainsi, en soufflant sur un somnambule à travers un vase contenant de l'aloès, ils ont purgé, fait vomir avec l'émétique, calmé avec l'opium, etc., etc. Comme ils admettent à peu près tous un fluide magnétique, ils supposent que ce fluide s'imprègne de ces substances en les traversant, qu'il se combine avec leurs molécules et les transporte dans le corps des somnambules; il est difficile de comprendre comment d'aussi infiniment petites quantités matérielles pourraient déterminer des effets sensibles. Cette manière d'interpréter les choses laisserait bien loin en arrière les doses homœopathiques. Quoi qu'il en soit, ces expériences sont assurément fort curieuses; elles ont conduit les magnétiseurs à imaginer une nouvelle thérapeutique, un nouveau mode d'administration des médicaments qui a déjà pris place dans la science magnétique sous le nom de *pharmaco-magnétisme*.

Mais il n'y a point encore là de preuve de l'existence d'un fluide magnétique considéré comme agent réel, comme être distinct; il n'y a point de preuve que ce prétendu fluide s'imprègne de particules matérielles et transporte dans les organes de l'économie cette sorte d'atmosphère *magnético-médicamenteuse* impalpable que l'on imagine, car on a obtenu exactement les mêmes effets en soufflant à travers des corps inertes et même à travers le vide. Ainsi, en attachant à son idée des propriétés thérapeutiques distinctes, un magnétiseur provoque dans les organes des somnambules des actions en rapport avec elles. Il produit une évacuation, une transpiration, des convulsions, etc. Il lui suffit de le vouloir. Il n'y a donc encore là que transmission de la pensée ; c'est la volonté qui a tout fait. Il n'y a eu que magnétisation ; il n'y a point de pharmaco-magnétisme.

On voit jusqu'où conduisent la transmissibilité et la perception des actions mentales chez les somnambules. On arrive à des abîmes dont on ose à peine entrevoir la profondeur. On est tenté à chaque instant de rétrograder ; les prodiges nous tournent la tête ; mais, je l'ai dit déjà, on n'a pas été libre de ne pas faire le premier pas ; c'est l'expérience qui nous a conduits. Au reste, quelque merveilleux que soient tous ces effets de la volonté humaine, ils ne sont pas plus incompréhensibles que ses effets ordinaires et connus de tout le monde. Comment la volonté produit-elle en nous tant de mouvements physiques de tout genre ? Comment suffit-il de vouloir pour mouvoir son bras, sa main, articuler des mots ? etc., etc. Le champ de son action mystérieuse se déplace et s'agrandit dans le somnambulisme magnétique. La volonté, qui dans l'état normal ne commande qu'à nos propres organes et même à quelques-uns seulement, franchit dans le somnambulisme ses limites ordinaires ; elle est transmise, elle est perçue, elle agit à distance et obtient, dans un individu étranger, une soumission et des effets inattendus qui semblent incroyables.

Nous n'avons point parcouru, dans cette étude, le cercle entier des questions qui ont toujours tenté l'esprit de ceux qui ont écrit sur la science du magnétisme animal ; nous nous sommes arrêtés sur le chemin des merveilles quand le jour nous a manqué, quand il ne nous a plus été permis, soit de constater les choses par l'expérience, soit de les induire ou de les déduire avec certitude. Nous avons admis, chez les somnambules, des facultés extraordinaires, incompréhensibles ; mais c'est après avoir reconnu, par d'irrécusables exemples, qu'elles étaient réelles. Il n'est point possible assurément de comprendre, quoiqu'on soit forcé de l'admettre, comment les somnambules peuvent apercevoir les choses, malgré les obstacles de tout genre qui les dérobent à l'action des sens, ni par quel secret mécanisme s'opère, à travers l'espace et le temps, cette perception insolite ; nous ne concevons pas davantage comment sont perçues les actions immatérielles, comment les somnambules peuvent pénétrer dans les impénétrables profondeurs de notre âme, comment ils vont saisir dans leurs inviolables sanctuaires nos sentiments et nos pensées. Nous ignorons enfin comment les somnambules peuvent prévoir et prédire, à jour et à heure fixes, des accidents, des maladies, des accès dont ils portent en eux-mêmes le principe ou le germe, et qui n'éclateront que dans un temps plus ou moins éloigné, après plusieurs semaines, plusieurs mois et même, dit-on, plusieurs années.

Mais, bien que ces mystères de l'état somnambulique n'offrent aucune prise au raisonnement et semblent même toucher à l'impossible, on ne doit pas craindre d'affirmer hautement qu'ils ont le plus incontestable caractère de certitude; ils sont certains et démontrés, ils sont vrais comme la vérité elle-même; l'esprit est vaincu, les sens ne sont point abusés, les preuves abondent et ne permettent aucun doute raisonnable. Beaucoup de savants, beaucoup de médecins s'entêtent mal à propos sur ce point et persistent dans une incrédulité qui n'est pas moins illégitime et moins vaine que les mille préjugés de la multitude. Mais la vérité ne perd point ses droits; on peut la méconnaître, la contester, la combattre, on ne triomphe point d'elle. Rien ne peut prévaloir contre la vérité; l'insouciance ou la légèreté, les sarcasmes ou les dédains ne font point que ce qui est vrai ne le soit pas. Dans la lutte contre la vérité, les vainqueurs du jour ne manquent jamais de devenir les vaincus du lendemain. Je le déclare avec une entière assurance : tous ceux qui contestent la réalité des trois facultés extraordinaires que j'ai reconnues chez les somnambules, seront tôt ou tard forcés de faire amende honorable. Je sais et je professe moi-même que l'esprit sceptique est presque toujours l'esprit de sagesse ; mais si le doute est le *commencement de la vérité*, il y a des cas où il en devient l'ennemi. Il y a des limites et une mesure à toutes choses ; il ne faut pas, sans doute, légèrement croire ce qui ne peut ni se démontrer ni se comprendre ; mais il ne faut pas non plus toujours nier ce qui est incompréhensible. La vérité a ses mystères ; elle n'a donné de privilège à personne, pas même aux *esprits forts*; elle n'accorde ses faveurs qu'à ceux qui l'aiment partout et toujours et qui la cherchent sincèrement.

Il y a donc dans le magnétisme animal des verités qui se montrent aux sens et qui s'imposent à l'esprit. Tout n'est donc point superstition et chimères dans cette science mystérieuse. Mais de ce que le somnambulisme force en quelque sorte notre conviction et nous révèle des facultés et des mystères que nous ne concevons pas, il n'en faut pas conclure assurément que l'on doive croire aveuglément tout ce qui passe par la tête des fanatiques et des illuminés. Il semble que les philosophes *ultra-croyants* du magnétisme n'aient voulu que faire tourner au profit de la superstition et de la crédulité la soumission d'esprit que nous devons à la vérité, même quand elle nous arrive sous des déguisements et des formes que nous ne connaissions pas. Il n'y a pour eux rien de contradictoire, rien d'impossible ; les prodiges et les miracles ne leur coûtent rien ; le monde des esprits leur est connu, comme le monde terrestre. Les somnambules sont tantôt médecins, tantôt prophètes; ils communiquent avec les anges, avec les dieux, et vont puiser au séjour de toute lumière et de toute vérité le pouvoir de tout faire et de tout dire. On nous dit que les somnambules recouvrent momentanément le sens que les hommes ont à jamais perdu par la faute du paradis terrestre; ils rentrent dans l'Eden et retrouvent là la science infuse, le pouvoir et le bonheur ineffables que Dieu avait accordés au premier homme; que ne nous dit-on pas? Ouvrez tous les ouvrages qui ont été écrits depuis un demi-siècle, soit en France, soit dans les autres contrées de l'Europe, sur le magnétisme animal : vous apprendrez qu'il n'y a plus de mystères sur la terre; les somnambules ont tout révélé; il n'y a plus de maladies, les somnambules nous ont appris à les prévenir et à les guérir; les somnambules nous ont dévoilé le passé, le présent et l'avenir; ils ont rapporté du ciel sur la terre le secret de la nature et de la destinée humaines.

Nous essaierons à regret un peu plus loin de faire quelques pas sur ces routes fantastiques où se pressent à l'envi les philosophes du magnétisme animal, les uns avec un béat enthousiasme, les autres avec une artificieuse impudence. Il semble que ces graves démences n'auraient pas dû survivre aux âges de ténèbres; mais elles viennent de se reproduire, de nos jours, avec une recrudescence qui donne à réfléchir aux partisans de la perfectibilité humaine et fait craindre que le règne de la raison, s'il arrive jamais, ne compte pas plus d'élus que celui des bienheureux.

Avant d'aborder cette tâche inutile et ingrate, nous demandons qu'on nous permette, comme délassement, de raconter une histoire qui, toute véritable qu'elle est, ne sera peut-être pas sans attrait pour ceux qui n'aiment que les fables. On l'a dit, il y a longtemps : le vrai peut quelquefois n'être pas vraisemblable. Je vais raconter des choses qui sont vraies, qui se sont réellement passées ; je n'imagine, je n'invente rien ; tout est réel et vrai dans ce qu'on va lire. Je n'ignore pas que des romanciers ont imaginé et décrit des aventures analogues ; ils ont peint des tableaux émouvants que la nature du somnambulisme ne défend pas de croire possibles ; ce ne sont, toutefois, que des fictions données pour des réalités ; ils ont créé les personnages et les situations ; ils avaient pour but de plaire, d'intéresser, d'émouvoir ; ils faisaient une œuvre d'art. Pour moi, je n'invoque point les Muses, à moins que ce ne soit celle qui préside à la vérité. Il n'y a ni plan ni art dans l'histoire suivante ; je raconte les choses comme elles se sont réellement passées ; je ne quitte pas d'une ligne le terrain de l'expérience ou de l'observation.

On a vu, dans les pages qui précèdent, qu'il y avait chez les somnambules une dualité d'existence tellement tranchée, que la vie somnambulique était complètement distincte et indépendante de la vie ordinaire ; que les événements de la première ne se conservaient pas dans la mémoire pendant la seconde, sans qu'il y eût réciprocité sous ce rapport; de telle sorte qu'on peut dire d'une personne qui est somnambule, qu'elle comprend et résume en elle seule deux personnes distinctes, dont l'une connaît l'autre sans en être connue. Nous allons mettre en relief, sous une forme vivante et dramatique, ce mystérieux dualisme de la vie humaine. Nous allons voir une somnambule jouir d'une existence réelle et complète sans en avoir conscience, accomplir tous les actes, et subir les conditions les plus saisissantes de la vie humaine, sans en avoir le moindre soupçon. Elle aura, dans sa vie somnambulique, l'usage complet de toutes ses facultés intellectuelles et morales, la liberté la plus entière et par conséquent la responsabilité de ses actions; elle cédera aux instincts impérieux de son cœur et se livrera à tous les égarements de la passion, sans que la mémoire en conserve, dans la vie ordinaire, le plus léger souvenir, la plus fugitive réminiscence. Cette femme sera coupable, elle aura bien réellement, bien volontairement enfreint les règles de la morale et les lois de la société, et elle n'en saura rien, elle n'en aura pas la plus légère idée. L'état somnambulique passera chez elle, et alors cessera pour jamais le mode d'existence qui en était l'effet. Tous les actes de la vie somnambulique seront effacés, anéantis pour la somnambule; ils seront, pour elle, comme s'ils n'avaient jamais été; elle aura vécu d'une vie qui lui sera aussi inconnue que le serait la vie d'un étranger qui aurait vécu dans un autre monde.

L'objet de ses plus ardentes préoccupations ne rentrera jamais dans son âme; il n'y aura même aucun moyen de les lui rappeler, de les lui faire croire; elle sera morte, elle aura entièrement perdu la vie somnambulique, comme elle perdra un jour la vie ordinaire.

Il n'est point difficile d'imaginer les tentations criminelles que peut provoquer ce mystérieux dualisme de la vie humaine, et les accidents incroyables et terribles qui peuvent en être la conséquence. On a cru, dans des temps d'ignorance et de superstition, aux histoires fabuleuses des *incubes* et des *succubes*. Des hommes crédules et mystiques sont encore, de notre temps, entêtés de ces extravagances. On impute au démon des actes de lubricité dont il est certes bien innocent; il ne faut calomnier personne, pas même le démon; mais comment expliquer, dira-t-on, les étranges aventures des *succubes* et des *incubes?* Peut-on les croire, faut-il les nier? je vais peut-être étonner quelques esprits forts; je vais dire que ces aventures ne sont pas toujours des visions et des chimères; il y en a de réelles; il y en a qui ont été constatées avec la plus irrécusable évidence. Il y a des femmes qui ont conçu, qui ont enfanté, et qui étaient bien certaines de n'avoir jamais connu les embrassements d'un homme. Mais j'ai hâte de m'expliquer clairement, car je n'ai nulle envie de me brouiller avec les philosophes, que j'ai toujours considérés comme mes amis. Oui, il y a des *incubes* et des *succubes*, mais ce n'est pas le diable qu'il faut accuser; ce n'est pas lui qui est le vrai coupable. Celui qui a commis le crime est un diable qui n'a ni griffes, ni queue, ni cornes et qui ne vient pas de l'enfer. Ai-je besoin de dire que la victime est toujours une somnambule et le diable un magnétiseur ?

Il est heureux que le magnétisme animal, qui a créé tant de superstitions, nous donne au moins le moyen d'en détruire une. On sait, au reste, que c'est le privilége et le droit de la science de rendre à l'utorité de la raison et aux forces de la nature, tous les miracles dont s'entêtent vainement l'ignorance et la crédulité.

J'entre en matière et je raconte; mais que le lecteur n'oublie pas, en lisant l'histoire suivante, la sentence du poète cité plus haut, qui est devenue une maxime proverbiale de la raison : *Le vrai peut quelquefois n'être pas vraisemblable.*

CHAPITRE XI.

Histoire d'une somnambule douée d'une double existence intellectuelle et morale.

Une noble et riche famille du midi de la France vint passer une saison à Paris, dans l'année 18...... M. et madame De L... avaient une fille unique, ravissante personne, âgée de vingt et un ans. La nature avait été prodigue de ses dons envers mademoiselle De L... et semblait, de sa main la plus complaisante, l'avoir parée de perfections et d'attraits. Elle avait une taille au-dessus de la moyenne, svelte et élancée, une noblesse et une dignité sérieuse dans le maintien qui vous inspiraient, au premier abord, une sorte de recueillement. Sans être remarquablement jolie, elle avait des traits heureux, une physionomie charmante. De grands et beaux yeux bleus, remplis de douceur et d'expression; un sourire divin, toutefois un peu dédaigneux; un teint généralement pâle, mais nuancé d'une légère couche d'incarnat. Sa magnifique chevelure, d'une couleur châtain foncé, se séparait ordinairement sur son front pur et calme, en deux larges bandeaux qui avaient des reflets ondoyants et suaves. Tous ses mouvements étaient gracieux, bien qu'elle parût n'avoir aucune adresse, ce qui pouvait tenir à un léger degré de myopie. Elle avait la main d'une blancheur et d'une délicatesse adorables, la jambe et le pied d'une Andalouse. Ajoutez, sans parler de mille et un attraits qui tiennent à l'ensemble et qui échappent à l'analyse, un parfum d'élégance répandu dans toute sa personne, un air de noblesse, une dignité dans le maintien, le port, le regard, qu'on ne rencontre que chez les personnes d'un rang élevé et qui tiennent peut-être autant à l'orgueil de la condition, qu'au sentiment du mérite personnel. Quand on voit la vie se montrer sous ces formes brillantes qui nous causent tant de ravissement, on se persuade aisément que l'ordre et l'harmonie, comme la santé qui en est l'effet, sont l'attribut naturel d'une organisation qui semble être l'image de la perfection; mais les mouvements se dérangent aisément dans des organes trop fins et trop déliés; l'équilibre est difficile, et il suffit qu'il y ait, à un léger degré, excès ou défaut d'action dans l'un des mille ressorts qui règlent les actes multipliés de la vie, pour porter le trouble et la confusion dans tous les autres. Mademoiselle De L... n'avait pas positivement une mauvaise santé, mais elle était éminemment nerveuse. On était tenté de craindre, en la voyant, que des organes si délicats ne pussent suffire aux conditions et aux mouvements de la vie. Elle appartenait à cette adorable tribu des filles d'Adam, qui apportent dans ce monde de plaisirs et de peines, l'organisation la plus propre à les ressentir et dont la faculté de vivre consiste pour ainsi dire dans la puissance de sentir.

Mademoiselle De L... avait reçu, dans la maison paternelle, et sous la surveillance éclairée d'une tendre mère, une éducation brillante; elle possédait les connaissances les plus variées, et n'avait négligé aucun talent agréable; dès ses premières années, elle avait montré une grande ardeur pour l'étude; et comme, par le tour naturel de son esprit, elle était portée vers les choses sérieuses, elle aimait beaucoup les sciences, et avait fait, dans quelques-unes, des progrès dont restent fort loin les personnes de son sexe et de sa condition; elle aimait aussi passionnément l'histoire; elle avait lu tous les ouvrages célèbres de la littérature française; elle parlait facilement deux langues étrangères, l'anglais et l'italien. Tous ces avantages ne lui donnaient aucune prétention; elle ne cherchait jamais à se montrer savante, tant elle craignait de tomber dans le pédantisme, défaut dont l'avaient, au reste, toujours préservée la finesse innée de son goût, l'habitude d'une société élégante et l'exemple de sa mère.

Mademoiselle De L... était grande musicienne; dès l'âge le plus tendre, elle avait montré par la justesse de l'oreille et le sentiment de l'harmonie, qu'elle ferait des progrès rapides dans un art qu'avaient pour ainsi dire deviné son imagination et ses sens; elle dessinait et peignait d'une manière fort remarquable; elle excellait dans la danse; on y admirait sa légèreté, ses attitudes gracieuses et sa dignité; elle n'avait eu besoin, pour danser avec perfection, que de donner aux mouvements qui lui étaient naturels, une mesure et une forme convenues.

Mademoiselle De L... était aimante et bonne ; elle avait un inépuisable fonds d'amour, dont elle réservait les prémices à ses parents, et dont tous ceux qui l'entouraient avaient une part ; elle aimait ses voisins, ses amis, les personnes qui la servaient, et jusqu'aux animaux domestiques ; nature sympathique et tendre qui s'attachait à tout ce qui porte l'empreinte de la vie et du sentiment ; les pauvres, les affligés, les malades étaient sacrés pour elle ; l'idée du mal sur la terre lui causait comme une pénible surprise, et ne pouvait s'accorder, dans son esprit, avec la bonté divine, dont elle sentait le reflet dans son cœur ; elle avait toujours une parole douce et consolante pour ceux qui éprouvaient quelque peine, un secours pour les malheureux.

Avec tant d'attraits et de vertus, mademoiselle De L... était, dans sa province, l'objet d'un culte et d'un respect universels ; son nom était dans toutes les bouches ; sur cette terre chérie des dieux, elle semblait être une fée enchanteresse, qui prenait tantôt les formes d'une grâce pour charmer les hommes, tantôt celles d'un ange bienfaisant pour soulager leurs misères.

Une scène de violence qui se passa sous les yeux de mademoiselle De L... et à quelques pas d'elle, lui causa une émotion extraordinaire ; la frayeur qu'elle ressentit fut telle, qu'elle détermina un de ces troubles nerveux connus sous le nom d'*attaques de nerfs*; elle tomba, perdit connaissance et parut agitée de mouvements convulsifs. Le calme ne tarda pas à renaître; mais mademoiselle De L... conserva, tout le jour, une sorte d'inquiétude vague et une grande faiblesse. Quelques jours après, une nouvelle *attaque de nerfs* se déclara spontanément et surprit mademoiselle De L... au moment où elle faisait une lecture dont le sujet n'avait pourtant rien de dramatique, et n'avait pu lui causer une bien vive émotion; cette seconde attaque cessa, comme la première, et ne fut ni longue ni grave. Cinq ou six jours plus tard, vint une troisième *attaque* qui, comme la seconde, n'avait été précédée par aucune cause d'excitation ou d'alarmes. De semblables *attaques* se montrèrent successivement à des époques irrégulières et assez rapprochées; elles étaient toujours spontanées, se déclaraient subitement, et arrivaient, pour ainsi dire, comme l'éclair; on ne pouvait les attribuer à aucune émotion accidentelle; on pouvait encore moins en chercher la cause dans une affection triste ou pénible, chez cette jeune fille dont l'existence était si douce, et qui n'avait que d'innocentes et saintes amours. Ces *attaques* devinrent successivement et plus graves et plus longues, et prirent enfin un caractère alarmant. Mlle De L... tombait, perdait l'usage des sens, la connaissance, éprouvait des convulsions; quelquefois, souvent même, elle avait les yeux contournés et offrait, dans les traits de son visage, diverses et de singulières altérations. Ces accidents alarmèrent beaucoup M. et madame De L...; ils résolurent de se rendre à Paris pour consulter les médecins les plus habiles. Ils espéraient que le voyage, le changement d'air et les distractions de la vie parisienne seraient favorables à mademoiselle De L... Les espérances qu'on avait conçues, sous ce rapport, ne se réalisèrent pas; on vint à Paris, sans que le voyage eût apporté aucun changement dans l'état de la jeune et intéressante malade. Les accès devinrent même plus fréquents, et acquirent une intensité nouvelle. Mademoiselle De L... tombait dans des convulsions effrayantes, se roulait par terre, se frappait la tête contre les murs, et acquérait, dans ces mouvements tumultueux et désordonnés, une force telle, que trois ou quatre hommes robustes avaient beaucoup de peine à la maintenir et à la préserver des coups qu'elle se donnait et des blessures qu'elle se faisait à elle-même. On voyait cette frêle et tendre créature, comme animée de la force d'un Hercule, glisser entre leurs bras, s'échapper, sauter par bonds successifs, se rouler sur le plancher, meurtrir et déchirer, malgré leurs efforts, ses membres ordinairement si faibles et si délicats. Les médecins donnent le nom d'hystérie à cette maladie, dont les accès ont le caractère de la tempête, et qui nous offrent l'étonnant constraste de la force aux ordres de la faiblesse, et comme la puissance d'un géant dans un corps de femme. Ces accès se dissipent spontanément dans le plus grand nombre des cas; tout rentre dans l'ordre, c'est le calme après l'orage. Cette maladie est plus effrayante par ses apparences qu'elle n'est grave en réalité, et semble même respecter le principe de la vie dans les forces qui président à l'entretien et à la conservation des organes; hors le temps des accès hystériques, on voit souvent les femmes conserver la plus belle santé. Mademoiselle De L... paraissait jouir à peu près de ce privilége; elle se portait assez bien, quoique sa pâleur naturelle fût légèrement augmentée et qu'elle eût perdu un peu de son embonpoint ordinaire. Les médecins qui furent consultés furent unanimes dans le pronostic favorable qu'ils portèrent; mais ils montrèrent beaucoup moins d'accord dans les méthodes de traitement qui leur parurent indiquées; ces méthodes étaient, au reste, plus opposées en apparence qu'en réalité, et ne variaient même que dans le choix des moyens et la préférence accordée à des remèdes analogues et qui tous tendaient au même but. Mademoiselle De L... se conforma pendant longtemps à toutes leurs ordonnances avec la persévérance et la docilité qui lui étaient habituelles dans l'accomplissement de tous ses devoirs, et prévenait même, sous ce rapport, la sollicitude de ses parents; mais elle ne parut en éprouver aucun soulagement; les accès conservaient toujours à peu près la même violence et la même durée; on voyait plusieurs fois le jour, avec une sorte de compassion douloureuse, cette belle et intéressante jeune fille, prendre tout à coup le visage d'une furie, s'élancer dans un tourbillon de sauts déréglés, s'arracher les cheveux, en portant sa main aveugle et involontairement sacrilége sur le bel ornement dont la nature avait paré sa tête ravissante et dont on recueillait tristement les vestiges épars. M. et madame De L..., déçus dans toutes leurs espérances, étaient désolés.

Un jeune médecin qui avait été présenté chez M. et madame De L..., depuis peu de temps, leur parla de guérisons merveilleuses qui avaient été dues, dans des cas semblables, au magnétisme animal; l'espérance rend crédule; il persuada facilement ces tendres parents qui craignaient de perdre une fille adorée; ils résolurent d'essayer immédiatement ce moyen singulier qui n'avait pourtant pas été approuvé par les médecins auxquels ils avaient accordé leur confiance. Le jeune docteur X. était grand partisan du magnétisme et l'avait déjà lui-même appliqué plusieurs fois avec succès; ses propositions et ses soins étant acceptés, il obtint la permission de magnétiser mademoiselle De L...

Le docteur X. était un jeune homme rempli de distinction, qui, après avoir fait des études brillantes, avait été récemment promu au doctorat dans la Faculté de médecine de Paris, dont il était un des sujets les plus remarquables; avec de la figure, de la tournure, un air grave et distingué, il avait la tenue et la dignité du savant dans un âge où les jeunes gens ne se piquent trop souvent de se faire remarquer que par de brillantes extravagances; le magnétisme ne l'avait point séduit comme un moyen de fortune et de succès faciles ; mais plusieurs cures étonnantes, dont il avait été le témoin ou l'auteur, avaient en quelque sorte forcé sa conviction ; et, par le tour philosophique de son esprit, il aimait le mystère et l'inconnu dans cette puissance singulière dont la nature se dérobe à toute recherche, et dont les effets sont si saisissants.

Il magnétisait chaque jour mademoiselle De L... et faisait les passes accoutumées avec tout le recueillement et toute l'énergie de volonté d'un homme convaincu et inspiré. Il magnétisait dans l'intervalle des accès et pendant les accès eux-mêmes ; madame De L..., qui assistait à toutes les séances, ajoutait à toute la puissance de volonté du docteur, le tribut de ses vœux ardents et de la foi la plus vive ; tout parut longtemps inutile ; les accès revenaient toujours fréquents, toujours orageux ; le docteur tint bon et continua sans se décourager ; sa persévérance fut couronnée de succès. Après quelques mois, on vit les accès revenir plus rarement, perdre de leur intensité, enfin disparaître entièrement. Grand triomphe pour le jeune docteur qui fut applaudi, magnifiquement récompensé et couvert de bénédictions.

On fit, sans hésiter, honneur de cette cure inespérée au magnétisme ; toutefois, il ne s'était manifesté, chez mademoiselle De L... aucun effet apparent, autre que la cessation des accès ; on n'avait vu aucun de ces phénomènes singuliers qui se produisent souvent sous l'influence des passes magnétiques, aucune excitation nerveuse, rien enfin qui semblât annoncer la présence de l'agent mystérieux; mademoiselle De L... n'était point tombée en somnambulisme et n'avait montré aucune faculté nouvelle, extraordinaire; le magnétisme paraissait n'avoir eu chez elle qu'un effet calmant; personne néanmoins ne fut tenté de supposer qu'une maladie aussi rebelle, aussi effrayante avait pu cesser spontanément; le docteur X. était un grand maître, un digne fils d'Esculape, un demi-dieu, presque un dieu. Madame De L... vantait partout le magnétisme et portait aux nues l'habile docteur qui venait de débuter si heureusement dans la carrière. Le docteur X., après avoir été le sauveur, devint l'ami de la famille; M. et madame De L... le comblaient d'attentions et de prévenances, et lui donnèrent des témoignages réitérés de leur confiance et de leur reconnaissance; mademoiselle De L..., qui semblait lui devoir son salut, était toujours réservée, pensive, troublée même en sa présence; on supposait que le souvenir de l'état de désordre et de souffrance dont il avait été le témoin forcé, lui causait quelque embarras et un peu de fausse honte.

Après la guérison, M. et madame De L... restèrent avec leur fille bien aimée, plusieurs mois à Paris, pendant lesquels le docteur X. fut à peu près, chaque jour, leur commensal; il partageait tous leurs plaisirs, fréquentait avec eux les promenades publiques et les spectacles, et les accompagnait dans quelques maisons riches et élégantes de la capitale.

Le temps, on le voit, ne manqua pas au docteur X. pour apprécier et admirer mademoiselle De L..., à qui il ne fallait qu'un instant pour captiver ses nombreux admirateurs ; il reconnut assurément bien vite des charmes et des perfections qui frappaient à la première vue ; mais soit qu'il crût devoir s'imposer la plus grande réserve avec des personnes qui l'avaient honoré de leur confiance et de leur amitié, soit qu'il cherchât à suppléer par une affectation de gravité, la seule qualité médicale qu'il ne pouvait encore avoir acquise, l'autorité de l'âge, soit qu'il eût dans le cœur quelque préoccupation secrète et dominante, il conservait toujours invariablement avec mademoiselle De L... un calme et un sangfroid qui faisaient contraste avec les bruyantes démonstrations qui suivaient partout sa présence.

Après le départ de la famille, le docteur X. conserva des relations avec madame De L..., dans un commerce mensuel de lettres, qui avaient pour objet l'état de mademoiselle De L... ; sa santé se soutint ; les succès du docteur eurent la sanction du temps. Bientôt, il apprit que mademoiselle De L... allait se marier et épouser un riche habitant de sa province ; il fut invité aux fêtes du mariage ; mais diverses circonstances et les exigences de sa profession, ne lui permirent pas de prendre part à ces plaisirs.

Mademoiselle De L... continua pendant une année entière de jouir d'une santé parfaite ; tout faisait espérer que ces terribles accès hystériques qui avaient causé tant d'alarmes et tant de frayeurs, ne se renouvelleraient pas. On jugea néanmoins prudent d'aller passer la belle saison de l'année qui suivit sa guérison, aux eaux de ***. Les médecins de la famille conseillèrent ce voyage, pensant que le mouvement et la distraction ne pouvaient être que favorables à mademoiselle De L..., qu'un air moins vif et moins sec que l'air de la Provence, et que les eaux elles-mêmes pourraient contribuer à fixer la mobilité de ses nerfs qui la rendait si éminemment impressionnable et qui, par la reaction inévitable qui suit l'excitation, occasionnait souvent des langueurs et de la faiblesse.

— L'arrivée de mademoiselle De L... aux eaux fut un événement; elle tourna toutes les têtes; jeunes et vieux, tous en furent épris. Elle répondait avec une indifférence polie aux nombreux compliments qu'elle recevait de toutes parts; mais, prenant au sérieux les ordres des médecins, elle buvait régulièrement le nombre de verres d'eau prescrit, faisait très religieusement le nombre de tours de promenades recommandé; elle ne paraissait pas s'apercevoir de ses succès; on eût dit qu'elle avait dans le cœur quelque préoccupation mystérieuse qui l'isolait au milieu de toutes les séductions; ses triomphes paraissaient ne lui causer aucun plaisir; les femmes, rassurées par ce qu'elles appelaient sa simplicité, lui pardonnaient presque d'être dans toutes les réunions la plus belle, dans toutes les danses la plus gracieuse, dans toutes les conversations la plus aimable; sa modestie désarmait jusqu'à l'envie.

— La société qui se réunit tous les ans aux eaux de *** forme une miniature du monde ; on y trouve un échantillon de toutes les classes de la société européenne ; tous les rangs, tous les âges s'y confondent ; les rôles n'ont pas changé, mais les masques et les costumes se sont un peu modifiés ; toutes les prétentions, toutes les vanités se mettent en habit de campagne, et il se forme une sorte de république champêtre de buveurs d'eau, venus de toutes les parties du monde pour chercher des remèdes aux maux du corps comme à ceux de l'âme ; la plupart, enfants gâtés de la fortune, qui disent avoir perdu la santé pour avoir au moins quelque chose à désirer. On y voit les martyrs de l'ambition, les politiques incompris qui viennent bouder le pouvoir qui a méconnu leur profonde sagesse ; les diplomates aux vastes desseins, tout gonflés des secrets que chacun leur suppose, qui n'ont abandonné un instant, qu'à regret, le gouvernail des empires, et dont le front soucieux trahit la crainte que le monde, dont leur main puissante dirige tous les mouvements, ne s'arrête pendant leur absence ; on y trouve une foule d'importants dans tous les genres, qui ne tarissent pas sur les grandes choses qu'ils ont faites ou qu'ils vont faire et dont on n'entendra jamais rien dire ; les prêtres de la science qui viennent rafraîchir leurs corps échauffés par les veilles de l'esprit ; les divins enfants des Muses fuyant le bruit des applaudissements, et qui cherchent dans d'élégantes distractions le calme des sens et la paix du cœur; les nombreuses et tristes victimes de l'ennui; l'opulente légion des touristes, à qui la mode ordonne, dans la belle saison, de venir étaler aux eaux leur inutilité et de ne trouver que là le plaisir; on y voit les favoris de Plutus qui viennent détendre les fibres de leur cerveau desséchées par les arides combinaisons de l'agiotage, la bande noire des adorateurs du hasard, qui viennent tendre périodiquement leurs rets perfides où tant d'innocents moucherons laissent leurs ailes dorées; on y trouve des existences équivoques, indéterminées; puis la rare tribu des vrais malades.

Dans ce pêle-mêle, au milieu de cette bigarrure d'existences variées, mademoiselle De L... se livrait chaque jour aux plaisirs d'une observation fine et délicate, sans se laisser distraire par le bruit et les applaudissements secrets dont elle entendait, à chaque instant, le murmure autour d'elle; elle faisait souvent par d'innocentes et adorables moqueries, justice de prétentions avantageuses ou surannées; toujours calme, toujours indifférente, on eût dit que tous les hommages qu'elle recevait ne s'adressaient pas à elle; elle semblait ne pas même connaître la coquetterie ou la vanité, et être inaccessible à toute séduction; si les démonstrations dont elle était l'objet pouvaient quelquefois la charmer un instant, c'était par la pensée que ses parents en étaient heureux.

Ce fut pendant son séjour aux eaux de *** que mademoiselle De L... rencontra, pour la première fois l'homme que le sort lui réservait pour époux. M. De B… était un opulent Marseillais dont la famille s'était enrichie dans le commerce maritime. Il n'avait point été élevé comme un négociant destiné à succéder à son père dans les entreprises commerciales, mais comme un fils de famille appelé à suivre la carrière de l'ambition dans les fonctions publiques. Ses parents, qui l'idolâtraient, n'avaient rien négligé pour lui donner tous les avantages d'une éducation libérale et tous les agréments de l'homme du monde. La nature n'avait point été envers lui avare de ses dons; il ne manquait point d'intelligence, mais il avait dans l'esprit plus de vivacité que de justesse; et si l'on ajoute à un tempérament nerveux une sorte d'ardeur dans le sang qui imprimait à tous ses mouvements une certaine brusquerie, on comprendra facilement comment M. De B…, tout entier aux choses du moment, n'avait pas toujours de la mesure dans sa conduite et de la prévoyance dans ses actions. Sa jeunesse menaçait de devenir orageuse; et quoiqu'il fût à peine arrivé au seuil de la vie, il avait déjà bu à longs traits dans cette coupe perfidement enchanteresse, qui contient tant de regrets mêlés à tant de plaisirs. Ses parents désiraient faire de lui un diplomate. Il était peu propre à s'engager dans ces routes tortueuses dont les mille détours forment un labyrinthe dans lequel il faut toujours mesurer, avec le même sangfroid, les pas qu'on a faits et ceux qui restent à faire, et où il ne faut jamais perdre un instant le fil incertain d'Ariane. M. De B... s'engagea sans vocation comme sans plaisir dans la carrière diplomatique. La diplomatie, selon toutes les apparences, ne devait pas être pour lui un état sérieux, gros d'avenir et de gloire pour l'âge mûr, mais plutôt une parure de jeunesse que porte toujours bien l'homme qui jouit d'une grande fortune.

Nommé secrétaire d'ambassade dans une cour du Nord, M. De B... s'arrêta aux eaux de ***, qui se trouvaient sur la route qu'il devait suivre en se rendant à son poste. La première fois qu'il aperçut mademoiselle De L..., il fut étonné, ébloui, interdit; il n'avait jamais rien vu qui pût lui donner l'idée d'une telle réunion de perfections. Il resta comme en extase; son cœur s'émut, et il sentit un doux mouvement de l'âme qui le rendait heureux. Le sentiment qui le pénétrait n'avait rien de commun avec les émotions vulgaires qu'il connaissait; il crut n'avoir pas vécu jusqu'à ce jour et que la vie commençait pour lui. Il aimait pour la première fois. Il oublia et méprisa bien vite tous ses plaisirs passés; il renonça à tous ses projets pour l'avenir et résolut immédiatement de s'unir à cette ravissante personne qui lui faisait connaître le bonheur et qui lui révélait pour ainsi dire l'existence. Entraîné par la fougue de ses désirs et la vivacité impatiente de son caractère, il s'empressa de se faire présenter chez M. et madame De L..., et dès le lendemain, il fit adresser par un ami une proposition de mariage.

M. et madame De L… ne connaissaient M. De B… que de nom, et savaient seulement qu'il appartenait à une des plus riches familles de Marseille. Quand ils eurent fait connaissance avec lui, ils se persuadèrent aisément qu'un jeune homme qui joignait à une grande fortune tous les avantages de l'éducation, une figure agréable, une rare distinction de manières, et dont la famille tenait un rang des plus honorables, était un parti éminemment convenable. Ils crurent qu'il ne pouvait manquer de plaire à mademoiselle De L… et de lui offrir, dans une union assortie, toutes les chances de bonheur. Ils prirent donc, sans balancer, le parti de lui faire connaître les espérances et les desseins de M. De B…

A cette nouvelle inattendue, mademoiselle De L… montra une indifférence, une froideur, une opposition qui surprirent ses parents et leur causèrent une vive contrariété! Mademoiselle De L… n'accusait aucune aversion pour la personne de M. De B…; elle ne contestait ni ses agréments ni son mérite; elle sentait très bien tout le prix des avantages qui avaient séduit ses parents; mais elle ne voulait point se marier et demandait instamment qu'on ne lui parlât jamais de mariage. Elle n'avait jamais varié sur ce point délicat, depuis son retour de Paris, depuis que les talents magnétiques du jeune docteur X. lui avaient rendu le calme et la santé. Ses parents n'avaient pris, jusqu'à ce jour, cet inexplicable amour du célibat, que pour un caprice puéril ou une thèse frivole. Ils furent étonnés et profondément affligés de voir que c'était une résolution sérieuse ; ils ne pouvaient s'accoutumer à la pensée que toutes les combinaisons de leur tendresse et de leur orgueil vinssent échouer contre ce qu'ils appelaient une manie d'enfant. Ils cherchaient en vain, sans pouvoir ni le soupçonner, ni le deviner, le motif secret d'une aversion si peu raisonnable. Il ne leur semblait pas possible qu'une fille adorée, qu'une si riche héritière, parée de tant d'attraits et de vertus, que la Providence leur avait donnée pour perpétuer leur famille en portant le bonheur dans les bras d'un digne époux, voulût consumer ses inutiles jours dans un triste isolement. Ils épuisèrent longtemps toutes les formes du langage de la sollicitude, de la tendresse et du désespoir, pour changer de si fatales résolutions. Mademoiselle De L... adorait ses parents ; elle avait été élevée dans le culte religieux du devoir, dans la pratique de toutes les vertus filiales ; elle avait été, dans toutes circonstances, fille soumise et respectueuse. Elle se faisait une cruelle violence pour persister dans une résistance qui lui semblait sacrilége, et ne puisait sa force que dans la passion secrète qui remplissait son cœur. Elle ne put soutenir longtemps ce rôle qui tourmentait sa piété filiale et qui brisait son âme ; la religion du devoir prévalut sur sa passion ; elle se rendit, enfin, et n'eut pas la force d'affliger plus longtemps des parents qu'elle adorait. Elle prit le parti de sacrifier à son devoir le bonheur idéal qu'elle avait rêvé. M. De B... obtint la permission de la voir et de lui faire sa cour. Les choses allèrent vite. On quitta les eaux pour retourner en Provence; le mariage eut lieu quelques mois plus tard et rendit deux familles également heureuses. Mais l'héroïne de la fête en était en même temps la victime. Le sacrifice que la piété filiale venait de faire sur l'autel de l'hymen, ne put désarmer le dieu qui préside aux folles amours et qui ne devait pas longtemps attendre le jour de la vengeance.

M. de B..., éperdument amoureux de sa femme, semblait avoir concentré dans une seule passion toutes les ardeurs de son âme. Tout entier à l'amour et à ses délices, il s'enivrait d'un bonheur qui lui paraissait devoir durer toute la vie. L'ardente passion qui remplissait son cœur avait chassé tous les goûts frivoles; ses dissipations passées et toutes les chimères qu'il avait poursuivies jusqu'à ce jour ne lui inspiraient que des regrets et de la pitié. Toutes ces trompeuses images du bonheur s'étaient évanouies dans le culte nouveau d'une femme adorée, dont il épiait les fantaisies et les caprices, et à laquelle il était heureux de pouvoir faire chaque jour quelque surprise agréable. Les jours passaient comme des heures, étaient remplis comme des siècles, et on peut dire que pendant les premiers mois de son mariage, M. De B... trouva dans les transports d'un chaste et saint amour toute la somme de félicité qu'il a été donné à l'homme de connaître sur la terre. Mais, hélas! il n'y a point, même dans le bonheur, de point fixe pour le cœur toujours mobile de l'homme. Ces jours donnés aux délices de l'hymen sont comptés. L'implacable tyran des âmes, le désir, ne meurt un instant que pour renaître, et M. De B... était moins fait que tout autre pour échapper aux séductions de ce mirage trompeur qui nous fascine par mille chimériques prestiges et nous fait courir sans relâche vers des horizons toujours fuyants et toujours renaissants. Le bonheur qu'il trouvait auprès de sa femme devint d'abord plus calme ; bientôt, elle ne fut plus pour lui le seul bonheur ; les caprices du cœur, l'amour du changement et de l'émotion reprirent tout leur empire, et il ne tarda pas à se retourner sur le chemin qui l'avait conduit à la suprême félicité, et à revenir, en sens contraire, jusqu'au point d'où il était parti ; il aimait toujours sa femme ; mais la place qu'elle occupait dans son cœur, devint petite, à côté de celle que lui disputaient mille distractions frivoles ou indignes. Madame De B..., qui n'était pas montée si haut, n'eut pas tant à descendre ; et sans qu'il se fît aucun changement dans l'état de son âme, elle resta ce qu'elle était, bonne et aimante... Toujours remplie de prévenances et d'attentions pour son mari, elle ne paraissait pas s'apercevoir des immenses changements qui s'étaient opérés en lui ; M. De B..., marchant vite sur la pente qui l'entraînait, reprit du goût pour tout ce qu'il aimait avant son mariage ; il se livrait au jeu, formait avec des femmes galantes des liaisons scandaleuses, et faisait mille extravagances. Madame De B.. paraissait ne rien savoir, et lui faisait chaque jour le même accueil ; étant sans amour, elle était sans jalousie ; elle voyait avec indifférence les déréglements de son mari, et n'était point blessée de ses négligences ; l'enfant qui lui était né paraissait être l'objet exclusif de sa tendresse ; le temps qu'elle ne donnait pas à cet enfant chéri, c'était à la musique, à la peinture, et principalement à la lecture, qu'elle le consacrait. On était étonné de voir cette jeune femme, toujours si calme, et qu'on croyait indifférente, lire souvent des romans et des livres dans lesquels des plumes ardentes et passionnées ont peint les égarements du cœur et les orages des passions ; elle savait par cœur l'*Héloïse* de Rousseau. Elle recevait beaucoup d'amis et faisait avec une grâce parfaite les honneurs de sa maison ; mais elle ne paraissait vraiment heureuse que dans la solitude ; toutes les fois qu'elle avait été longtemps seule, on lui trouvait comme un parfum de bonheur.

Pendant les deux premières années de son mariage, madame De B... n'eut à se plaindre d'aucun dérangement dans l'état de sa santé ; mais ensuite, les *attaques nerveuses* dont elle avait été si heureusement délivrée à Paris, se montrèrent de nouveau ; elles furent d'abord rares et légères ; mais elles devinrent successivement plus graves, et firent bientôt de bien fâcheux progrès ; on les vit reprendre enfin le degré de violence et de désordre qui avait causé tant d'effroi la première fois ; il parut indispensable et on prit la résolution de retourner à Paris pour réclamer de nouveau les secours de la science.

Madame De B..., dans les derniers temps de son séjour en Provence, avait à regret consenti à se séparer temporairement d'une dame qui avait été sa gouvernante, ne l'avait jamais quittée un instant jusqu'à ce moment, et qu'elle appelait sa seconde mère. Elle était fille d'un ancien militaire, frère d'armes du père de madame De B..., qui, après avoir quitté le service, compromit et perdit même presque entièrement sa fortune dans des spéculations malheureuses; il se nommait le baron T... et avait servi avec distinction dans l'arme de l'artillerie, jusqu'au grade de colonel inclusivement. Il mourut en laissant sa fille unique dans l'indigence. Mademoiselle T... n'avait jamais voulu s'engager dans les liens du mariage, et se vit, à un âge déjà avancé, forcée de chercher dans le travail des moyens d'existence; elle avait beaucoup d'esprit naturel et avait acquis dans les loisirs d'un long célibat une instruction solide et variée. M. et madame De L... lui firent la proposition d'entrer dans leur maison et de se charger de l'éducation de leur fille; elle accepta, et fut heureuse de trouver un emploi chez des amis de son père; madame De L..., de son côté, regarda comme une bonne fortune l'occasion qui se présentait de confier l'éducation de sa fille unique à une personne qu'elle estimait et qu'elle aimait. Mademoiselle De L... avait cinq ans lorsque sa gouvernante entra en fonctions.

Mademoiselle T... était considérée dans la maison, plutôt comme une amie que comme une personne salariée ; elle mit tout son art à plaire à madame De L... et ne tarda pas à jouir de toute sa confiance ; il s'établit un tel accord entre ces deux dames, qu'elles se partageaient l'éducation de la jeune fille et l'administration de la maison, et qu'il semblait réellement que mademoiselle De L... eût deux mères. Toutefois, mademoiselle T..., moins distraite par les plaisirs et les soins du monde, et passant chaque jour de plus longues heures avec son élève, acquit sur elle plus d'empire que sa propre mère ; et, l'habitude fortifiant les premières impressions, mademoiselle T... prit avec le temps, la première place dans son cœur ; la jeune fille aimait peut-être également sa gouvernante et sa mère ; mais elle était plus respectueuse avec madame De L... et plus ouverte avec mademoiselle T... : une pensée ne se formait pas dans son esprit, un sentiment ne germait pas dans son cœur, qu'elle n'en fît sur-le-champ confidence à sa bonne gouvernante. Madame De L..., heureuse d'une intimité qui n'avait d'autre but que le perfectionnement de sa fille, eut toujours le bon esprit de se contenter de la très grande place qu'elle occupait dans son cœur et ne témoigna jamais aucune jalousie à mademoiselle T...

— C'est ainsi et en puisant dans leur cœur le principe d'une tendre émulation, que ces deux nobles dames remplirent leur sainte mission, et dirigèrent tous les pas de mademoiselle De L... dans le premier âge de la vie. Réchauffant dans leur sein, du feu de leur amour, cette aimable et heureuse enfant, qu'elles aimaient également, elles la virent successivement grandir et se parer de grâces et de perfections, comme une rare et précieuse tige, sous les rayons bienfaisants du soleil, se couvre de fleurs brillantes et suaves; la nature l'avait faite belle; elle dut aux tendres soins de deux mères de devenir aimable et sage, et fut, à vingt ans, cette merveilleuse créature, l'amour et l'orgueil de ses parents et l'objet d'un respect et d'une adoration unanimes. Une jeune fille bien élevée, aimable, belle et sage! Les dieux, dans leur bonté infinie, ont permis ce miracle, pour nous réconcilier avec la vie et nous faire goûter, dans un amour terrestre, les prémices de l'amour divin et du bonheur des cieux.

— Mademoiselle T..., en se séparant de madame De B..., avait dû se rendre à Genève pour voir une parente retirée dans cette ville avec une nombreuse famille; elle ne quitta qu'avec regret la famille qui l'avait adoptée; mais elle crut ne pas devoir refuser de se rendre auprès d'une parente qui l'avait implorée de venir l'aider de ses conseils dans l'établissement de deux enfants et divers arrangements de famille. Elle comptait, au reste, ne faire qu'un très court séjour en Suisse, regardant comme une sorte d'exil tout le temps qu'elle passait loin d'une maison où se trouvait pour elle tout l'intérêt de la vie, et dans laquelle il était convenu qu'elle passerait le reste de ses jours. Mais à peine arrivée à Genève, elle tomba très sérieusement malade ; des symptômes alarmants se montrèrent ; il survint un commencement de paralysie ; les médecins prescrivirent avec d'autres moyens, un repos absolu et s'opposèrent à toute pensée de voyage et de déplacement. Mademoiselle T... dut se résigner, rester à Genève et laisser sa chère élève aller sans elle à Paris, chercher des secours que l'intensité croissante de ses *attaques nerveuses* rendait immédiatement nécessaires.

— Ce fut un vrai malheur pour madame De B... que l'absence de sa bonne gouvernante, dont la main prudente eût peut-être arrêté les malheurs qui allaient venir. Mais quand le sort jaloux nous menace, il semble qu'il ait reçu d'avance le funeste pouvoir de préparer ses embûches ; toujours il nous arrive quelque accident imprévu dont on n'aperçoit pas d'abord la portée, et nous nous lançons aveuglément et sans défiance sur le chemin où nous devons trouver notre perte. Mystérieuse conjuration de quelques puissances jalouses et malfaisantes, dont nous n'apercevons les trames perfides qu'après l'accomplissement d'une inévitable destinée.

— Le voyage de Paris causait de vives inquiétudes à mademoiselle T... ; elle avait un pressentiment des malheurs qui devaient arriver ; elle aurait voulu que ce voyage n'eût pas lieu ; mais comment l'empêcher ? L'état de madame De B... le rendait immédiatement, absolument nécessaire. Mademoiselle T... ne pouvait

raisonnablement s'y opposer; d'ailleurs, il était imminent et irrévocablement décidé. Sur son lit de douleur, mademoiselle T... retrouvait ses forces pour écrire deux fois par semaine à son élève chérie; et dans chaque lettre, il y avait un petit chapitre confidentiel à peu près conçu dans les termes suivants :
« Prenez garde, ma bonne amie ; soyez raisonnable,
» soyez prudente, défiez-vous de vous-même ; songez
» que vous ne vous appartenez plus; vous êtes mère
» et vous avez un nom sans tache à transmettre à votre
» fille; vous ne voudriez pas qu'elle pût rougir un
» jour en entendant prononcer le nom de sa mère.
» Ne perdez jamais de vue qu'un instant d'oubli pour-
» rait porter le trouble dans votre cœur et faire le
» tourment de votre vie; et si ces considérations
» mondaines ne suffisent pas, songez à Dieu, ma
» toute bonne ; priez-le, il vous donnera la force de
» résister à toute pensée coupable, il vous sauvera de
» vous-même et vous conserverez pure et sans tache
» la noble couronne d'épouse fidèle, de tendre mère,
» de chrétienne. »

— Pour concevoir les conseils et les alarmes de mademoiselle T..., il faut se reporter à quelques années en arrière, et revenir au temps du premier voyage de Paris: il faut dévoiler des confidences et des sentiments qui étaient toujours restés un profond et inaltérable secret entre la gouvernante et la jeune femme. Nous avons déjà dit que madame De B... n'avait jamais eu rien de caché pour mademoiselle

T... Elle lui confiait, sans hésitation ni délai, ses pensées, ses impressions les plus intimes, les mystères les plus délicats de son âme. Elle avait contracté l'habitude de penser tout haut avec elle ; un secret lui eût fait l'effet d'un remords, et on peut dire qu'avec sa bonne gouvernante, la parole et la pensée étaient pour ainsi dire une seule et même chose.

— Mademoiselle T... qui avait été du premier voyage de Paris, s'était promptement et facilement aperçue que le jeune docteur X. plaisait singulièrement à son élève, et avait l'heureux privilége de jeter du trouble dans son cœur ; et au moment où la jeune fille lui en fit l'aveu, son œil pénétrant avait déjà tout vu ; mais elle ne se douta pas du caractère sérieux des émotions qu'elle avait vues naître. Elle n'aperçut que la surface du mal et n'en sonda pas la profondeur ; elle crut à un sentiment d'admiration exalté par la reconnaissance, et ne s'imagina pas qu'il s'agissait d'une passion irrésistible et impérissable. Un auteur célèbre a dit que l'amour n'était qu'un épisode dans la vie des hommes, et formait l'histoire entière de la vie des femmes ; mais il y a des femmes chez lesquelles cette histoire a plusieurs chapitres ; il y en a chez lesquelles elle n'en a jamais qu'un seul ; madame De B... était de ces dernières ; elle ne devait aimer qu'une seule fois, un seul homme et pendant toute sa vie. La première fois qu'elle vit le docteur X. elle éprouva un sentiment indéfinissable qu'elle ne connaissait pas ; elle fut comme dominée par une puissance à laquelle la pensée de résister ne lui vint même pas ; elle se sentait irrésistiblement entraînée vers ce jeune homme, comme la moitié d'un tout, qui se retrouverait tout à coup en présence de l'autre moitié qui en aurait été séparée ; elle sentit glisser dans ses veines le doux poison de l'amour qui la pénétra tout entière et l'anéantit dans les douceurs infinies d'une délicieuse extase ; sans force, sans résistance, sans volonté, elle se trouva sous le charme d'un pouvoir entraînant et irrésistible ; les dieux avaient parlé, elle était vaincue, c'était le premier, le seul amour qu'elle dût connaître. Elle entra dans une vie nouvelle, dont elle avait jusqu'à ce jour ignoré les délices ; tout changea soudainement en elle ; la métamorphose fut aussi rapide que profonde ; tout ce qu'elle aimait ou croyait aimer auparavant, devint sans attrait pour elle, et elle concentra tout l'intérêt de sa vie sur l'objet qui lui avait fait connaître ces douces, ces divines émotions. Sa guérison qu'on attribua au magnétisme, ne fut probablement que l'effet de ce mouvement intérieur qui ébranla délicatement ses organes et calma l'agitation de ses nerfs, en concentrant tant de mouvements désordonnés qui se perdirent dans son cœur en oscillations délicieuses.

L'amour, insaisissable Protée, nous arrive sous les formes les plus variées et les plus insidieuses ; quelquefois, il s'insinue doucement, se glisse et se faufile, pour ainsi dire, et ne se montre qu'après mille détours, mille figures et mille métamorphoses ; chez mademoiselle De L…, il vint tout à coup et s'établit en maître dans son cœur, pour ne plus en sortir. Elle ne se faisait toutefois aucune illusion ; elle comprenait très bien qu'elle ne pouvait pas s'unir à l'homme qu'elle aimait ; ses parents étaient remplis de préjugés et d'orgueil, et n'eussent jamais consenti à une union qui leur eût paru une mésalliance ; sans doute, le jeune docteur, considéré en lui-même, pouvait aller de pair avec les plus dignes ; mais il était entièrement dénué de fortune, et sa famille était humble et pauvre. Mademoiselle De L… ne formait aucun projet sérieux ; elle aimait et se trouvait heureuse de son amour ; il lui eût été impossible de se défendre du sentiment qui la dominait ; les hommes les plus aimables et les plus brillants passaient devant elle inaperçus. Le temps, qui dissipe si aisément les préférences incertaines, les caprices du cœur, ne pouvait rien contre le véritable amour dont elle était pénétrée ; il semblait même que l'impossibilité d'arriver à aucun dénoûment ne fît qu'irriter sa passion, et que des obstacles insurmontables n'eussent d'autre effet que d'alimenter un feu que rien ne pourrait éteindre. Elle mettait son bonheur à caresser une chimère ; elle passait des heures entières dans de ravissantes rêveries, et faisait mille châteaux en Espagne ; tantôt ses parents déposaient leurs préjugés et leur fierté, et lui permettaient de suivre le penchant de son cœur ; tantôt elle faisait tomber du ciel une pluie d'or sur l'idole à laquelle elle rendait un culte secret, pour lui donner un éclat qui ferait disparaître toute résistance. Vaines chimères ! rêves trompeurs! elle ne tardait pas à se retrouver dans un cercle d'impossibilités et d'obstacles qu'elle ne pouvait songer à vaincre. Elle résolut, toutefois, d'être sage et raisonnable, de se conformer à la volonté de ses parents, de faire leur bonheur et de sacrifier le sien. Sans doute, elle eût pu se montrer rebelle, repousser toutes les orgueilleuses combinaisons de ses parents, déclarer qu'elle avait pris irrévocablement son parti et qu'elle ne s'unirait jamais qu'à l'homme qu'elle aimait, et dans les bras duquel elle devait trouver le bonheur, mille fois préférable au vain éclat de la grandeur et des richesses qui ne lui étaient pas nécessaires. Mais cette faible et tendre jeune fille ne se sentait pas assez de résolution pour braver les convenances et affliger des parents qu'elle avait l'habitude d'aimer et de respecter. Élevée dans l'innocence et la paix du foyer domestique, accoutumée à honorer les traditions sacrées de sa famille, elle n'avait pas le courage de livrer son nom à l'éclat, de devenir l'héroïne d'une aventure ; elle prit la résolution d'obéir et de sacrifier son bonheur à ses devoirs.

— Quand mademoiselle De L... ouvrit son cœur à sa chère et bonne gouvernante, celle-ci tourna la chose en plaisanterie et traita tout cela d'enfantillage ; elle crut qu'un sentiment si peu raisonnable céderait au temps et à la réflexion et ne serait bientôt plus qu'un souvenir, une impression de voyage. On quitta Paris pour retourner en Provence. Mademoiselle T... ne tarda pas à s'apercevoir qu'elle s'était trompée ; la passion de mademoiselle De L..., loin de s'évanouir, ne fit que s'irriter par l'absence, et devint plus ardente et plus exclusive ; elle parlait sans cesse de l'homme qu'elle aimait, elle le voyait partout. L'air lui apportait, de toutes parts, l'écho de son nom ; elle écrivait ce nom chéri sur toutes les pages de son album, elle en gravait les initiales sur tous les arbres du jardin ; elle fuyait toutes les distractions et s'enfermait de longues heures dans son cabinet, pour se livrer dans la solitude aux enivrantes chimères de son cœur.

— Mademoiselle T... ne comprenait rien à cette passion sans but. « Mais, enfin, que prétendez-vous
» donc faire, ma bonne amie, lui disait-elle ? que vou-
» lez-vous devenir ? Vous aimez un homme qui ne
» peut pas être à vous, que vous ne reverrez sans
» doute jamais, qui ne songe pas et ne peut pas son-
» ger à vous, qui n'a pas même le soupçon de votre
» ridicule passion, et qui se moquerait peut-être de
» vous s'il la savait ; en vérité, cela est sans exemple ;
» vous êtes arrivée à l'âge auquel vous devez songer à
» votre établissement dans le monde, vos parents veu-
» lent vous marier, des partis honorables et brillants
» se présentent. Voilà les pensées sérieuses qui de-
» vraient occuper votre esprit, au lieu de vous aban-
» donner à un amour de roman, qui, s'il était soup-
» çonné, vous rendrait la fable et la risée de tout le
» monde. » Mademoiselle De L... ne répondait rien, ne pouvait rien répondre à des conseils si raisonnables ;

elle se taisait, versa t quelques larmes et allait se renfermer dans son cabinet pour se trouver seule avec ses douces chimères, ses délicieuses rêveries.

— Il était tout simple que mademoiselle T... fût inquiète au moment d'un voyage qui allait remettre madame De B... en présence de l'objet de sa première passion ; elle avait une grande confiance dans son élève; elle croyait à sa vertu, à la puissance préservatrice des principes dont elle avait pris soin de pénétrer son cœur pendant le cours d'une longue éducation ; elle pensait qu'elle était incapable d'une faute, et ne craignait pas qu'elle pût compromettre, par un éclat, le bonheur de sa vie et ternir sa double couronne de mère et d'épouse ; mais elle craignait pour la paix de son cœur, elle redoutait pour sa tranquillité et son bonheur, l'effet dangereux d'une passion que le temps n'avait pu vaincre ; dans le combat que se livreraient le devoir et l'amour, la santé pouvait se perdre. Elle gémissait d'être retenue loin de la lutte, de ne pouvoir veiller, sentinelle prudente et dévouée, pour prévenir les faiblesses et les surprises.

— Aussitôt que M. et madame De B... furent arrivés à Paris, le docteur X., qui avait été prévenu du voyage, s'empressa de leur faire sa visite et de venir leur rendre ses devoirs. Quand madame De B... le revit, elle pâlit, ses jambes se dérobèrent sous elle ; elle n'eut que le temps de s'asseoir sur un divan, sa tête se troubla, elle se sentit faible, et on fut obligé de lui faire respirer des odeurs vives et des sels pénétrants.

Le docteur X. lui présentait d'une main empressée les flacons bienfaisants, sans se douter en aucune façon qu'il était la cause involontaire de ce trouble. On crut qu'une *attaque de nerfs* allait paraître; mais l'émotion de madame De B... ne dura que quelques instants; elle reprit ses sens, retrouva ses forces et fit tous ses efforts pour paraître calme. Le docteur X... s'informa de toutes les circonstances relatives à sa maladie, se fit rendre compte de ce qui se passait pendant les accès, et s'efforça de pénétrer la cause du mal. Après avoir tout entendu, il dit qu'il s'agissait, selon toutes les apparences, du retour de la première maladie, et rassura tout le monde en faisant espérer que le moyen qui avait eu tant de succès la première fois, ne serait sans doute pas moins efficace dans la récidive. Il recommanda à madame De B... de prendre d'abord quelque repos, de se livrer ensuite à l'exercice dans la mesure de ses forces, et de varier ses distractions et ses plaisirs. Il pria qu'on le fît appeler immédiatement au premier accès qui paraîtrait.

— Madame De B... ne tarda pas à avoir un premier accès; on courut chez le docteur; il vint, mais trop tard, l'accès était passé. Le lendemain un nouvel accès parut, le docteur était présent; madame De B... pâlit tout à coup, sa figure s'altéra, ses yeux se contournèrent; elle tomba sans connaissance, proférant des paroles extravagantes et confuses; elle était agitée de convulsions affreuses, se roulait sur le plancher, se tordait, se frappait contre les murs, s'arrachait les cheveux, et montrait une force que pouvaient à peine maîtriser plusieurs hommes robustes. Cette scène tumultueuse dura environ une demi-heure, puis madame De B... revint à elle, reprit ses sens, sa raison, l'empire sur tous ses mouvements ; le calme le plus profond succéda à l'orage. Madame de B... put se mettre à table et faire avec sa grâce accoutumée les honneurs de son salon. Il était évident que c'était bien un accès d'hystérie dont on avait eu sous les yeux l'orageux tableau.

—Un accès semblable à celui de la veille, se montra le lendemain ; un troisième vint le jour suivant ; même chose se renouvela ensuite chaque jour; les accès devinrent successivement plus longs et plus violents ; ils reparurent plusieurs fois le jour, et tels furent les progrès du mal, qu'après un mois de séjour à Paris, madame De B... avait jusqu'à trois ou quatre accès pendant le jour et autant pendant la nuit. Le délire prenait, quelquefois, à s'y tromper, la forme de l'aliénation mentale et persistait avec cet inquiétant caractère, une demi-heure, une heure même après la cessation des autres accidents.

—Le magnétisme et tous les soins prodigués par le docteur X. n'avaient aucun résultat favorable ; le mal semblait se jouer de tous les moyens qu'on cherchait à lui opposer, et paraissait toujours s'aggraver. Quand on vit les accès paraître la nuit comme le jour, on pria instamment le docteur X de venir occuper une pièce voisine de l'appartement de madame De B., afin que le secours fût toujours à portée du danger.

— On était quelquefois tout surpris d'entendre madame De B.. dire dans son délire, au milieu d'une suite d'extravagances et de folies : *si tu savais combien je t'aime ; non tu ne sauras jamais combien je t'aime ;* elle prononçait ces paroles très distinctement et d'une voix tendre et pénétrante; on n'y attachait aucune importance, mêlées comme elles étaient, à mille choses informes et ridicules ; ces paroles singulières ne revenaient pas dans chaque accès, mais on les entendait souvent, et on était saisi de surprise et de compassion toutes les fois qu'on voyait la malade, échevelée et furieuse, prendre tout à coup une pose suppliante ou inspirée, que ses yeux égarés et hagards se fixaient en se remplissant de tendresse, et qu'elle faisait entendre ces paroles qui semblaient trahir un mystère de cœur; elle portait en ce moment jusqu'au fond de toutes les âmes les accents les plus tendres et les plus touchants, mais tout cela, nous l'avons dit, paraissait un effet singulier du délire.

— Dans une maladie dont les formes étaient aussi effrayantes, on se fit un devoir de consulter les médecins les plus célèbres et les plus expérimentés ; plusieurs grands maîtres furent appelés, et se réunirent avec le docteur X. dans une consultation, dont le résultat fut la prescription d'un traitement actif, et conforme aux principes de la science. Quelle que fut la gravité apparente du mal, ces messieurs furent fort rassurants ; ils portèrent un pronostic favorable, et dirent que la maladie aurait un terme et une issue heureuse. On employa religieusement et pendant longtemps, les moyens qu'ils avaient recommandés ; les anti-spasmodiques, les calmants furent essayés sous toutes les formes. Mais tout cela fut, sans effet ; les accès revenaient toujours fréquents, toujours violents ; ils cessaient toujours spontanément, où peut-être sous l'action des passes magnétiques; le calme ne tardait pas à revenir, et, malgré de si terribles épreuves, la santé de madame De B.. ne paraissait pas gravement altérée; elle conservait à peu près son appétit et son embonpoint ; il semblait donc, comme cela est au reste assez ordinaire, que le mal, malgré sa fureur, respectait le principe de la vie matérielle; néanmoins le tumulte des accès, le caractère étrange du délire impressionnaient vivement les assistants et causaient autour de madame De B... une inquiétude universelle; le docteur X. seul était toujours tranquille, malgré l'apparente inutilité de ses tentatives et des soins de tout genre, et cherchait toujours à ramener le calme dans les esprits. Il comptait, lui, sur le magnétisme ; il avait triomphé de la première maladie par sa persévérance; il croyait qu'il en serait de même dans cette récidive ; il magnétisait madame De B.. pendant les accès et dans l'intervalle des accès; il s'épuisait en efforts ; faisait mille fois les *passes* et *contre-passes* accoutumées, dirigeait le courant de sa volonté avec toute l'énergie qu'il pouvait trouver en lui, et semblait être un exorciste qui avait mission et pouvoir de chasser les démons.

— Un jour, au milieu d'un accès, sous l'influence des passes, et sous l'action énergique et impérieuse de la volonté du docteur, le désordre cesse; madame De B... éprouve un très léger mouvement convulsif général, puis, tombe tout d'un coup, comme une masse inerte, et reste dans le calme le plus parfait; on crut que l'accès, plus court qu'à l'ordinaire, venait de finir. Après quelques instants de repos et de silence, madame De B... dit au docteur : « *Vous m'avez endormie* »; que dites-vous? madame, répondit le docteur : « *vous m'avez endormie,
» vous dis-je*, je suis dans un état tout nouveau
» que je ne connaissais pas, j'éprouve un véritable
» bien-être, un calme délicieux, mes convulsions sont
» passées et ne reviendront pas aujourd'hui. Je res-
» terai dans cet état un heure et un quart; vous m'é-
» veillerez alors, et je serai à mon réveil, dans un état
» de santé parfaite, sans convulsions, sans troubles
» nerveux d'aucune sorte. » « Que faudra-t-il faire
» pour vous éveiller, madame? » demanda le docteur. « Je vous le dirai, mais il suffira que votre vo-
» lonté concorde avec la mienne; vous m'agiterez
» simplement le bras, en disant: éveillez-vous! Du
» reste, je vous avertirai quand le moment sera venu,
» je ne manquerai pas de le faire, aussitôt que les
» cinq quarts d'heure seront écoulés, et je ne me
» tromperai pas d'une minute; car, chose singu-
» lière ! je sens couler le temps, et je puis le mesurer

» avec une précision chronométrique. » Le docteur attendit, en causant avec madame De B..., qui soutenait la conversation à peu près comme elle eût pu le faire dans la vie normale. L'expression de sa physionomie était pleine de douceur et de calme ; et bien qu'elle eût les yeux complétement fermés, on apercevait dans tous ses traits un reflet d'intelligence qu'on ne trouve point dans le sommeil naturel. Aux approches du moment convenu, le docteur suivait des yeux avec une défiante curiosité, les aiguilles de la pendule. Madame De B... ne laissa pas une minute s'ajouter aux cinq quarts d'heure qu'elle avait assignés à son sommeil somnambulique, et ne manqua pas, dès qu'ils furent écoulés de dire au docteur : « Éveillez-moi, mon« sieur, il est temps. » Une légère secousse du bras suffit alors pour faire immédiatement rentrer madame de B... dans la vie normale. Elle s'éveilla en se frottant un peu les yeux, et crut qu'elle sortait du sommeil ordinaire. Elle témoigna de la surprise, aussitôt qu'elle vit l'heure à la pendule, et dit qu'elle avait contre son habitude, fait pendant le jour, un fort long somme.

Madame De B... ne conserva pas un souvenir, pas une idée, pas l'ombre d'un soupçon de ce qui venait de se passer, de ce qu'elle venait de dire et d'entendre pendant ce premier accès de sommeil somnambulique. Ses actions et ses paroles ne permettaient pas, à cet égard, l'apparence d'un doute.

Le docteur X. observa cette première manifestation

somnambulique, avec un vif mouvement de curiosité. Il prévit et prédit que madame De B.. allait devenir et rester somnambule pendant un temps qu'il n'était pas possible de déterminer. Il attendit avec impatience un nouvel accès.

Il n'en vint pas jusqu'au lendemain. Rien ne troubla la santé de madame De B... pendant vingt-quatre heures ; et on s'applaudissait de ce long intervalle de calme qui n'était pas habituel, lorsque parurent tout à coup, le lendemain, les indices précurseurs d'une attaque hystérique. Le docteur X., qui ne quittait pour ainsi dire plus la malade, n'eut pas plutôt aperçu les menaces du trouble et du désordre, qu'il s'empressa de recourir à la magnétisation. Il mit aux ordres de sa volonté toute l'énergie qu'il put trouver en lui-même, et parvint à transformer l'attaque hystérique en somnambulisme. Cette métamorphose favorable fut longue et laborieuse; mais tout ce qu'on avait vu dans le premier accès de somnambulisme, se renouvella dans le second. Madame De B... éprouva un léger tremblement convulsif du tronc et des membres, puis tomba tout à coup dans le calme et l'immobilité. Elle resta une heure dans l'état somnambulique, causa comme la veille, s'éveilla de même et rentra dans la vie normale, sans se souvenir de rien.

Tout se passa de la même manière le troisième jour. Une attaque d'hystérie qui menaçait d'éclater fut entravée et en quelque sorte coupée par la magnétisation et se transforma, comme les deux précédentes, en accès de somnambulisme.

Il n'en fut point autrement les jours suivants ; la même transformation du mal devint, chaque jour, chose habituelle et prévue. Il faut dire, toutefois, qu'on ne vit plus un intervalle régulier de vingt-quatre heures séparer les accès subséquents, qui furent beaucoup plus rapprochés que les trois premiers et qu'on vit même bientôt se montrer plusieurs fois dans un même jour ou une même nuit.

Le docteur X. se trouvait donc comme armé d'un pouvoir magique, à l'aide duquel il commandait, en quelque sorte, au tumulte et au désordre et changeait chaque attaque hystérique en un accès d'un *somnambulisme* doux et paisible ; sous l'influence de cette puissance mystérieuse et favorable, le mal perdit de sa force et sembla s'épuiser ; les *attaques* devinrent plus rares, moins violentes et finirent par se réduire à quelques troubles nerveux qui se métamorphosaient toujours facilement en *somnambulisme*.

— Le docteur étudiait avec une ardente curiosité toutes les phases de cette heureuse et singulière transformation et la forme de cette vie nouvelle.

— Dans la vie somnambulique, madame De B… était calme, causait tranquillement et soutenait la conversation et la discussion sur toutes sortes de sujets avec la plus parfaite aisance ; elle racontait, riait, plaisantait ; et si l'on n'eût remarqué qu'elle avait les yeux toujours et involontairement fermés, on eût pu croire qu'elle n'était pas sortie de la vie normale ; son caractère s'était un peu modifié ; elle était plus impressionnable encore, susceptible même et supportait difficilement une contradiction, même une simple observation ; on le remarquait d'autant plus, qu'elle avait, dans la vie ordinaire, la douceur d'un ange ; elle disait elle-même qu'une simple contrariété pouvait lui faire un grand mal ; que cela lui était insupportable.

Elle avait conscience de tout ce qui l'entourait ; sans jamais ouvrir les yeux, distinguait fort bien tous les objets, les plus exigus même, et les désignait sans se tromper, qu'il fît clair ou sombre, jour ou nuit, que les lampes fussent éteintes ou allumées.

Madame De B... avait, dans le somnambulisme, des caprices, des envies presque irrésistibles ; quelquefois elle voulait faire de la musique ; elle se rendait au piano, jouait, de mémoire, quelques morceaux qu'elle aimait ; son jeu était régulier, juste, mais pourtant moins ferme et moins brillant que dans la vie ordinaire.

Dans d'autres moments, il lui prenait fantaisie de s'habiller, de faire une grande toilette, comme pour un jour de bal ; on la voyait alors chercher ses vêtements, ses atours, ses bijoux ; elle ouvrait les tiroirs, allait, sans la plus légère hésitation, prendre chaque objet dans l'endroit où il était placé sans jamais se tromper. Il ne faut pas perdre de vue qu'elle faisait tout cela les yeux fermés, sans qu'il y eût, quand c'était la nuit, une seule lumière; on pouvait, au reste, sans la déranger en aucune façon, lui couvrir les yeux avec un bandeau noir, comme le fit plusieurs fois le docteur X. Il faut observer de plus que dans la vie ordinaire il lui eût été fort difficile de trouver seule et sans de longues recherches ses divers objets de toilette, qui étaient dans les attributions de sa femme de chambre; elle eût été fort embarrassée pour se coiffer et s'habiller seule, accoutumée comme elle l'était à emprunter pour tous ces soins les secours d'une main étrangère. Une fois sa toilette terminée, elle passait au salon et dansait quelques contredanses avec le docteur X., qui s'en tirait quelquefois assez mal dans l'obscurité. Ensuite elle se déshabillait, replaçait minutieusement chaque chose dans l'endroit où elle l'avait trouvée; alors le docteur l'éveillait. Quand c'était le jour, elle s'étonnait souvent d'avoir dormi si longtemps, disait qu'elle n'avait jamais contracté l'habitude de dormir le jour; elle se rappelait toujours fort bien les commencements de l'*attaque nerveuse*, et toutes les circonstances qui marquaient le passage de la vie normale à la vie somnambulique, mais elle croyait s'être endormie naturellement. Comme tous les somnambules, elle n'avait jamais aucun souvenir de ce qu'elle avait fait, dit, entendu, pensé pendant la vie somnambulique; au moment de son réveil, elle demandait quelquefois au docteur X., qui venait de passer plusieurs heures avec elle, qui avait causé, plaisanté, dansé avec elle, s'il y avait longtemps qu'il était là; le docteur lui répondait assez ordinairement que depuis le moment où elle s'était endormie il était sorti deux ou trois fois et qu'il venait d'arriver.

On se tromperait étrangement si l'on supposait qu'il n'y avait pas une sincérité parfaite chez madame De B... et qu'elle jouait la comédie ; cette pensée vient les premières fois que ces étonnantes choses se passent sous vos yeux ; mais on est bien vite convaincu qu'il n'y a aucune déception, aucun artifice, rien de simulé ; la vérité et le naturel ont des accents qui ne trompent pas. On pouvait soumettre madame De B... à toutes les épreuves, à toutes les surprises imaginables pour la mettre dans le cas de se trahir elle-même, elle ne tombait jamais dans aucun piége ; elle ne se doutait seulement pas de la nature des soupçons qu'on voulait éclaircir; d'ailleurs cette noble et candide femme était tout à fait incapable d'imaginer un stratagème, de jouer un rôle, de simuler des surprises. Il était de la dernière évidence que tout ce qui se passait dans le somnambulisme, que tout ce qu'elle disait et faisait, que tout cela était pour elle, une fois revenue à la vie normale, dans le plus profond oubli, dans le néant ; toutes ces choses étaient comme si elles n'eussent pas été ; elle n'avait pas même le moindre soupçon qu'elle fût somnambule.

Quand elle trouvait par hasard à son réveil quelqu'objet qu'on avait déplacé pendant le *somnambulisme* et qu'on avait oublié de remettre à la place où on l'avait pris, madame De B... témoignait le plus grand étonnement ; elle ne concevait rien à ce déplacement, à cette position insolite d'un objet de toilette par exemple, auquel personne ne touchait jamais excepté elle, qui était toujours renfermé, quelquefois sous clef, dans une boîte, un meuble. Elle se perdait en conjectures, interrogeait dix fois sa femme de chambre pour savoir si elle avait pris telle ou telle chose, si quelqu'un était entré dans sa chambre à coucher.

Madame De B... éprouvait souvent, comme beaucoup de somnambules, le besoin de se livrer à des exercices excentriques ; elle faisait alors de véritables tours de force ; on la voyait grimper sur les meubles, les tables, les fauteuils, les cheminées, raser sans rien déranger, les pendules, candélabres et autres objets plus ou moins précieux ; elle circulait au milieu d'un labyrinthe embarrassant de chaises et de meubles divers avec une aisance et une dextérité surprenantes ; elle marchait sur la rampe étroite d'un lit, d'un canapé, d'un fauteuil qu'on prenait la précaution de rendre fixe et immobile. Madame De B... faisait le plus souvent tout cela la nuit sans lumière ; elle imaginait des poses difficiles, prenait des attitudes incroyables et se livrait à toutes sortes d'évolutions qui lui eussent été complétement impossibles dans la vie normale, dont la pensée seule l'eût épouvantée. Elle disait que tous ces tours de force lui faisaient du bien, lui étaient même nécessaires ; elle cédait, en s'y livrant, à une impulsion presque irrésistible. Il est inutile de répéter qu'à son réveil elle ne se doutait en aucune façon du spectacle qu'elle venait de donner, et on se gardait bien de lui rien dire de ces étranges prouesses.

Telles étaient les facultés les plus remarquables que l'état somnambulique développait chez madame De B... Elle avait, comme la plupart des somnambules, l'étonnante prérogative qui permet de saisir la pensée et de voir à travers les corps opaques; mais la *lucidité* n'était pas fortement prononcée chez elle. Elle semblait avoir plutôt le sentiment confus que la nette et distincte perception des choses; on eût dit toutefois, quand elle cherchait la nuit de menus objets de toilette cachés dans une commode, qu'elle avait des yeux au bout des doigts. Elle pouvait, enfermée dans sa chambre à coucher, dire quelles personnes venaient d'entrer dans son salon; elle nommait même souvent celles qui, ne faisant que d'arriver, sonnaient à la porte extérieure. Nous avons dit plus haut que la mesure exacte du temps était une des singularités de sa clairvoyance. Quant à cette incompréhensible dualité de l'existence et à ce partage inégal de la mémoire qui conserve dans la vie somnambulique tous les événements de la vie normale et qui perd entièrement dans la vie normale tous ceux de la vie somnambulique, madame De B... nous offrait l'exemple le plus remarquable de ce prodige et nous causait sous ce rapport les mêmes surprises que tous les autres somnambules; elle vivait comme dans deux mondes séparés et résumait en quelque sorte en une seule et même personne deux personnes distinctes, dont l'une connaît l'autre et n'en est pas connue. Le somnambulisme en outre modifiait le caractère de madame De B... et, en exagérant son impressionnabilité naturelle, la rendait susceptible et même irritable ; on était étonné de trouver pendant la vie somnambulique chez cette femme ordinairement si modeste et si réservée, un excès d'amour-propre et de présomption. Il ne fallait pas la contrarier, la contredire même. On la voyait quelquefois prendre l'air et la pose d'une inspirée, et donner à toutes ses paroles un tour mystique et solennel ; elle touchait, disait-elle, aux limites du monde matériel et craignait de percer le faible voile qui lui dérobait encore les redoutables mystères de l'avenir ; mais elle s'arrêtait à ces premières illusions de l'extase, sans oser porter plus loin ses pas téméraires dans ces régions surnaturelles qui épouvantaient son imagination. Il ne fallait pas alors la presser par des questions indiscrètes ou paraître douter de ses facultés et de ses prétentions ; elle repoussait les obsessions de la curiosité comme des tentations dangereuses ; il lui semblait qu'on la poussait au crime et au sacrilège quand on la pressait de dévoiler, avant le temps, les secrets de l'ordre surnaturel et d'ouvrir audacieusement les livres du destin que Dieu ferme aux humains ; mais elle s'offensait surtout et témoignait de l'impatience et de l'humeur si on lui disait qu'elle était dupe de ses visions, qu'elle ne voyait pas ce qu'elle croyait voir et qu'elle n'avait pas les facultés surnaturelles dont elle se vantait. Toutes les fois qu'on la contrarait sur ce point, elle montrait à son réveil de l'agitation, du malaise, de la fatigue et même des spasmes et des convulsions. Un jour qu'elle s'était mise dans une véritable colère, elle rentra dans la vie normale avec du délire; le docteur X fut forcé pour le faire cesser de la magnétiser de nouveau et de la remettre pendant deux heures dans l'état somnambulique.

Un jour, une attaque hystérique menace d'éclater, quelques heures après le dîner; madame De B... change subitement de couleur, elle pâlit, ses traits s'altèrent, ses yeux s'égarent; elle marche rapidement vers sa chambre à coucher; le docteur X... était présent; il la suit et s'empresse de recourir au magnétisme pour mettre fin au trouble nerveux qui vient de paraître. Madame De B... tombe comme à l'ordinaire en *somnambulisme*, après le petit mouvement convulsif général qui était habituel; elle reste tranquille et calme; le docteur était seul près d'elle; après quelques instants de silence, elle presse la main du docteur et lui dit d'une voix basse, entrecoupée : « Je suis malheureuse, j'étouffe, je n'y tiens plus ; de » grâce, monsieur, ayez pitié de moi, ne me méprisez » pas, pardonnez à une malheureuse femme, je... je... » je... vous... aime! » A ces paroles inattendues, le docteur reste interdit, confondu, craint d'avoir mal entendu; il ne sait que répondre, balbutie quelques mots; il hésite à croire qu'une telle déclaration, se

produisant dans de telles circonstances, soit chose sérieuse ; il craint que ce ne soit un effet du délire. Madame De B. reprend la parole : « Sans doute, mon-
» sieur, vous me jugez mal, vous me jetez, peut-
» être, vos dédains et vos mépris ; vous me prenez
» pour une malheureuse insensée. Non, ce n'est ni
» la fièvre ni le délire qui m'agitent ; je vous aime
» avec transport ; mon cœur est pénétré d'amour et
» n'a pas un battement qui ne soit pour vous ; j'é-
» prouve, en vous voyant, un bonheur inexprimable ;
» un délicieux mouvement de l'âme m'agite quand
» vous arrivez ; quand vous êtes absent, je vous vois,
» mon cœur me retrace votre image ; je suis devant
» vous anéantie, plongée dans un océan de délices ; le
» ciel l'a voulu, vous m'avez fascinée, dominée, vous
» vous êtes emparé de toute mon âme ; je vis en vous,
» mon âme se confond avec la vôtre ; il me semble
» que je suis à vous, vous me pressez sur votre
» cœur ; vous sentez le feu de mon amour ; je me
» perds, je m'anéantis en vous. Hélas ! je vous avais
» bien longtemps caché mon secret ; je n'ai pas eu la
» force, dans l'état singulier d'existence où je me
» trouve, de le garder plus longtemps ; il m'est échappé.
» Ne croyez pas qu'il s'agisse d'un caprice passager,
» de la fantaisie d'une femme en songe ; non, mon-
» sieur, je vous ai aimé le jour où je vous ai vu pour
» la première fois ; je ne sais ce qui se passa en moi,
» je ne sais si je fus brûlée par le feu de vos regards,
» j'ignore quel est le charme puissant qui a agi ; mais,

» en vous voyant, j'ai été invinciblement entraînée
» vers vous; j'ai éprouvé comme une ravissante con-
» trainte, j'ai senti pénétrer dans mes veines un doux
» feu, qui a glissé jusque dans mon cœur et qui m'a
» animée d'une vie nouvelle que je ne connaissais pas;
» je perdis mes forces, mes jambes se dérobèrent sous
» moi; il me semblait que je ne pouvais suffire à tant
» de bonheur, que la vie allait s'anéantir, que j'allais
» mourir; je n'ai pas raisonné, je n'ai pas résisté; la
» pensée même de ce que je faisais, de ce que je de-
» vais faire, ne me vint pas; je me laissai aller à ce
» torrent d'amour et de tendresse qui m'entraînait;
» je crus encore que je venais de naître à la vie, ou
» que j'étais entrée dans le ciel. Tout changea subite-
» ment en moi et hors de moi; vous étiez le but de
» toutes mes pensées, et il n'y avait aucun intérêt
» pour moi dans ce qui n'était pas vous. Je n'aimai
» plus rien de ce que j'aimais; j'avais pitié des tristes
» joies du monde; je ne trouvais que le néant dans les
» lieux où vous n'étiez pas; vous étiez pour moi le
» monde tout entier; je vous cherchais, je vous voyais
» partout; les douces affections de la famille, les sain-
» tes caresses de ma mère, me trouvaient froide et
» indifférente; rien ne pouvait plus toucher un cœur
» où vous étiez entré. Quand je dus quitter Paris pour
» retourner en Provence, m'éloigner de vous, ne
» plus vous voir, ne plus vous parler, ne plus vous
» entendre, une sombre tristesse, un immense ennui
» s'emparèrent de moi; partout où j'allais, il me sem-

» blait que j'entrais dans le vide; je ne voyais rien,
» je n'entendais pas, et je cherchais, en songeant à
» vous, à retrouver mes forces qui s'en allaient; je vous
» appelais, je prononçais votre nom, ma voix rani-
» mait ma vie. Arrivée en Provence, je me trouvai
» comme en exil dans ces lieux que j'avais tant aimés
» et qui me rappelaient les jeux et les mille scènes
» de mon enfance; c'était une solitude dans laquelle
» vous n'aviez pas été, où vous n'aviez pas laissé de
» souvenirs, où je ne trouvais pas la trace de vos pas;
» je cherchais à peupler ce désert, et je mettais, par
» la pensée, votre image à la place de tant d'objets
» qui avaient si longtemps charmé mes jours. Je re-
» tournais sur mes pas, je me retrouvais près de vous,
» je vous voyais, vous me parliez, je ne vous quittais
» plus. Le jour, je n'avais pas une pensée dont vous ne
» fussiez l'objet; la nuit, je vous retrouvais dans mes
» songes; je vivais de souvenirs et d'amour. Je formais
» mille projets chimériques; je voulais briser les odieu-
» ses barrières qui me séparaient de vous. Je maudissais
» l'orgueil de mes parents, qui ne me permettait pas
» de caresser la douce pensée d'être un jour à vous.
» Hélas! ils ne rêvaient qu'or et grandeurs. Ah!
» comme je haïssais leurs odieux projets d'alliance;
» je me trouvais malheureuse de n'être pas née dans
» une condition plus humble, qui me permît de suivre
» le mouvement de mon cœur. Mes parents voulaient
» me marier; ils prononçaient des noms; j'avais de
» l'horreur pour le mariage, ces noms me faisaient

» frissonner. Quelquefois je m'armais de résolution et
» de courage; j'avais des pensées de révolte; je vou-
» lais m'ouvrir à mes parents, déclarer ma résolution
» irrévocable; mais je sentais qu'un mur d'airain me
» séparait de vous, que tout serait inutile. J'aimais
» tendrement mes parents; j'étais pénétrée de recon-
» naissance pour eux; j'étais accoutumée à les vénérer
» et à leur obéir; je ne pouvais condamner leurs pro-
» jets; je savais qu'ils n'avaient d'autre but que mon
» bonheur. Le devoir, la religion, l'éducation, mille
» résistances plus fortes qu'une pauvre jeune fille, tout
» cela m'arrêtait, domptait mes pensées de révolte et
» faisait expirer sur mes lèvres les paroles que j'avais
» préparées. Affreux préjugés! infâme orgueil! am-
» bition maudite! jusqu'à quand ferez-vous le mal-
» heur des pauvres femmes? Viendra-t-il un temps,
» un âge béni, où elles pourront obéir à la voix de
» Dieu, qui se révèle dans leur cœur, s'unir à l'homme
» qu'elles aiment, et jurer, en devenant épouses, une
» fidélité dont l'amour sera le gage et le bonheur la fin?
» Je dus me résigner, je dus me marier, me marier
» avec un homme qui n'était pas vous! Mon mari se
» présenta, m'offrit sa main; je n'avais pour lui ni
» éloignement ni préférence; j'obéis en l'épousant à
» mes parents; je cédai à leurs désirs, à leurs solli-
» citations cruelles; je n'ai pas trouvé, je ne pouvais
» pas trouver le bonheur dans le mariage; le bonheur
» n'était pas possible pour moi. J'ai rempli fidèlement
» mes devoirs d'épouse; je remplirai ceux de mère;

» j'ai juré fidélité à mon mari, je l'ai juré devant
» Dieu, je ne serai pas infidèle et parjure. J'ai fait
» des efforts pour vous oublier, vous chasser de ma
» pensée, de mon cœur, pour ne plus vous aimer;
» vaines tentatives ! vous reveniez toujours plus aimé,
» plus adoré que jamais. Le feu qui me brûle ne s'é-
» teindra pas; il brûlera toute ma vie, pareil au feu
» des Vestales, mais saint et sacré comme lui. Car ne
» croyez pas, monsieur, que je vienne essayer près de
» vous des séductions indignes, que je nourrisse en
» secret quelque pensée coupable ; non, je suis épouse
» et mère, je ne l'oublie pas, je ne l'oublierai jamais.
» Je n'ai pu maîtriser, contenir aujourd'hui, le senti-
» ment qui me pénètre; il a débordé malgré moi;
» mon secret m'est échappé; je n'ai pu résister au
» besoin d'être heureuse, au moins un instant. Hélas !
» Dieu me le pardonnera, je n'aurai connu le bonheur
» qu'en songe. »

En écoutant cette déclaration passionnée, le docteur était interdit, stupéfait; il écoutait chaque phrase, chaque mot, avec une ardente et timide curiosité; l'aveu d'un amour si tendre, dont l avait été si longtemps l'objet, sans le savoir, lui causait un voluptueux saisissement; il ne put se défendre d'un premier mouvement d'orgueil; il était heureux et fier d'avoir inspiré une passion aussi sérieuse, aussi durable, à cette adorable femme qui venait de lui dévoiler si longuement l'état de son cœur. Mais l'étrangeté de la scène, l'état extraordinaire dans lequel se trouvait sa belle victime lui causèrent une surprise et une incertitude qui bouleversaient son esprit ; il ne pouvait parler ; il se taisait, il était muet.

Il ne s'attendait certes pas à cet éclatant triomphe. Il osait à peine croire à ce qu'il venait d'entendre. Mais madame De B... jouissait-elle bien de toutes ses facultés ? Avait-elle toute sa raison ? N'était-ce pas un nouveau mystère du somnambulisme qui se produisait sous ses yeux ? Une sorte de rêve dans un songe ? Madame De B... venait de s'exprimer avec tout l'entraînement, tout le feu, toute la tendresse, toute la passion qu'elle eût pu montrer dans la vie ordinaire ; pourtant elle était *endormie;* elle avait les yeux involontairement fermés; quand elle s'éveillerait, tout serait oublié; il ne lui resterait aucun souvenir, aucune idée de tout ce qu'elle venait de lui dire. Il hésitait, ne savait que dire, que répondre, quel parti prendre. Le docteur X avait toujours eu pour madame De B... une haute admiration, un profond respect, une vive affection; mais il n'était jamais allé plus loin, il n'avait pour ainsi dire jamais osé l'aimer. Le mouvement d'incertitude, d'honneur et de sincérité qui l'arrêtait, qui faisait mourir sa réponse sur ses lèvres, produisit tout à coup une émotion extraordinaire chez madame De B...; elle crut qu'elle n'était pas aimée; elle avait dans le *somnambulisme* une susceptibilité ombrageuse, une incroyable mobilité de nerfs; l'orgueil blessé, l'humiliation, le dépit, la douleur amenèrent un orage qui éclata en pleurs, sanglots, cris plaintifs et déchirants, convulsions; de temps en temps elle se calmait, disait que sa destinée était accomplie, qu'elle allait s'éveiller, devenir et rester folle; le docteur était dans un état d'anxiété inexprimable; il faisait mille tentatives pour la calmer, voulait parler; l'orage lui tourna la tête; il crut devoir faire violence à sa sincérité, et lui dit enfin dans un moment de calme :

« Qu'avez-vous donc, madame, qui vous tour-
» mente ainsi ? Pourquoi troubler, par le bruit et les
» pleurs, ce moment de joie divine, d'ineffable féli-
» cité ? Je n'avais jamais osé espérer tant de bonheur;
» n'avez-vous donc jamais rien vu, rien soupçonné ?
» Le respect et l'amour se sont livré bien des com-
» bats dans mon cœur ; j'ai dû vous aimer sans jamais
» oser vous le dire. Je bénis le ciel qui vous a inspiré
» de la pitié pour moi, et qui a fait naître en vous la
» pensée d'abaisser les barrières que le respect et la
» crainte m'empêchaient de franchir; vous m'avez
» délivré, madame; vous avez dissipé des doutes et
» une incertitude qui me déchiraient le cœur. Je
» vous rends grâce de m'avoir témoigné quelque re-
» connaissance et de m'avoir appris que vous parta-
» giez des sentiments que je n'osais pas, que je ne
» devais pas vous exprimer. » Madame De B... était trop heureuse d'entendre de telles paroles pour ne pas les croire sincères; elle reprit avec calme. « Je
» suis toute tremblante, je suis coupable, pardonnez-
» moi, monsieur ; je n'ai pu supporter plus longtemps

» la contrainte de l'amour secret qui me transporte ;
» j'étouffais, la tête me tournait, je sentais que j'allais
» devenir insensée. La parole si longtemps compri-
» mée dans mon sein m'est échappée. Mais ne croyez
» pas que mon amour soit né dans le *somnambu-*
» *lisme*, et vienne de l'action magnétique que vous
» avez exercée sur moi ; qu'il soit l'effet d'un délire,
» de quelque excitation passagère du cerveau et pas-
» sager comme elle : non, monsieur, je me suis ou-
» verte et montrée tout entière, je vous ai parlé avec
» une complète sincérité ; si je suis coupable, il y a
» longtemps que vous avez fait naître en moi la pen-
» sée du crime. Tenez, prenez une clef renfermée
» dans ma boîte à ouvrage ; ouvrez, dans ce meuble,
» le premier tiroir à droite ; vous trouverez un al-
» bum ; prenez-le et apportez-le moi. » Le docteur
fit tout ce qu'on venait de lui commander ; quels ne
furent pas sa surprise et son bonheur, lorsqu'il vit les
initiales de son nom sur toutes les pages de cet album,
le nom entier sur plusieurs ; son portrait dessiné de
mémoire dans un nombre infini d'attitudes, en buste,
en pied, de face, de profil ; lorsqu'il vit toutes les
lignes passionnées et tendres qu'il avait inspirées. Sur
une page, ouverte au hasard, un long morceau commençait ainsi : « Oh ! mon bien-aimé, pourquoi
» suis-je condamnée à vivre, ou plutôt à mourir loin
» de toi ? Que ne puis-je voler comme la pensée ! Je
» traverserais les airs mille fois par jour : j'irais vol-
» tiger autour de ton noble front, je le couvrirais de

» mes caresses ; j'irais admirer ton beau visage ; ton
» divin sourire me rendrait heureuse : le doux feu
» de tes regards plongerait dans mon cœur ; je péné-
» trerais dans ton sein ; j'y surprendrais le secret de
» ton amour ; j'apprendrais que tu m'aimes ; je te
» donnerais mon amour en échange du tien ; je me
» confondrais, je me perdrais en toi. Serai-je un jour
» à toi, mon bien-aimé ? Affreuses barrières qui me
» séparez de lui, tombez à la voix de Dieu qui protége
» et bénit l'amour, le saint amour ; richesses, biens,
» gloire et couronnes, qu'êtes-vous à côté d'une pa-
» role, d'un regard, d'un sourire de celui que
» j'aime, etc., etc., etc. »

« Vous le voyez, monsieur, voilà les distractions et
» les pensées qui charmaient mes loisirs et ma solitude
» quand je revins de Paris, où je vous avais vu et aimé.
» Mais il est temps de mettre un terme à tant de bon-
» heur ; je sens que le plaisir peut tuer comme la
» douleur ; je ne pourrais pas supporter aujourd'hui,
» plus longtemps, ce premier ravissement de ma vie ;
» éveillez-moi ; je serai, en revenant à la vie ordi-
» naire, agitée comme si j'avais fait un long rêve ;
» mais ne vous en préoccupez pas, je sens que cela
» ne durera pas longtemps. »

Le docteur serra la main de madame De B..., agita légèrement son bras comme à l'ordinaire, en lui disant : « Éveillez-vous, madame ; » madame De B... s'éveilla, parut inquiète et agitée, mais elle ne tarda pas à reprendre le calme et toutes les apparences extérieures qui lui étaient habituelles; elle demanda l'heure; parut étonnée d'avoir dormi si longtemps : « Je me suis sentie bien mal tantôt, après le dîner, » dit-elle; mais le sommeil m'a fait du bien; où avez-» vous passé votre temps, docteur ? » Le docteur répondit qu'il était allé voir un malade, et qu'il était de retour depuis seulement un quart d'heure. Toute la scène que nous venons de décrire et d'abréger avait duré trois heures; madame De B... était calme, naturelle, et était, certes, à cent lieues de croire qu'elle venait d'ouvrir et de montrer son cœur tout entier à l'homme qu'elle aimait; elle ne se doutait pas que son secret n'en était plus un pour lui; elle ne pouvait s'étonner qu'il lui parlât, comme il avait l'habitude de le faire, avec une réserve polie, avec convenance et respect.

Le docteur X ne pouvait manquer d'éprouver une agitation et un trouble extraordinaires; il avait vu et entendu, et pourtant il en croyait à peine ses yeux et ses oreilles; il était complétement, surabondamment convaincu que madame De B... n'avait aucune idée, aucun soupçon de tout ce qu'elle lui avait dit, de la scène extraordinaire qui venait de se passer; cependant il se surprenait doutant et se demandait s'il n'était pas dupe de quelque illusion, s'il n'y avait pas là quelque déception, quelque artifice; mais non, le doute n'était pas possible pour lui, il connaissait tous les mystères du somnambulisme, il était persuadé de la parfaites in-cérité, de la candeur de madame De B..., eût-elle entrepris de jouer un rôle, elle n'aurait jamais pu le faire avec tant de naturel, avec l'accent d'une vérité si saisissante, si pénétrante. Le docteur était engagé dans une aventure singulière qui ne pouvait manquer d'avoir des suites; sa curiosité était au comble. Le rôle que le hasard venait de lui donner, avait un côté charmant, sans aucun doute; mais, comme il n'était pas réellement amoureux de madame De B..., comme il avait même une autre préoccupation dans le cœur et qu'il avait déjà perdu depuis longtemps, dans le commerce des femmes galantes d'une ville licencieuse, la première vivacité des sens, il se faisait intérieurement des reproches; il avait même des remords; il lui semblait qu'il profanait le noble caractère que lui imposait sa profession, qu'il se rendait coupable d'une action indigne, d'une lâcheté, en trompant la confiance d'un mari, d'un homme qui s'était fait son ami; il avait besoin de se rendre témoignage à lui-même, il se disait qu'il n'avait pas séduit, entraîné madame De B...; il avait été, au contraire, entraîné lui-même, surpris, pris au dépourvu; l'amour l'avait enlacé, saisi dans un piége, contre lequel il ne pouvait être en garde; il n'était pas un vil suborneur, un ami lâche et perfide; l'anxiété, la surprise, la curiosité, le plaisir se mêlaient dans son cœur; il attendit avec une indicible impatience un nouvel accès de *somnambulisme*.

Madame De B... allait offrir la singularité de l'amour dans une double existence; dans l'une, elle penserait que son amant ignorait son bonheur ; elle l'aimerait sans le lui avoir avoué et jouirait avec lui des priviléges que donnent la vertu, la discrétion et le secret.

Dans l'autre, elle serait avec le même homme, vaincue, subjuguée; son secret lui serait échappé ; elle ne s'appartiendrait plus entièrement.

Le même homme allait avoir des rapports tout à fait différents avec une femme qui, bien que toujours la même, vivrait comme dans deux mondes séparés.

Dans l'un de ces mondes, elle aurait la conscience de ce qu'elle était dans l'autre; tandis que dans celui-ci, elle ne saurait pas ce qu'elle était dans le premier.

Dans l'une de ces deux existences, ou si l'on veut de ces mondes séparés, le même homme, amant heureux, pourrait avoir l'abandon, la familiarité, jouir de toutes les faveurs de la conquête, et redevenir tout à coup, dans l'autre existence, avec la même femme, amant timide, respectueux, incertain de la victoire.

Dans l'une de ces existences, la même femme pourrait sortir des bras de son amant, enivrée de caresses et de bonheur, et reprendre subitement, en rentrant dans l'autre vie, la dignité, le maintien sévère de la femme qui n'a rien accordé, et qui a gardé, en elle, le secret de son amour. Etrange et mystérieuse dualité, dont on ne peut se faire d'idée, qu'en admettant que la même personne peut avoir réellement deux existences sur la terre, et, toujours la même, former successivement deux personnes distinctes, identiques, toutefois, dans leurs facultés intellectuelles et morales, et dont l'une connaît l'autre, sans en être connue.

Le lendemain, madame De B... éprouva quelques légers troubles nerveux, vers deux heures après midi; un accès parut imminent; le docteur X courut à elle, eut recours au moyen ordinaire, calma tout avec la plus grande facilité, en déterminant un accès de somnambulisme. Dès que madame De B... fut *endormie;*
« Vous avez été agité ce matin, dit-elle, vous étiez
» préoccupé, pensif, distrait ; j'en ai été tourmentée ;
» j'ai craint que vous n'eussiez quelque chagrin, ou
» au moins quelque affaire désagréable, vous étiez
» embarrassé, timide avec moi ; je suis tranquille
» maintenant ; je sais, quelles pensées traversaient vo-
» tre esprit, je conçois que notre entretien d'hier, et
» l'aveu qui m'est échappé ont dû vous surpren-
» dre, et vous causer quelque émotion ; mais ras-
» surez-moi, ajouta-t-elle, en lui serrant tendre-
» ment la main ; j'ai besoin que vous me répétiez
» que je n'ai pas perdu votre estime; j'étouffais, la
» tête me tournait, je me sentais devenir folle, oui,
» j'aurais perdu la raison si je ne vous avais pas ouvert
» mon cœur. Il paraît que, dans l'état extraordinaire
» où je me trouve, le principe de la force et de la con-
» science a perdu quelque chose de son empire ; j'a-
» vais pu garder mon secret pendant longues années ;
» il m'est échappé, dans cette vie de somnambule.
» Mais j'ai des remords, j'aurais dû résister, j'aurais

« dû vous aimer en silence, mourir de mon amour,
» s'il le fallait, et ne pas vous le dire. Je tremble que
» le ciel ne me punisse, et ne me réserve un châti-
» ment proportionné au bonheur que j'éprouve. »

Le docteur rassura madame De B... calma ses alarmes, et lui exprima, de nouveau, combien il était heureux de son amour; il lui dit, qu'il avait eu bien souvent la pensée, qu'il avait même pris la résolution de se jeter à ses pieds, de prendre l'initiative, et de lui faire l'aveu de l'amour qu'il nourrissait en secret; mais qu'il avait toujours été saisi, en sa présence d'une crainte respectueuse qui avait glacé son courage et arrêté sa voix.

Madame De B... parut profondément touchée de ces sentiments respectueux qui étaient, pour elle, la preuve et le signe du véritable amour. « Mais dites-
» moi que vous m'aimez, mon ami, disait-elle et répé-
» tait-elle sans cesse; j'ai besoin de l'entendre; dites-
» moi que vous m'estimez; rendez le calme et la paix
» de l'âme à une infortunée qui s'est jetée dans vos
» bras pour conserver sa raison. Hélas! je suis heu-
» reuse, mais ce n'est qu'un rêve; ah! combien je
» voudrais le prolonger ce doux état, ne jamais revenir
» à la vie réelle, rester éternellement avec vous, dans
» ce monde de délices; vous me faites mourir, quand
» vous m'éveillez. »

Le docteur, dans l'esprit duquel revenaient involontairement quelques doutes, quelques incertitudes, dit à madame De B... : « Mais ne vous reste-t-il donc

» aucun souvenir, aucune idée, dans la vie normale,
» d'émotions si vives, qui ébranlent si fortement tous
» les ressorts de l'âme? N'avez-vous pas au moins
» quelque pressentiment, quelque soupçon, quelque
» chose enfin?—Rien, absolument rien, répondit-elle,
» pas la plus légère idée, pas l'ombre d'un soupçon.

« Ne puis-je, dit le docteur, agrandir encore, avec
» vous le champ du bonheur; je souffre étrangement de
» la contrainte à laquelle je suis condamné, dans la
» vie normale; j vous aime également dans les deux
» existences; je voudrais pouvoir vous le dire, dans
» l'une comme dans l'autre; je me jetterai à vos pieds,
» je vous ferai l'aveu de mon amour; j'en aurai la force
» et le courage maintenant; pourquoi perdre une mi-
» nute d'une vie aussi ravissante, la vie tout entière
» est-elle trop longue pour le bonheur? »

En parlant ainsi, le docteur n'était peut-être pas tout à fait sincère; car le double rôle qu'il avait à remplir piquait singulièrement sa curiosité, et était, pour lui, plein d'attraits; mais l'amour de madame De B... était si exalté, si ombrageux, qu'il craignait toujours de lui laisser pénétrer le véritable état des choses; il redoutait de voir naître des soupçons et survenir quelque scène orageuse. Au reste, ses artifices et ses exagérations ne furent pas longtemps nécessaires; il était sur une pente bien glissante; son cœur était à une épreuve bien forte; il ne tarda pas, en effet, à s'éprendre très sérieusement, et à aimer bien tendrement l'intéressante femme qui lui avait causé l'émotion d'une si vive surprise, et qui avait si délicieusement chatouillé son orgueil ; il put bientôt, sans exagérer, se montrer sincère.

Madame De B... parut effrayée de la résolution que le docteur annonçait de lui faire, l'aveu de ses sentiments, dans la vie normale. « Sans doute, vous me
» causeriez un ravissement inexprimable, dit-elle,
» mais vous porteriez le trouble dans ma conscience,
» et rempliriez ma vie de tourments et d'anxiété. J'ai
» fait à la vertu, au monde et à Dieu tous les sacrifi-
» ces que le devoir commandait ; je dois continuer à
» porter avec résignation, le joug cruel, mais sacré,
» que la religion et l'honneur m'imposent ; c'est déjà
» peut-être un grand crime de nourrir secrètement,
» de caresser avec complaisance un amour, qui fait
» mes délices ; si vous persistiez dans votre projet, il
» cesserait peut-être d'être innocent et pur. Je serais,
» vous n'en doutez pas, mille fois heureuse, de trans-
» porter dans la vie ordinaire l'ineffable félicité que
» je trouve en ce moment avec vous, de répandre sur
» toutes les heures, sur toutes les minutes de ma
» vie, ce charme divin qui m'enivre ; mais je ne dois
» pas le faire ; je dois me résigner, me contenter du
» seul bonheur qui me soit accordé sur la terre ; vous
» voir, vous parler, vous entendre, songer à vous, vous
» aimer avec tendresse ; je me borne à ces plaisirs qui
» me causent un ravissement secret ; quand j'aperçois
» une légère rougeur couvrir votre front, ah ! je suis
» heureuse, je crois que vous m'aimez ; je jouis d'a-

» voir pénétré votre secret; je tremble, tout en le dési-
» rant, hélas! un peu, que vous ne soupçonniez le
» mien; je m'arrête là, je ne vais jamais plus loin;
» quelquefois il me semble que vous êtes agité, trem-
» blant, que vous allez parler, tomber à mes pieds ;
» alors, la tête me tourne, mon cœur s'arrête; je ne
» vois plus, je n'entends plus ; je crains d'avoir com-
» mis un crime. Non, mon ami, ne me faites pas l'a-
» veu de votre amour; il faut faire un sacrifice à Dieu;
» hélas ! il me trouve peut-être déjà bien criminelle.
» Je m'excuse en me disant que je n'ai péché, que je
» n'ai été heureuse qu'en rêve ; mais je tremble que
» devant la justice divine, mon bonheur ne soit une
» coupable réalité. »

Le docteur X dut obéir et respecter les scrupules et les sentiments de son amante, qui parlait avec une si tendre éloquence le langage de l'amour et celui de la religion et du devoir ; il n'avait pas résisté longtemps à tant de charmes et de vertu, il était subjugué et aimait sincèrement et tendrement. Toutefois, il voulut dominer ses émotions et étudier, en observateur, dans sa double existence, tous les mystères d'une âme aussi tendre et aussi pure.

Dans le *somnambulisme*, madame De B... était toujours également tendre et aimante; elle ne voulait pas qu'une minute fût perdue pour l'amour, et rejetait toute conversation frivole ou sérieuse qui n'avait pas pour objet le sentiment dont son âme était remplie ; elle parlait sans cesse de son amour; elle était principalement heureuse de témoigner à son amant une confiance sans bornes ; elle lui faisait mille et mille confidences, et épanchait son cœur tout entier dans le sien ; elle semblait vouloir se dédommager de la longue contrainte qu'elle s'était imposée et qu'elle continuait à s'imposer dans la vie normale, et jouissait de son bonheur avec un avare empressement. Elle était au comble de la félicité quand son amant lui donnait à son tour des preuves de confiance et d'amour. Le somnambulisme durait chaque jour une heure, deux heures, quelquefois trois heures ; c'était comme un instant pour cette heureuse et adorable femme. Le docteur X partageait tous ses transports et était embrasé de la plus ardente passion.

Dans la vie normale, madame De B... était, sans aucun changement, ce qu'elle avait toujours été, polie, prévenante et digne; comme elle ne se doutait nullement de ce qui se passait dans la vie somnambulique, qu'elle ne savait même pas qu'elle était somnambule, elle avait le calme, l'enjouement et le naturel de l'innocence ; l'œil le plus soupçonneux et le plus pénétrant n'eût, certes, jamais découvert, ni son secret, ni les aveux qu'elle avait faits. Elle avait, comme on peut le penser, les attentions les plus délicates et les soins les plus empressés pour le docteur X. ; mais rien ne trahissait jamais le bonheur qu'elle éprouvait près de lui, ni le bonheur plus grand qu'elle avait trouvé dans ses bras, dont elle n'avait pas le soupçon elle-même, et qu'elle ne pouvait, par conséquent, supposer connu de personne.

Les jours se suivaient, ramenant chacun les mêmes scènes, les mêmes épanchements, les mêmes délices. Après quelques semaines, les deux amants s'étaient fait mille confidences et s'étaient réciproquement raconté mille aventures; madame De B... ne faisait jamais aucune confusion entre ce qui s'était passé dans une de ses existences, et ce qui appartenait à l'autre; elle ne le pouvait pas; elle n'aurait pu le faire que dans la vie somnambulique, ce qui n'avait aucune importance, puisque dans cette vie, elle n'avait pas de secret pour son amant; il n'en était pas de même du docteur, à qui la mémoire manquait quelquefois, et à qui il arrivait de faire, par oubli, dans la vie ordinaire, allusion à des choses qu'il avait apprises dans les intimités de la vie magnétique. Madame De B... était alors confondue d'étonnement; elle ne pouvait concevoir comment le docteur avait pu apprendre ce qu'il racontait « Mais que dites-vous donc, » docteur? demandait-elle; qui vous a appris cela ? » Je ne vous ai jamais parlé de ce que vous racontez; » vous rêvez, je crois. » Le docteur, s'apercevant de sa méprise, revenait sur ses pas, faisait une habile et prudente retraite, et se tirait comme il pouvait de l'embarras où l'avait jeté son défaut de mémoire; il était obligé chaque fois qu'il parlait, de s'observer, de recueillir ses souvenirs, de bien distinguer en parlant à la même femme, les deux personnes confondues en une seule, et de ne pas dire à l'une ce que l'autre seule pouvait entendre. Il est sensible que cette précaution n'était nécessaire que dans la vie normale ; dans l'autre vie, il n'y avait ni secrets ni surprises possibles pour personne.

Malgré les attentives précautions des deux amants dans chaque accès de *somnambulisme*, pour ne laisser aucune trace de désordre dans l'appartement, et le soin qu'ils prenaient de remettre chaque chose dont ils se servaient à la place où ils l'avaient trouvée, il arrivait souvent quelque négligence à cet égard ; madame De B... en éprouvait un trouble inexprimable ; elle ne pouvait se rendre compte de ces mystérieux changements ; son amant prit un jour, dans le secrétaire, l'album dont nous avons déjà parlé, il le remit en place, mais madame De B.. s'aperçut qu'on l'avait ouvert ; qui donc avait pu le faire? Elle avait la clef du secrétaire sur elle ; qui donc avait pu l'ouvrir ? elle priait instamment son amant d'être bien attentif, de lui épargner de telles épreuves qui troublaient sa tête ; elle devenait craintive, superstitieuse et croyait presque à la visite des esprits.

Un état aussi extraordinaire peut à peine se concevoir, et, malgré toutes les apparences et toutes les preuves, l'esprit hésite à se rendre ; on revient sur ses pas, et on se dit : mais c'est impossible ; il y a là une machination, une déception, une artificieuse combinaison de séductions ; ce sont des ruses de femme, des espiègleries de l'amour pour sauver les apparences et concilier les avantages du plaisir et les droits de l'innocence, mais en y réfléchissant un instant, on voit qu'il serait difficile, impossible même à une femme de soutenir longtemps un rôle aussi compliqué ; dans les premiers temps, elle pourrait bien s'observer attentivement, se rappeler exactement toutes les circonstances d'une double existence, et ne jamais confondre les unes avec les autres ; elle pourrait se tenir ainsi quelques semaines, quelques mois, si l'on veut, dans cet artificieux équilibre. Mais quand les circonstances se multiplient, que les confidences deviennent innombrables ; quand on a traversé mille petits incidents, mille petits événements frivoles ou insignifiants auxquels on ne fait même pas attention, serait-il possible d'en avoir à chaque instant, sous les yeux, l'immense et interminable tableau ? La mémoire la plus heureuse pourrait-elle tenir tout cela constamment à sa disposition, sans confusion et sans mélange ? Il ne faudrait pas une heure pour dévoiler l'artifice ; la moindre hésitation, le plus léger doute découvriraient bien vite le mystère d'une existence simulée. Le docteur X. ne pouvait se défendre de quelques soupçons, dans les premiers temps ; mais il fut bien forcé de se rendre quand il vit qu'il ne pouvait jamais mettre madame De B... dans le cas de se trahir elle-même ; que tout concordait, dans ses paroles, dans ses actions, dans ses surprises ; qu'il ne pouvait jamais rien saisir, dans ses émotions, dans ses accents les plus involontaires, qui dévoilât l'artifice ; que tout accusait la profonde séparation des deux existences. Madame De B... ne jouait certainement pas un rôle; elle était sincère comme la nature; elle était la vérité elle-même.

Les relations entre les deux amants, multipliées par le retour périodique des accès de *somnambulisme* dans lesquels madame De B... tombait chaque jour ou chaque nuit, une ou plusieurs fois, avaient un charme toujours croissant. L'amour de cette jeune femme était pur et chaste; heureuse d'être avec son amant, de le serrer dans ses bras, de le presser sur son sein, de s'épancher dans son cœur, les heures passaient comme des instants et étaient remplies comme des siècles, dans cette vie de délices où elle trouvait, sans perdre la paix du cœur, une inexprimable félicité. Elle vivait, pour ainsi dire, d'une vie commune avec son amant, son cœur n'avait pour lui ni secrets ni mystères; l'amour lui semblait devoir unir les âmes et confondre les existences. Mais elle était sur une pente dangereuse, un chemin glissant. Il était difficile que les deux amants se contentassent toujours de cette union des âmes et de cette forme, en quelque sorte immatérielle, de leur passion; il était difficile qu'un moment d'égarement ne vînt pas; ils devaient tomber du ciel sur la terre et se perdre dans les délires de l'amour des sens.

Tout concourut à précipiter les événements; M. De B... ne fut pas plutôt rassuré sur la santé de sa femme, qu'il prit le parti de faire un voyage en Angleterre; ce n'est pas qu'il eût un motif bien puissant pour visiter ce pays; mais, toujours dominé par une passion exclusive et qu'on appelait chez lui la manie du jour, il venait de se lier avec d'adroits frippons qui avaient allumé dans son âme toutes les convoitises, toutes les fureurs de la cupidité; ils lui avaient persuadé qu'ils avaient trouvé un double et infaillible moyen pour amasser des montagnes d'or. Le premier moyen, renouvelé, non des Grecs, mais des alchimistes du moyen âge, n'était rien moins que la pierre philosophale; retournant la pensée du poète, ils changeaient en or pur un vil métal sans valeur; déjà les merveilleux fourneaux marchaient, le divin métal allait paraître; il fallait se hâter, courir à Londres pour saisir les premiers et les plus riches filons de la précieuse mine. Le second moyen consistait à pénétrer, à l'aide d'une somnambule *lucide*, les secrets de l'avenir, à deviner les numéros heureux des loteries et la couleur des cartes dans les tailles des jeux publics. M. De B..., dont l'esprit n'était pas toujours aux ordres de la raison, crut à cette double extravagance; le sol lui brûlait les pieds à Paris, il partit pour Londres. De son côté, la mère de madame De B..., madame De L..., crut être dans l'obligation de retourner en Provence pour surveiller l'administration des biens de la famille. Madame De B..., dont la santé exigeait encore des soins qu'elle ne pouvait trouver qu'à Paris, resta ainsi seule dans cette ville avec son enfant et les gens de sa maison.

Il aurait fallu que les deux amants fussent des

anges pour résister à toutes les tentations et pour ne pas abuser d'une liberté qui les plaçait à l'abri de tous regards importuns; hélas ! ils avaient le bonheur des anges, mais ils n'en eurent pas la vertu. Madame De B..., qui n'avait voulu livrer que son cœur, ne put sauver sa personne. Les premiers indices d'un changement d'état, et les apparences de cette situation, qu'on est convenu de nommer intéressante chez les femmes, parurent cinq à six mois après le départ de M. De B... pour Londres. Mais comme il y avait plus d'une année que, respectant l'état de souffrance de sa femme, il avait entièrement suspendu l'exercice de ses droits conjugaux, il était mathématiquement impossible qu'il eût contribué, en quelque chose, à la création du nouvel être qui paraissait être en route pour venir dans ce monde. Madame De B..., *parfaitement sûre* de n'avoir jamais eu avec personne aucun rapport illicite, ne concevait rien aux apparences qui se produisaient, elle était bien certaine qu'elle n'était pas enceinte; sous ce rapport, elle était dans la plus complète sécurité. Elle supposait qu'elle était atteinte d'une maladie insolite, dont elle avait même des exemples dans sa famille. Ce n'était, bien entendu, que dans la vie normale qu'elle voyait ainsi les choses; car, dans le somnambulisme, elle savait très bien à quoi s'en tenir. Elle prenait alors assez bien son parti, et trouvait sa consolation dans la cause même de son malheur, dans son amour; elle disait à son amant, prévoyant les complications et les malheurs qui ne pouvaient manquer d'arriver : « Pourquoi me plaindrais-je ? je souffrirai à cause de toi, mon ami ; ne serais-je pas disposée, s'il le fallait, à mourir pour toi ? » Dans d'autres moments, c'était la religion qui remplaçait l'amour dans son cœur ; elle disait que la Providence l'avait punie, qu'elle était criminelle et méritait son châtiment.

— Le docteur X., moins chevaleresque et moins religieux, ne songeait qu'aux embarras qui allaient venir, et prévoyait avec chagrin des complications et des orages dont il n'apercevait pas le moyen de se tirer avec honneur. Déjà une première difficulté qui allait bientôt devenir insurmontable, se présentait ; elle tenait aux suppositions et aux questions que faisait madame De B... dans la vie normale ; comme elle ne pouvait pas s'arrêter un instant sur la pensée qu'elle pût être enceinte, elle ne cessait de fatiguer le docteur par mille questions embarrassantes ; elle voulait savoir quelle était cette étrange maladie qui se déclarait ; elle priait le docteur de lui prescrire un traitement énergique pour arrêter les progrès du mal et en faire disparaître les premiers effets. Mais les choses allèrent vite ; il n'en pouvait être autrement ; et il arriva un moment où la conviction de madame De B... dût s'ébranler, où il ne lui fut plus possible de ne pas reconnaître qu'un nouvel être, qu'un enfant, enfin, s'était formé dans son sein. Mais, grand Dieu ! comment le croire ? Qui pouvait avoir fait un tel miracle ? Le docteur ne savait que dire, que répondre. La malheureuse femme était dans une incroyable anxiété ; sa tête se troublait ; elle s'y perdait. « L'avait-on surprise dans son sommeil ? Mais cela » était-il possible ? Qui pouvait être le coupable ? » Toutes ces incertitudes, toutes ces conjectures, toutes ces impossibilités lui causaient une véritable torture, un déchirement de cœur. Ne trouvant aucun éclaircissement satisfaisant ni chez le docteur X. ni chez d'autres médecins, elle voulut consulter un prêtre, et s'adressa à un vénérable ecclésiastique qui ne pensa pas que les lois de la nature pussent être interverties ; il supposa que madame De B... n'était pas sincère dans ses affirmations, ou qu'elle avait quelque dérangement d'esprit ; il croyait bien, sans doute, à l'immaculation de la vierge Marie, mais il ne voyait pas de raison pour qu'un tel miracle se fût renouvelé en faveur de madame De B... Elle résolut de s'adresser à une somnambule ; elle se rendit chez une de ces sibylles modernes qui vous disent pour quelques écus ce qu'elles ne savent pas plus que vous ; vaine et triste ressource ! La sibylle ne lui conta que des extravagances. Au milieu de tant d'angoisses, dans ce labyrinthe d'énigmes et de mystères cruels, l'infortunée, coupable sans avoir péché, portant en elle la preuve irrécusable d'un crime qu'elle n'avait pas commis, trouvait partout l'accusation et n'avait de défense que dans son cœur. Ses idées se troublaient, elle tombait dans une sorte d'égarement ; elle croyait aux esprits, aux maléfices; elle disait qu'on lui avait jeté un sort, que le diable venait la visiter pendant la nuit; elle se faisait veiller et garder.

Les attaques hystériques que le magnétisme avait à peu près fait disparaître, revinrent et reprirent leur premier degré de violence, le docteur X. les calmait difficilement, et ce n'était qu'à la suite de tentatives prolongées et réitérées, qu'il ramenait le calme par le *somnambulisme*. Madame De B... retrouvait alors un peu de tranquillité et de repos, et parlait avec résignation de son malheur. Le docteur X. lui proposa un jour de lui révéler, dans la vie normale, les mystères du *somnambulisme*, pour calmer l'agitation de son esprit et mettre fin à ses incertitudes et à ses tourments, en lui faisant connaître la cause et l'auteur de l'état dans lequel elle se trouvait; elle ne voulut pas y consentir; le docteur insista; il rencontra une résistance invincible; madame De B... disait qu'une semblable révélation lui ferait perdre assurément la raison, et que d'ailleurs, elle ne voulait pas savoir qu'elle était coupable. Le docteur dut s'abstenir, et n'osa pas prendre sur lui de risquer une aussi grave résolution.

A mesure que le terme de la grossesse approchait, les attaques nerveuses se montrèrent de plus en plus fréquentes et acquirent une violence désespérante; le magnétisme était devenu presque impuissant; madame De B... ne pouvait plus rester qu'un temps fort court dans le *somnambulisme*, et quand elle rentrait dans la vie normale, elle ne retrouvait pas toute sa raison ; du trouble, de l'incohérence dans les idées, des fantaisies bizarres, des cris, des pleurs, des rires et des sanglots se mêlaient et se succédaient en désordre ; le docteur X. la magnétisait de nouveau, ramenait, après mille efforts, l'état somnambulique, et ce n'était qu'après plusieurs récidives de ce genre, que madame De B... rentrait dans la vie ordinaire, avec son intelligence et sa raison accoutumées.

Le terme de la grossesse arriva et surprit madame De B... dans un véritable état d'aliénation mentale ; les accès de délire, qui marquaient son retour à la vie normale, devinrent continus, et le magnétisme perdit toute sa puissance ; il fut impossible au docteur X. de transformer cette forme affreuse de l'intelligence, et de la remplacer par la forme plus douce et plus régulière du *somnambulisme*. Madame De B... mit au monde un enfant qui ne vécut que quelques jours. On se trouva dans la pénible nécessité de la conduire dans un établissement d'aliénés. On voyait là cette noble et infortunée femme donner le triste et déchirant spectacle d'une insensée ; elle se croyait poursuivie par les démons, et faisait continuellement des efforts pour soustraire ses appas à leurs odieux et dégoûtants outrages.

Quand M. De B... revint de Londres, madame De B... était déjà dans la maison d'aliénés ; madame De L... était revenue à Paris pour remplacer sa malheureuse fille auprès de son enfant. Le gendre et la belle-mère furent bientôt instruits de toutes les circonstances de l'événement qui était arrivé ! La voix publique accusait le docteur X, et il faut convenir que toutes les apparences étaient contre lui ; toutes ces scènes de *somnambulisme*, toutes ces aventures mystérieuses qui avaient lieu la nuit comme le jour, et dans lesquelles le docteur X. et madame De B... étaient presque toujours seuls et sans témoins, parurent aux gens de la maison, des moyens concertés pour masquer un commerce illicite. Le docteur passait pour être l'amant de madame De B... ; sa position était embarassante, cruelle. Il connaissait les soupçons qui planaient sur lui, il savait que M. De B... ne manquerait pas de l'accuser d'avoir odieusement profané son caractère, d'avoir lâchement trompé la confiance d'un ami, trahi un époux et flétri son honneur. Il ne craignait pas les éclats de la colère de M. De B... ; il était brave, maniait habilement les armes et avait plusieurs fois donné des preuves de son courage. Mais il était coupable, et il se sentait sans force et sans défense contre les reproches de sa conscience. Quel parti devait-il prendre ? nier un fait dont il était l'auteur ; laisser planer sur d'autres le soupçon d'une injure qui venait de lui, et ne pouvait guère venir que de lui, lui semblait indigne d'un homme courageux et droit, et lui inspirait une vive répugnance. S'il eût pu, en protestant contre les accusations et en niant sa complicité, sauver madame De B..., nul doute qu'il n'eût, à l'instant, pris le parti d'opposer une vigoureuse dénégation

aux soupçons dont il était l'objet; mais l'aveu ou la dénégation du docteur ne pouvaient rien changer à sa situation; on ne l'avait pas prise sur le fait, mais les preuves de sa faute avaient éclaté en elle-même; rien ne pouvait la sauver. Il parut en conséquence au docteur X., plus digne de lui même de prendre la responsabilité de ses actes, et de reconnaître une faute dont il ne se fût pas lavé aux yeux du monde en niant de l'avoir commise. Cette faute, quelque graves qu'en soient souvent les conséquences, est du nombre de celles que les hommes excusent, dont ils s'honorent et se vantent même le plus souvent. Dans la circonstance où il se trouvait, le docteur, accusé tout haut, serait envié tout bas; tout le monde serait jaloux du bonheur qu'il avait trouvé dans les bras d'une aussi brillante femme que madame De B...; ceux qui l'accuseraient le plus se seraient trouvés heureux d'avoir commis le crime. Toutes ces circonstances bien pesées, le docteur prit le parti de tenir à peu près le langage suivant à M. De B... : « Vous m'accusez, monsieur, de
» vous avoir trahi, d'avoir terni votre honneur; je suis
» coupable, il est vrai, et n'ai qu'une excuse, mais elle
» n'est bonne que pour moi, elle n'a pour vous aucune
» valeur. Je n'ai point séduit votre femme, je n'ai fait
» que lui inspirer un amour qu'elle n'avait pas pour
» vous. Voulez-vous justice ou vengeance? Voulez-
» vous recourir à la loi? Voulez-vous vous venger les
» armes à la main? Je suis à vos ordres, monsieur. »

Cette aventure ne pouvait manquer d'avoir un dénoûment sanglant. Heureusement le docteur X. reçut une mission qui avait pour objet d'aller dans un pays étranger, pour y étudier le choléra qui faisait des progrès alarmants, et qui menaçait de pénétrer bientôt en France. Le docteur ne pouvait refuser cette mission d'honneur, c'eût été se montrer indigne de son état, et déserter, pour ainsi dire, avant le combat. De deux périls, il dut choisir celui dans lequel il exposait sa vie pour le bien des hommes, et laisser, ou au moins ajourner, celui dans lequel il ne s'agissait que de défendre sa personne et montrer son courage.

Le docteur X. était parti quand M. De B... revint de Londres ; madame De B... était dans un établissement d'aliénés. Le mari offensé ne trouva sous sa main ni l'un ni l'autre des coupables ; il fut forcé de dévorer son outrage, mais un tel outrage n'est pas de ceux qu'on pardonne. Sans doute, la vengeance ne perdrait aucun de ses droits ; il était cependant heureux que M. De B... ne pût trouver à l'exercer qu'après l'apaisement de ses premiers transports.

L'aventure que nous venons de retracer, nous le répétons, n'est point une fable, un roman ; il n'y a là ni invention ni art ; nous n'avons point formé un plan, créé des caractères et des personnages, combiné des situations pour produire de l'effet, causer des surprises ; nous avons tout simplement raconté, et abrégé, ce qui s'est passé. On hésitera peut-être à croire, on ne voudra pas admettre chez une même personne deux existences aussi complétement tranchées, séparées. Que cela soit étonnant, nous en convenons, mais c'est un fait, une vérité d'observation, dont il n'est pas possible de douter. La femme la plus rusée, la plus artificieuse, la plus impénétrable, ne pourrait vous tromper ainsi pendant plus d'une année ; elle n'échapperait pas à vos soupçons et à vos ruses ; et si elle ne tombait pas dans un piége, vous la prendriez dans l'autre. Un seul oubli, une seule surprise, l'ombre d'une hésitation, suffiraient pour dévoiler l'artifice. Madame De B... était la candeur et la vérité même, et son amant n'a jamais pu découvrir chez elle la plus légère apparence d'un embarras ou d'une feinte. Il a préparé, de loin, les embûches qu'il méditait ; il a souvent noté de petites circonstances frivoles, insignifiantes, appartenant à l'une ou à l'autre des deux existences ; il a laissé passer des semaines et même des mois pour mettre madame De B... à l'épreuve, surprendre un oubli, une incertitude, une hésitation, quelque confusion, enfin, entre les deux vies séparées ; il n'a jamais rien entrevu qui décélât l'artifice. Madame De B... ne se doutait pas même, nous l'avons déjà dit, des soupçons que son amant voulait éclaircir ; elle ne savait pas qu'elle était somnambule. La nature et la vérité ont des accents qui ne trompent pas, on ne peut pas toujours feindre. Dans la comédie, le personnage disparaît quelquefois, et on ne voit plus que l'acteur.

Pourquoi s'étonnerait-on si fort, au reste, de cette séparation absolue des deux existences ? Ne voit-on pas que ce fait concorde avec tout ce qui se passe chez les autres somnambules ? Ne les voit-on pas tous rentrer dans la vie normale, sans conserver aucun souvenir, aucun soupçon de ce qu'ils viennent de dire ou de faire ?

On dira, peut-être, qu'il est impossible que madame De B..., qui rentrait dans la vie normale à l'aide de deux ou trois légères secousses que son amant imprimait à son bras ou à sa main, ait pu résister, sans s'éveiller, aux vives émotions qu'elle éprouvait dans le *somnambulisme;* on trouvera incroyable que l'ébranlement voluptueux des sens ne l'ait pas fait brusquement rentrer dans la vie normale, et qu'elle ne se soit pas surprise elle-même en flagrant délit dans les bras de son amant ; cela, sans doute, est extraordinaire; mais il paraît qu'il faut, pour sortir de l'état somnambulique, le concours de deux volontés, ou du moins le désir, l'assentiment du somnambule. Quand les somnambules demandent à être éveillés, ils éprouvent une lassitude, un malaise, un besoin enfin ; ils *veulent* être éveillés. On conçoit que madame De B... ne *voulait pas* s'éveiller et sortir du *somnambulisme* au moment des plus vives émotions; elle ne voulait pas, dans les moments d'égarement et de plaisir, se prendre sur le fait et se voir coupable. Une circonstance donne encore quelque probabilité à ces considérations. Dans les transports auxquels madame De B... se livrait, il lui arrivait assez souvent d'exprimer une innocente, ou si on l'aime mieux une coupable hardiesse ; elle disait à son amant : « Je ne veux pas, certes, savoir
» ce qui se passe, je ne veux pas me savoir coupable.

» Mais pourtant, je serais bien heureuse de soupçon-
» ner ton amour et tes entreprises. Au moment où tu
» m'éveilleras, approche ta figure de la mienne ; que
» je m'aperçoive que tu viens de t'éloigner et qu'il
» me reste un vague soupçon et comme un souvenir
» du contact de tes lèvres brûlantes. Je m'imaginerai
» que l'amour t'a rendu indiscret et que tu t'es per-
» mis de m'embrasser pendant mon sommeil. »

Sans doute, tout cela est merveilleux ; toutes ces choses déconcertent l'esprit, étonnent la raison ; mais on est bien forcé de croire ce que l'on voit. On ne peut refuser sa foi quand les sens portent témoignage, quand la raison est convaincue.

L'égarement d'esprit qui avait fait craindre une folie durable, ne fut que temporaire chez madame De B...; quelques mois de séjour et de traitement dans un établissement d'aliénés suffirent pour lui rendre la raison et pour lui permettre de rentrer dans sa famille. Il eût été peut-être heureux pour elle de rester toute sa vie dans l'état de délire ou de mort intellectuelle, qui la mettait au moins à l'abri des vengeances de l'opinion et de la colère d'un mari, qui ne devait pas lui pardonner le plus cruel des outrages.

Nous nous arrêtons au moment où commence pour madame De B... une vie pleine de regrets et d'amertumes, et où elle va expier par de longues tortures un crime qu'elle ne pouvait nier et qu'elle ne pouvait pourtant reconnaître. Madame De B... fut toujour innocente, la somnambule seule fut en elle coupable. Madame De B... dut souffrir véritablement pour un autre et porter la peine d'un crime qu'elle ne pouvait pas même comprendre.

De longues années ont passé sur la tragique aventure que nous venons de raconter. Les attaques d'hystérie qui avaient été si fréquentes et si violentes, et qui avaient mis si longtemps madame De B... à de terribles épreuves, n'ont plus reparu. Les bains de mer, qui lui furent conseillés et qu'elle prit presque immédiatement au sortir de la maison d'aliénés, lui furent éminemment favorables; ils affermirent sa santé, fixèrent la mobilité capricieuse de ses nerfs et lui permirent, en ranimant les sources du courage et de la vie, de faire face à la longue expiation que lui imposait un destin jaloux et aveugle dans ses vengeances. Il ne fut plus question ni de magnétisme, ni de somnambulisme. Entièrement morte à la vie somnambulique, pendant laquelle elle avait failli au devoir, elle subit, dans une vie d'innocence, le châtiment que méritait une vie coupable. On ne peut comparer toutefois madame De B... à ceux qui reçoivent dans une autre vie la punition des fautes commises dans la vie présente; ceux-ci renaissent identiques à eux-mêmes, ils conservent la mémoire de leurs actions et peuvent reconnaître la justice de la main qui les frappe. L'un n'est point châtié pour les crimes de l'autre. Madame De B..., expiant dans la vie normale un crime oublié et commis dans la vie somnambulique, se trouvait plutôt dans le cas de ceux qui croient à la métempsycose, et qui s'imaginent porter dans une vie nouvelle les peines dues à une vie passée dont ils ne conservent aucun souvenir. Mystère étrange, qui montre que la peine suit la faute, mais qui la montre plutôt imposée par la fatalité que par la justice !

Madame de B... ne revit le docteur X. que plusieurs années après le déplorable dénouement de l'aventure dont il était le héros et dont elle devait être toute sa vie la victime. Tout porte à croire qu'elle continuait avec une jalouse sollicitude de nourrir secrètement dans son cœur la tendre et ardente passion qui lui avait fait successivement goûter les joies du ciel et souffrir les tourments de l'enfer ; mais rien ne pouvait trahir en elle un sentiment dont elle n'avait jamais fait confidence qu'à sa bonne gouvernante, et dont elle supposait que le docteur X. ne pouvait avoir, tout au plus, qu'un vague soupçon. Elle était sans doute infiniment heureuse de le voir ; ses visites et sa conversation lui causaient toujours un voluptueux saisissement de l'âme ; mais elle n'avait jamais avec lui qu'une familiarité noble et convenable, et ne tenait point d'autre langage que celui qui lui était autrefois habituel dans la vie normale. Elle n'avait besoin ni de s'observer ni de se contraindre. Le docteur n'était point pour elle l'amant de la vie somnambulique, à qui elle avait livré son cœur et sa personne ; il n'était que l'homme qu'elle aimait, qu'elle avait aimé pendant de longues années, mais à qui elle n'avait jamais fait l'aveu de son amour. Le docteur X. était bien toujours l'amant *aimé*, mais il n'eût pu redevenir l'amant *heureux* qu'en faisant renaître madame de B... à la vie somnambulique.

Le docteur X., au contraire, était dans la nécessité d'exercer sur lui-même une contrainte de tous les instants, pour respecter les convenances et se retenir sur la pente qui le ramenait involontairement aux intimités passées de la vie somnambulique. Je ne sais ce qui serait arrivé, s'il se fût trouvé, comme autrefois, chaque jour et chaque nuit avec madame de B...; il est probable, s'il en eût été ainsi, qu'il nous eût fallu ajouter quelques nouvelles scènes à notre histoire. Heureusement le sort a trop séparé les deux amants pour leur permettre de ne pas être sages et de tomber dans une récidive qui eût entraîné de nouveaux malheurs.

On voit que le docteur X., qui n'est pas un diable assurément, n'en a pas été moins l'*incube* de madame de B... Madame de B..., qui croit avoir été la victime du diable, et qui ne cesse de le maudire, ne se doute pas et ne saura jamais que l'objet de ses malédictions est un diable qu'elle adore, à qui elle a donné elle-même des droits sur son cœur et sur sa personne, et qui en a abusé pour son malheur.

CHAPITRE XI.

Nous pourrions considérer comme terminée la tâche que nous nous sommes imposée ; nous n'avons fait, il est vrai, que quelques pas mesurés sur une route incertaine et périlleuse ; nous nous sommes borné à soulever, d'une main discrète, le voile ténébreux qui couvre les mystères du magnétisme animal ; mais nous avons dit tout ce que nous savions de certain ; il ne nous reste guères à aborder que des questions chimériques ou insolubles.

Nous avons étudié le magnétisme en observateur et non en sectaire ; le somnambulisme nous a conduit dans ces régions douteuses qui semblent séparer le monde physique du monde moral ; nous avons vu les somnambules s'élancer sur toutes les routes de l'espace et traverser cet abîme, sans rive et sans fond, dans lequel viennent se perdre, depuis tant de siècles, toutes les illusions et toutes les témérités de la curiosité humaine. Nous ne les avons point suivis dans ces voyages mystiques qui ne sont qu'un vain mirage de l'imagination et de la conscience. Notre étude magnétique a été purement expérimentale ; nous n'avons point emprunté à la métaphysique le secours de ses impuissantes subtilités ; nous avons marché droit à la vérité, entre les superstitions et les systèmes, sur les routes éprouvées de l'expérience et de l'observation ; nous avons étudié des phénomènes, observé des facultés, constaté des faits et des actes, sans nous demander si nous étions dans le monde matériel ou dans le monde spirituel. Nous n'avons fait, en définitive, que l'histoire naturelle, physiologique, phénoménale du somnambulisme.

Nous n'avons point la prétention d'avoir épuisé notre sujet. Ce n'est guères qu'une esquisse que nous avons tracée ; le tableau du somnambulisme reste à faire, et ne peut manquer de tenter prochainement une main plus habile ; mais, quelqu'imparfait que soit notre essai, on nous rendra peut-être une justice à laquelle nous avons droit ; on conviendra que nous avons au moins donné un bon exemple, en nous renfermant strictement dans les limites des faits observables, et en réclamant les droits de la science sur une matière abandonnée depuis longtemps aux visionnaires et aux conteurs de fables. Les facultés extraordinaires que le somnambulisme nous a révélées, le mystérieux dualisme de la vie somnambulique dont tous les somnambules nous offrent un si saisissant exemple, sont des faits acquis à la science ; les incrédules qui les nient aujourd'hui, seront forcés demain de les admettre. On sera étonné un jour d'avoir contesté si longtemps des choses que chacun pouvait si facilement reconnaître ; mais si nous nous sommes borné, dans notre étude, à ces résultats d'expérience, qui ne seront bientôt plus pour personne un objet de doute ou de dispute, nous n'avons point prétendu poser des limites qu'on ne franchirait pas. Nous n'affirmons pas que les somnambules ne possèdent que les facultés que nous avons signalées. Il est certain que la superstition et la crédulité leur ont prêté un pouvoir et des facultés chimériques ; mais peut-être avons-nous été avare, là où tant d'autres ont été prodigues. Nous savons que des hommes sérieux ne s'arrêtent pas, sur le chemin de l'expérience, à la limite que nous n'avons point osé dépasser. L'expérience, comme le hasard, a ses faveurs et ses caprices ; d'autres ont pu voir réellement ce qui nous a échappé et reconnaître, chez les somnambules, des facultés que nous n'admettons pas ; mais nous avons tenu à ne dire que ce que nous avons pu voir et vérifier nous-même.

Sous la réserve de cet aveu que nous inspirent le sentiment de notre insuffisance et le respect que nous devons à tous les observateurs sincères et sérieux, nous osons prédire qu'au delà du point qui nous sert de limite, on trouvera moins de vérités nouvelles à établir que de superstitions et de rêveries à détruire. L'expérience continuera de joncher de ruines une route que les visionnaires avaient couverte de féeriques et fabuleux édifices. Le magnétisme animal, rentré sous les lois sévères de la science et soumis à la précision des méthodes expérimentales, cessera d'être l'assemblage étourdissant de toutes les énigmes dont la Providence ne permet pas aux hommes de trouver le mot sur la terre. On ne demandera plus aux somnambules de révéler le passé et l'avenir, de briser à volonté l'inviolable sceau du livre de nos destinées, d'ouvrir les portes du ciel et de dévoiler les redoutables mystères de la vie future ; on ne songera plus à remonter, avec les somnambules, à l'origine du monde, et à retrouver les jours perdus de l'Éden ; on respectera le mystère impénétrable de la chute de l'homme, et de la colère de Dieu jetant, dans sa vengeance, le mal et la mort sur la terre. On ne cherchera plus à rassembler les anneaux épars de la chaîne des temps, de la succession des âges et des empires, etc., etc.

Toutes ces folies sérieuses qui ont fait du magnétisme la science de l'impossible et de l'inconnu, tiennent à une hypothèse commune à tous les philosophes ultra-crédules de l'illuminisme, et à une interprétation mystique et imaginaire du somnambulisme. Cette forme extraordinaire de la vie n'est pour eux qu'une libération temporaire de l'âme humaine, qui retrouve, en brisant les chaînes matérielles qui la retiennent captive et impuissante, les célestes facultés que comporte son essence ; on conçoit dans une telle hypothèse, qu'il n'y a plus de limites assignables aux merveilles du somnambulisme ; l'âme humaine est une émanation ou une parcelle de la divinité ; elle est au moins de nature ou d'essence divine. Si l'âme recouvre son indépendance et sa liberté originelles dans un accès de somnambulisme ; si c'est l'âme humaine qui parle et qui agit chez les somnambules, c'est Dieu lui-même, pour ainsi dire, qui parle et nous fait entendre sa voix puissante ; les révélations des somnambules sont infaillibles, divines; leur science est sans limites, leur pouvoir est infini ; rien ne peut rester inconnu, rien ne peut être inaccessible à des âmes, à des dieux.

Mais cette théorie du somnambulisme qui divinise, en quelque sorte, les somnambules, ne prouve que la faculté illimitée de faire des suppositions et le penchant qui nous porte à prendre des fictions pour des preuves. Nous avons signalé, au début de cette étude, l'inanité d'une philosophie synthétique qui bâtit dans le vide des édifices imaginaires et gigantesques, qu'un doute ébranle et qui s'écroulent sous la plus simple réflexion. Les principes *à priori* ne mènent guères qu'à des impasses sur le terrain des sciences naturelles ; on s'égare aisément dans l'étude de la vie, en partant des hauteurs de la raison pure ; dans le labyrinthe des phénomènes physiologiques et psychologiques, il est prudent de ne prendre pour guides que les sens et la conscience et de partir des faits observables, pour arriver aux principes. Il est impossible de définir *à priori* le somnambulisme ; nous ne pouvons imaginer aucune théorie qui puisse atténuer le tourment d'esprit que nous cause cette forme extraordinaire de la vie. Mais dire que l'âme s'isole du cerveau, dans un accès de somnambulisme, n'est-ce pas faire une conjecture bien délicate et bien téméraire? Nous n'avons, il faut l'avouer avec humilité, aucune idée de l'essence de l'âme; nous ne connaissons pas mieux l'essence de la matière. Tout ce qu'ont pu nous apprendre trente siècles de méditation et de controverse, sur la matière et l'esprit, se réduit à nous dire que l'une des deux substances n'est pas l'autre ; nous ignorons profondément le mode et la nature de leurs rapports ; l'action commune, harmonique ou hiérarchique de l'âme et du cerveau, l'unité magique de la vie morale sous le jeu d'un double ressort dont les éléments semblent être incompatibles, sont pour nous des mystères à jamais incompréhensibles. Quel point d'appui pouvons-nous prendre sur deux termes qui résument, en quelque sorte, toutes nos ignorances et qui ne sont pour nous que les symboles opposés de l'inconnu ? laissons les philosophes du mysticisme et de l'illuminisme tourmenter inutilement ces insolubles questions, et, sans nous égarer dans de vaines disputes sur la matière et l'esprit, cherchons à poser nos principes sur une base plus ferme et plus sûre, qui ne se dérobe pas à l'action de nos facultés ; nous ne la trouverons que dans l'observation des faits et dans l'étude patiente et suivie de toutes les manifestations extérieures et apparentes de l'état somnambulique ; nous ne la trouverons que dans le jeu merveilleux de l'instrument qui préside au gouvernement de la vie, dans le cerveau, confident nécessaire de l'âme, intermédiaire mystérieux, que la Providence a placé aux limites mêmes du monde matériel et du monde moral.

Invisible et insaisissable dans les obscures profondeurs d'un organe matériel, comme Dieu lui-même dans le monde, l'âme humaine partage avec le cerveau tous les secrets de la vie physique et de la vie morale. A la fois reine et captive, elle préside, dans une prison, à des mystères incompréhensibles. La mort seule peut mettre un terme à sa captivité comme à son empire ; le mysticisme, dans son aveugle témérité, ne comprend pas que tous les efforts qu'il fait pour séparer l'âme du cerveau ne sont que des tentatives impuissantes de suicide. Il a plu à la divine Providence de laisser pénétrer quelques traces de la lumière céleste dans la prison matérielle où l'âme attend la fin des jours de l'épreuve ; mais les portes du ciel ne s'ouvrent point pour elle avant le grand jour de la délivrance. Les métaphysiciens mystiques du magnétisme animal se mettent en révolte ouverte contre l'ordre des temps et des choses. Ils brisent une alliance que la Providence a faite indissoluble ; ils prennent pour des âmes errantes dans l'espace les illusions des somnambules, et ne font que partager avec eux l'erreur qui consiste à prendre le sentiment des choses pour les choses elles-mêmes, l'erreur grossière du nautonier qui, sur une barque rapide, croit voir fuir les arbres immobiles du rivage.

Mais, disent les philosophes mystiques du magnétisme animal, il n'est point possible de soumettre aux lois qui gouvernent la matière les facultés extraordinaires et la puissance merveilleuse des somnambules. Ils se jouent de l'espace et du temps ; ils bravent la loi de causalité; ils renversent tous les obstacles, brisent toutes les barrières, franchissent toutes les distances, et montrent, par leurs actes et leurs révélations, une puissance qui décèle une essence immatérielle et qui ne peut appartenir qu'à des esprits. Nous confessons toute notre impuissance et toute notre admiration en présence des inconcevables mystères du somnambulisme. Mais tous les grands faits primitifs de la vie normale ne sont-ils pas également incompréhensibles? Concevons-nous mieux le miracle permanent du sentiment et de la pensée, que les excentricités du somnambulisme? Un somnambule extatique qui exprime, dans de mystiques transports, les joies ineffables qu'il goûte dans le ciel, au milieu des anges et aux pieds de l'Être des êtres, nous pénètre d'une religieuse surprise; mais on ne songe pas qu'il n'y a rien de plus merveilleux dans ce voyage idéal au ciel, que dans ceux que nous y faisons tranquillement, dans l'état normal, par l'action d'une simple pensée qui nous fait concevoir Dieu et qui nous élève vers lui. Faut-il voir un voyage de l'âme dans une pensée qui nous porte à volonté dans le ciel? Et qu'est-ce que l'extase qui nous donne l'illusion d'un transport réel, si ce n'est une pensée religieuse élevée à sa plus haute puissance?

Le phénomène de l'extase a été dans tous les temps, pour les hommes, un objet d'étonnement et d'admiration. Les extatiques ont été considérés partout comme des êtres sacrés, confidents temporaires de la pensée des dieux, oracles et prophètes, investis du don des langues et des miracles. La superstition, fille de l'ignorance et de la crainte, a adoré le mystère et l'inconnu dans un trouble nerveux. Le mysticisme a vu dans l'extase la lutte de l'esprit contre la matière, le triomphe de l'âme sur le corps. Mais la science, plus prudente et plus sévère, n'ose point scinder l'œuvre de Dieu. L'âme et le cerveau, l'esprit et la matière, indivisibles dans ce monde du temps et de l'espace, ne peuvent être séparés que par la main qui a pu les unir. La Providence qui a fait le mariage mystique des deux substances, a voulu qu'il fût indissoluble jusqu'à la mort, et l'extase somnambulique ne peut rompre une alliance qui ne doit cesser qu'avec la vie elle-même ? Qui donc aurait le pouvoir de resserrer les liens qui unissent l'âme et le cerveau s'ils pouvaient se relâcher ? Comment l'âme rentrerait-elle dans sa prison matérielle si elle en pouvait sortir un instant ? La cessation d'un accès de somnambulisme extatique ne serait pas un miracle moins étonnant qu'une résurrection. Quelle est donc la cause de l'extase somnambulique ? Quelle idée pouvons-nous nous faire de cet état extraordinaire ? Y a-t-il place pour une théorie raisonnable entre les grossières imaginations du matérialisme et les subtiles chimères du mysticisme ? L'extase, comme toute autre forme normale ou excentrique de la vie, ne comporte, pour nous, aucune explication véritable. La scène se passe dans les obscures profondeurs du cerveau ; la science le sait, mais ne sait rien de plus ; elle ignore quels sont les rôles, quelles sont les relations réciproques de la matière et de l'esprit dans l'extase, et abandonne de telles questions aux esprits chimériques. L'état extatique, profondément inconnu dans sa nature et dans ses causes directes, n'est point toujours une phase accidentelle et extrême du somnambulisme ; on le voit naître chez des hystériques, des cataleptiques et souvent même chez des sujets de l'un et de l'autre sexe qui restent étrangers à toute autre perturbation nerveuse. Dans toutes ces circonstances, l'état d'extase, on le conçoit, est toujours identique à lui-même. Il peut se développer spontanément, sous l'influence d'une excitation physique ou morale ; mais, chez les somnambules, il est le plus souvent provoqué par les magnétiseurs qui le font naître et quelquefois cesser à volonté. Il est vrai que les somnambules n'arrivent pas tous à l'extase ; il n'en est qu'un fort petit nombre chez lesquels la nature et l'art puissent accomplir cette métamorphose ; il est vrai encore que l'on a souvent confondu avec l'état extatique une forme silencieuse et concentrée de la clairvoyance ou du somnambulisme lucide.

L'extase a pour effet principal et apparent de rompre le dynamisme normal de la vie et de concentrer exclusivement dans le cerveau toute action vitale. L'extatique ne perçoit plus aucune impression externe ; il est immobile, insensible ; un froid glacial envahit toutes les parties de son corps ; on dirait que la vie va cesser comme le mouvement ; tous les corps extérieurs, son propre corps, lui-même lui deviennent étrangers. Il voit, dans un lointain infini sa dépouille mortelle abandonnée sur la terre, il se croit esprit ; il est dans le ciel ; il voit Dieu face à face et jouit par anticipation des récompenses et du bonheur des élus. Les célestes jouissances qu'il éprouve transfigurent ses traits et reflètent sur le masque de la mort un bonheur angélique. Vos questions et vos paroles n'arrivent plus, pour ainsi dire, dans les hautes régions de l'extase. A peine l'extatique entend-il votre voix ; à peine pouvez-vous lui arracher quelques réponses confuses. Il n'appartient plus à la terre. Tout bruit qui en vient l'importune ; il voudrait briser à jamais quelques fils rares et déliés qui lui paraissent établir un faible et dernier rapport entre son âme et son corps et qui seuls l'empêchent de s'élancer au sein de la Divinité.

Vous command... au somnambule avec une autorité plus ou moins a... ; il était, pour vous, un esclave volontaire et do... il s'insurge et cherche à vou... échapper au mo... il passe à l'extase. Vous rompiez à volonté le m... ...mnambulique de la vie ; un geste, un mouvement vous suffisaient pour ramener le somnambule à la vie normale ; l'extatique repousse votre empire, croit toucher aux portes du ciel et ne vous abandonne volontairement que son enveloppe matérielle. Il est heureux qu'il n'ait été donné à la pensée qu'un pouvoir imaginaire sur la vie ; s'il en était autrement, s'il suffisait, pour cesser de vivre, de le vouloir, on ne verrait jamais un extatique revenir à la vie réelle, et l'extase serait toujours le prélude d'une mort certaine. Il n'y a peut-être point d'epreuve sur la terre qui montre sous une forme aussi saisissante la supériorité des ardeurs et des émotions de l'âme sur les plaisirs des sens; tous les extatiques, quelles que soient leur conduite et leur moralité habituelles, entrent tout à coup dans un état de sainteté, qui chasse du cœur tous les instincts charnels, entoure de séductions ineffables les idées de vertu, de devoir, de sacrifice, et rend à l'âme toutes les célestes aspirations que comporte sa divine essence. Le mysticisme voit à la fois dans le noble délire des extatiques, la preuve du dualisme humain et de la séparation temporaire des deux substances qui le constituent; mais la conséquence est ici tirée d'un principe qui ne la renferme pas, et ne peut satisfaire que des esprits ardents et crédules, accoutumés à prendre des visions pour des arguments. L'âme et le cerveau, indivisibles et solidaires dans le mode physiologique comme dans les modes excentriques ou pathologiques de la vie, échappent à toutes nos vaines disputes sur l'esprit et la matière, qui ne sont que des abstractions sacriléges contraires au plan de l'auteur des choses. Le mysticisme nous parle même une langue que nous ne comprenons pas. Le mot esprit n'a jamais, pour nous, que la valeur d'une métaphore; une empreinte matérielle couvre malgré nous toutes les essences immatérielles que nous imaginons; toutes les langues humaines présentent, à cet égard, un invariable témoignage. L'âme que la science sacrée place dans l'homme, l'âme universelle que la science profane soupçonne dans l'univers, toutes les âmes partielles dont l'imagination humaine a peuplé la terre, portent également le poids et le signe de la matière; nous ne pouvons les concevoir que sous une forme sensible, et nous sommes invariablement ramenés, même par les efforts que nous faisons pour en sortir, au milieu matériel dans lequel la Providence nous a placés. Sachons donc nous mettre en garde contre les fantastiques subtilités du mysticisme; sachons prendre la juste mesure de notre esprit. L'extase, sous une forme insolite et saisissante, ne nous offre point, d'ailleurs, un plus haut problème que la pensée; c'est un nouveau mystère, un nouveau mode de communion des deux substances. La science s'arrête ici aux portes du sanctuaire, répudie comme des jeux d'esprit toutes les théories mystiques et imaginaires de l'extase, et ne va point se perdre à la suite des âmes sur les routes du ciel; les accents de béatitude des extatiques ne sont point à ses yeux des joies véritablement divines; des paroles confuses et entrecoupées ne sont point des confidences de Dieu. L'âme comme la pensée ne voyage, dans l'extase, que sur les ailes de l'imagination; les extatiques ne vont point au ciel; il serait plus vrai de dire qu'ils font descendre le ciel dans leur cerveau.

La vie physique et la vie morale semblent avoir été conçues sur un plan uniforme et invariable. Partout, dans l'une comme dans l'autre, les plus hautes merveilles tiennent à une condition matérielle, en apparence insignifiante et souvent inapercevable. Ici, c'est une membrane en vibration qui crée l'harmonie et produit tout un ordre de sensations délicieuses ; là, c'est un rayon de lumière tombant sur une membrane sensible qui va peindre dans le cerveau les splendides tableaux de la nature ; ailleurs, le contact réciproque de deux membranes excite des transports ineffables et provoque des jouissances et des émotions imprévues. Un mouvement inconnu du cerveau crée la pensée, un autre le sentiment, etc., etc. Toujours on voit les plus prodigieux effets sortir de causes qui ne semblent pas les contenir ; toujours il y a entre les conséquences et les principes un immense intervalle que tous les efforts de l'esprit ne peuvent combler. On dirait qu'une puissance féerique préside à tous les mouvements de la matière vivante et multiplie avec profusion les scènes enchantées ; mais il n'y a place que pour l'admiration au milieu de tous ces prodiges qui confondent la raison, et toutes nos explications physiologiques ressemblent à des énigmes retournées dont nous donnons d'avance le mot sans le comprendre. C'est ainsi que nous ne pouvons voir dans l'extase qu'un mouvement désordonné de l'agent nerveux qui se concentre et s'accumule dans le cerveau. L'équilibre de la vie est rompu ; le principe nerveux, s'ajoutant à lui-même dans l'organe même de la pensée et du sentiment, exalte jusqu'au délire toutes les facultés intellectuelles et morales, et concentre sur un même point toutes les puissances et toutes les énergies de la vie. Nous comprenons un peu, par cette explication, qui n'est toutefois qu'une image, comment les métaphysiciens mystiques du magnétisme animal ont pu prendre pour une retraite temporaire de l'âme, ce mouvement de la vie qui semble fuir devant la mort jusqu'aux régions habitées par l'intelligence. Nous concevons, en outre, les émouvantes séductions qui trompent les extatiques eux-mêmes et qui leur font croire qu'ils sont devenus des âmes errantes sur les routes du ciel; ils ne tiennent plus à la vie que par l'organe du sentiment et de la pensée; toutes les facultés vitales sont réfugiées dans le cerveau; aucune irradiation sensuelle ne vient des régions glacées du corps troubler la pureté de leurs conceptions et de leurs désirs; ils s'élancent avec ardeur vers le ciel, ils embrassent Dieu dans une pensée et s'éloignent avec ravissement d'un corps qu'ils abandonnent à la terre. L'équilibre n'était que troublé; un mouvement anormal l'avait rompu, un mouvement inverse le rétablit; le principe nerveux reprend-t-il son cours ordinaire et se répand-t-il dans de justes proportions sur tous les organes de la vie? tout à coup la scène change; le ton de l'organe cérébral s'abaisse; l'exaltation intellectuelle et morale tombe; la vie reprend tout le terrain que la mort semblait avoir envahi; l'extatique revient du ciel, retombe sur la terre et se retrouve lui même.

Toutes nos explications physiologiques et psychologiques ne sont jamais que des figures; il n'y a point d'autre langage applicable à ces matières. Nous sommes forcés de prendre dans le monde matériel et dans les choses que nous connaissons, l'image des êtres immatériels qui ne tombent sous l'action d'aucun sens humain; dans le milieu où la Providence nous a placés, il n'y a ni langue ni science de l'esprit pur. Dieu a confondu l'esprit et la matière dans ses œuvres. L'interminable querelle des matérialistes et des spiritualistes, qui fait tant de bruit dans le monde, ne tient qu'à des équivoques et n'a point d'objet réel sur la terre. Quels que soient les rapports harmoniques ou hiérarchiques de l'esprit et de la matière, il y a partout, dans tous les ordres de la création, indivisibilité et solidarité des deux substances. Le royaume des âmes n'est point de ce monde. Il n'y a ni êtres, ni actes immatériels en deçà de la tombe. Nous n'avons pas d'organes pour les saisir ou les apercevoir; nous ne les concevons même que par voie de contraste. Mais il semble que cette loi de notre nature pèse à notre impatience; un penchant invincible nous porte vers l'inconnu. On dirait que l'homme étouffe dans le milieu matériel où la Providence l'a mis; il cherche ardemment à en sortir; il veut voir partout des esprits, des génies, des démons, etc. Un esprit règne sur la montagne, un autre dans le vallon; un esprit déchaîne les vents et les flots, un autre fait couler les fleuves ou mûrir les moissons; il y a un esprit dans l'astre qui nous éclaire; il y en a un dans la nue qui éclate; nous plaçons le monde entier sous la domination des esprits.

Mais tous ces esprits ne sont véritablement jamais que des corps. Nous sommes forcés de nous les représenter sous la forme de simulacres aériens; nous leur supposons une nature subtile et vaporeuse; le plus souvent même nous leur donnons la forme humaine. Nous prenons donc malgré nous dans le monde matériel, tous les attributs qui les distinguent. Le divin Platon fut un grand philosophe; qui oserait contredire vingt siècles qui proclament la gloire de ce beau génie? Mais il a été écrit que la vérité passerait avant lui. *Amicus Plato, sed magis amica veritas.* Or, si Platon fut un des pères de la philosophie, il fut aussi le père de l'illuminisme. Son maître Socrate avait fait descendre la philosophie sur la terre, il la reporta dans le ciel, c'est-à-dire dans les nuages et se perdit à la recherche de l'esprit pur. Vainement l'émule en gloire et en génie de Platon, le grand Aristote, s'efforça-t-il de faire rentrer les hommes dans les voies de l'expérience et de la vérité! Le platonisme prévalut et condamna, pour des siècles, l'esprit humain au supplice d'Ixion. Il mit à la mode ces essences nébuleuses, ces êtres immatériels, qui ne sont pour nous que des substances négatives, dont il est impossible de se faire aucune idée. Il semble qu'une science dont l'objet est si simple n'eût pas dû conduire à de bien longues controverses; il n'en a pas été ainsi, et ceux qui seraient tentés de contester aux métaphysiciens l'existence des esprits seront au moins forcés de leur accorder l'esprit de dispute. J'ai toujours regretté, pour mon compte, qu'un philosophe célèbre (1) n'ait pas rempli la promesse qu'il fit un jour de rassembler dans un livre de *dix pages*, tout ce que nous savons sur ces matières. Je soupçonne qu'un livre très court nous eut appris qu'on peut se dispenser d'en lire de très longs.

Il est vrai que le célèbre et laconique auteur que je viens de citer ne connaissait pas le somnambulisme magnétique. Son livre de *dix pages*, assez vaste pour contenir tout ce que savaient les métaphysiciens de son temps, ne suffirait plus, dira-t-on peut-être, à la science prodigieuse des somnambules. Nous savons ce qu'on doit penser sur ce point; nous en avons dit assez pour faire apprécier cette philosophie téméraire, qui s'imagine prendre l'âme sur le fait dans le somnambulisme ou l'extase. Est-il besoin d'en dire davantage pour prouver qu'un accès de somnambulisme ne sépare pas les deux éléments qui constituent le dualisme humain comme l'analyse chimique décompose un corps binaire? Des paralogismes, des pétitions de principe, des illusions du sentiment et de la conscience, tous ces ressorts imaginaires de la logique mystique, ne sont plus pour nous de puis-

---

(1) Montesquieu.

santes séductions. Adressons toutefois, aux philosophes de l'illuminisme, une dernière observation ! Vous faites voyager l'âme dans l'espace, vous la faites monter au ciel; vous tenez qu'elle parle aux anges, qu'elle parle même à Dieu. Mais comment se fait-il qu'elle ne rapporte jamais rien de nouveau de ces étranges voyages? L'âme revient du séjour de l'éternelle vérité, et elle n'a rien appris ! elle a vu Dieu face à face, et elle n'a rien à nous dire ! Le somnambule le plus lucide, fût-il en état d'extase, ne sort, en effet, jamais du cercle dans lequel il a plu à la Providence d'enfermer l'esprit humain. Quelles que soient les merveilles qu'il raconte, jamais vous ne l'entendrez vous dire quelque chose qui soit d'un ordre inconnu, quelque chose dont il n'avait pas explicitement ou implicitement l'idée dans l'état normal. Toutes les révélations qu'il fait, tous les mystères qu'il dévoile, toutes les images qui ornent son langage ont leur point de départ, leur principe, leurs racines, si l'on veut, dans les notions préalablement acquises de la vie ordinaire. Le somnambule ne fait donc que paraphraser ce qu'il sait, développer des idées qui se trouvaient chez lui à l'état latent. Il avait toujours en lui la majeure des conséquences qu'il déduit; il n'agit donc que sur ses propres idées; il ne combine que des pensées préexistantes, et, quel que soit le prodige des combinaisons, il trouve tout en lui-même et ne prend rien au dehors. Nous ignorons, que sert de le répéter? quels sont les nouveaux rapports de l'âme et du cerveau dans le somnambulisme et l'extase ; mais à coup sûr toute la scène se passe dans les mystérieuses profondeurs du cerveau ; l'âme reste en communion secrète avec l'organe ; elle ne s'élance pas dans l'espace, elle n'émigre pas de la terre au ciel.

Tout ce que je viens de dire du somnambulisme, on peut l'appliquer à l'état de rêve. On a pris dans des temps de superstition et d'ignorance, les rêves pour des avertissements célestes ; on a inventé l'art fabuleux d'interpréter l'extravagant langage des génies que le ciel, disait-on, nous dépêchait chaque nuit. On aurait dû s'étonner de voir que les images discordantes de nos rêves n'étaient jamais que nos idées de l'état de veille, combinées et accumulées en désordre ; qu'il nous était impossible de rêver des choses absolument inconnues ou de rêver dans une langue que nous ignorons. On eût conclu de cette remarque que, s'il est possible de retrouver quelque chose du passé au milieu des folies d'un rêve, il est toujours absurde d'y chercher l'avenir ; on eût compris, en outre, que nous nous parlons à nous-mêmes quand nous rêvons, et que nous ne donnons point audience à des messagers invisibles qui nous apportent, au nom des dieux, des avis ou des ordres.

Qu'il s'agisse de somnambulisme ou de rêves, de matière ou d'esprit, de magnétisme ou de métaphysique, d'anges ou de démons, etc., tout accuse dans l'homme l'unité et l'indivisibilité de la vie intellectuelle et morale ; mais tout accuse, en même temps, l'indivisibilité et la solidarité de l'âme et du cerveau. Ne cherchons pas à séparer ce que la Providence a voulu confondre. Ne cherchons pas l'âme dans l'espace ; sans dépasser les limites de l'organe qui lui sert d'instrument et auquel s'unit sa personnalité, l'âme peut atteindre jusqu'aux limites du monde. La logique humaine n'a point de prise sur les miracles qui se passent dans le milieu cérébral ; Dieu a voulu qu'un espace de quelques pouces fût assez vaste pour contenir l'univers.

Qu'importent les vaines et bruyantes querelles du matérialisme et du spiritualisme ? Qu'importent les visions du mysticisme et de l'illuminisme ? Sciences d'outre-tombe, abstractions sacrilèges qui défigurent l'œuvre divine, qui confondent la vie terrestre avec la vie future, le ciel avec la terre ! Ce n'est pas Dieu, c'est l'imagination des hommes qui a peuplé la terre de tous ces êtres chimériques qui, sous le nom de génies, de démons, d'esprits, etc., président, dit-on, à tous les phénomènes de la nature et à tous les événements de la vie. La science du magnétisme animal ne relèvera point les autels de ces dieux imaginaires, enfants capricieux de la pensée. Nous ne savons pas, cela est vrai, quel est cet état nerveux qui constitue le somnambulisme, la lucidité, l'extase ; mais nous ne savons pas davantage quel est celui qui rend possible un sentiment ou une pensée. Nous voyons dans l'état excentrique, comme dans l'état normal de la vie, l'action commune, harmonique et solidaire de l'âme et du cerveau. Nous ne savons s'il y a là un maître qui commande et un esclave qui obéit. Pour nous, le cerveau et l'âme sont, au même titre, œuvre de Dieu. Nous nous bornons à observer ce que nous ne pouvons ni comprendre ni expliquer ; nous admirons Dieu dans toutes ses œuvres, et le plus haut des mystères dans un organe dont les fonctions sont toutes mystérieuses et, pour ainsi dire, toutes divines.

Il ne faut pas se faire illusion. La science magnétique est encore au berceau, et ne se compose pour les esprits sérieux, que de quelques phénomènes curieux, anneaux épars qu'aucun lien ne réunit. Rien ne justifie les prétentions des écrivains qui nous présentent sans cesse la science du magnétisme animal comme la première et la plus haute des sciences humaines ou comme une sorte de métaphysique suprême ou surnaturelle. Il en serait ainsi, si les choses qu'ils racontent et les théories qui servent à les expliquer n'étaient pas le plus souvent également chimériques. Malheureusement presque tous les ouvrages écrits sur cette matière, depuis un demi-siècle, ne sont que des monuments de démence, des collections d'outrages insupportables au sens commun. L'imposture ou la crédulité ont presque toujours tenu la plume et fait du magnétisme animal une conspiration permanente contre la logique et la vérité. Il n'a fallu rien moins que les étranges phénomènes qui se sont produits de nos jours et dont nous dirons un mot plus loin, pour sauver du naufrage une science compromise par ses fanatiques propagateurs. Il est vrai que quelques hommes savants et graves se comptent parmi les écrivains du magnétisme; mais en est-il un seul qui ait tenu droit jusqu'au bout le drapeau de la science et de la vérité ? En est-il un seul qui ait toujours écrit en philosophe, qui n'ait pas été quelquefois crédule, fanatique, sectaire aveugle? Ne croient-ils pas tous aux miracles, aux démoniaques, aux sorciers ? N'ont-ils pas tous de longs chapitres consacrés au magnétisme surnaturel? Ne nous parlent-ils pas tous d'anges et de démons qui apportent aux somnambules des objets matériels, des crucifix, des couronnes, etc. ? On dit que ces choses sont prouvées par les témoignages les plus irrécusables, et qu'on ne peut les rejeter sans ébranler toutes les bases de la certitude humaine; je ne sais, mais il est certain qu'on ne peut les admettre sans répudier toutes les règles du sens commun.

Toutefois, quelques rares ouvrages, archives uniques du magnétisme animal pour les hommes sensés, et les seuls qu'on puisse lire, honorent les savants qui les ont écrits; mais ils ne peuvent être considérés que comme des matériaux informes qui attendent la main prudente et habile qui saura construire un jour l'édifice. Le temps, au reste, n'est pas venu de songer à une construction solide et durable. Quelques faits qui étonnent et déconcertent l'esprit, ne font pas une science; les philosophes illuminés du magnétisme le monde invisible et donnent aux chimères de leur esprit des proportions fabuleuses; mais ils oublient que la terre refuse de porter les monuments qu'on veut élever jusqu'au ciel. Pareils aux ouvriers de la tour de Babel, ils perdent l'équilibre dans les hauteurs de l'espace ; un dieu jaloux renverse leurs gigantesques constructions, confond leur langage et les frappe d'impuissance.

Que dire de ces longs chapitres qu'on trouve même dans les ouvrages de magnétisme réputés raisonnables, intitulés : Métaphysique du magnétisme, physiologie, médecine, chirurgie du magnétisme ? Ne semble-t-il pas bien épineux d'expliquer le magnétisme par la métaphysique? On pourrait se flatter de quelques succès, si deux inconnues valaient une preuve, comme deux négations valent une affirmation. Qu'est-ce que la physiologie du magnétisme? Comment faire entrer dans le cadre étroit de nos théories physiologiques, des faits excentriques que nous ne concevons pas, que les sens imposent à la raison ? Comment expliquer ce qu'il est si difficile de croire? Quant à la médecine du magnétisme, on peut, à cet égard, faire une légère concession, mais il faut s'entendre ; veut-on parler de la médecine exercée par les somnambules? nous avons vu, dans cette étude, à quoi se réduisent, sous ce rapport, leur savoir et leur puissance ; un homme sérieux peut se dispenser de parler de cette médecine-là. Mais il y a toutefois, une médecine du magnétisme, fort limitée, il est vrai, dans ses applications, mais réelle et incontestable dans ses effets. Celle-ci tient à l'action directe de la magnétisation, soit sur les somnambules, soit sur les individus, en petit nombre, qui, sans être somnambules, ne sont pas réfractaires à l'influence magnétique.

Nous savons que l'action mentale qui a son point de départ dans l'élément le plus actif de la pensée, dans la volonté, ne produit des effets sensibles que sur un nombre très limité d'individus. Dans l'immense majorité des cas, toute influence mentale reste inaperçue ; la pensée n'est ni transmissible, ni perceptible ; rien ne révèle son action à distance. Or, peut-on agir par la pensée sur les individus qui ne perçoivent point la pensée et qui se montrent toujours insensibles à toute action mentale? Il semble qu'il suffise de poser une telle question pour la résoudre. Qu'attendre d'une cause dont les effets sont toujours invisibles? Il est vrai qu'on parle d'émanations fluidiques qui peuvent agir à l'insu de la conscience ; on attribue à un agent inconnu, le fluide magnétique, des guérisons qu'on obtient par des magnétisations répétées et en apparence inactives. Ici, c'est la foi qui sauve ; il n'y a point à discuter. Mais ne peut-on pas donner aux choses un autre nom, ne point parler de magnétisme et invoquer l'action de la nature et du temps, l'influence de l'imagination et de la foi, l'inconnu sous toutes les formes ? Pour mon compte, je n'ai point cette foi docile qui croit des choses qu'aucun indice ne révèle; je ne sais rien voir là où je ne vois ni causes ni effets; et quand un magnétiseur s'épuise en efforts pour inonder des flots d'un fluide invisible un malade qui ne les ressent jamais, il me semble voir un homme qui cherche à soulever des tempêtes dans le vide, ou qui lâche le courant d'un fleuve sans eau.

Mais le magnétisme a ses élus. Nous connaissons l'action puissante de l'homme sur l'homme, l'influence prodigieuse de la magnétisation sur les somnambules. Nous avons vu toutes les actions vitales soumises dans l'état somnambulique, à la volonté du magnétiseur et suivre, en quelque sorte, dans toutes leurs directions, les nuances intentionnelles de sa pensée. On conçoit tout le parti qu'on peut tirer d'une autorité presque illimitée sur les mouvements de la vie, dans les maladies qui ne sont que des perversions ou des déviations de ces mouvements. Un magnétiseur, s'il sait se rendre compte d'une maladie chez un somnambule, s'il sait comment la vie s'est égarée, peut, par l'action seule de sa volonté, remettre toutes choses en droit chemin; il peut provoquer le concours favorable des organes, commander toutes les actions vitales qu'il juge salutaires, et armer, pour ainsi dire, la vie tout entière contre l'ennemi qui la trouble ou qui la menace; chose étrange et merveilleuse! les irradiations de la volonté agissent sur les organes d'un somnambule comme les agents physiques de la thérapeutique. Un magnétiseur connaît-il la maladie d'un somnambule ; sait-il quels sont les mouvements vitaux qui peuvent remettre les choses en équilibre et ramener la santé ; il peut aisément le guérir : il n'a besoin pour le faire, que de le vouloir. Il y a donc une vraie médecine du magnétisme. Mais on voit qu'elle est limitée aux somnambules ; on voit, en outre, que, pour l'appliquer avec succès, il faut qu'un magnétiseur soit en même temps un médecin habile, il faut non-seulement qu'il sache vouloir, mais qu'il sache ce qu'il doit vouloir.

On s'est facilement persuadé que l'extase porterait la lucidité somnambulique à sa plus haute puissance, et révèlerait des facultés nouvelles et inconnues. Le nom d'*état supérieur* qu'on lui donne indique cette prévision que sont venues confirmer, dit-on, les plus éclatantes épreuves. Je ne parle point des romanesques démences du mysticisme, qui ne sont jamais que de sérieuses traductions de songes. Mais on trouve, chez des écrivains raisonnables, des faits prodigieux de *clairvoyance extatique* qui semblent avoir été observés avec sincérité et bonne foi. On sait que la faculté de percevoir la pensée est fort laborieuse et toujours limitée dans le somnambulisme lucide ; il en est de même de la faculté d'apercevoir les choses existantes, malgré les voiles ou les distances qui les dérobent aux sens ; et, bien qu'on ne connaisse pas le mécanisme de cette double faculté, il est facile de voir que le somnambule ne l'exerce qu'à l'aide de quelques artifices pénibles d'intelligence dont il ne sait pas rendre compte ; on voit qu'il prend son point d'appui sur une série de jalons inconnus qui le conduisent lentement au but. Dans l'extase somnambulique, au contraire, on nous assure que les révélations sont quelquefois subites et atteignent des choses et des événements qu'aucun intermédiaire ne pouvait rapprocher du somnambule extatique ; il y a, en apparence, vision prophétique, force divinatoire ; l'extatique ne procède plus ni par induction ni par déduction, il plonge dans le temps et l'espace, et paraît avoir comme des éclairs de divination. Nous n'avons point observé de faits de cet ordre. Nous n'osons ni nier ni admettre ceux que l'on rapporte ; mais jusqu'à ce que l'expérience vienne nous détromper, nous ne changerons rien ni à l'interprétation que nous avons donnée de la lucidité somnambulique, ni aux limites que nous avons assignées aux facultés des somnambules. L'extase somnambulique, qu'il ne faut pas confondre, ainsi que nous l'avons dit plus haut, avec une forme concentrée de la clairvoyance, est un phénomène rare ; nous ne l'avons observé qu'une fois, et nous n'avons rien vu qui approche des merveilleuses histoires que l'on raconte.

Nous savons bien qu'il est téméraire de poser, dans les sciences naturelles, la borne que ne doit pas franchir l'esprit humain. Nous avons soutenu, sans nous croire coupable de témérité, que les somnambules n'étaient ni des oracles ni des prophètes. Nous avons signalé chez eux des perceptions nouvelles, dont les modes et les voies de transmission nous sont inconnus; nous avons admis une exaltation des facultés naturelles et des procédés de raisonnement qu'il n'est pas toujours possible de suivre ni même de déterminer; nous avons admis le dualisme de l'existence, la faculté de prédire limitée aux accidents dont les somnambules portent en eux-mêmes le principe ou le germe. Mais il nous a semblé qu'il n'y avait rien de surnaturel dans cet ensemble de facultés excentriques; il nous a semblé que les somnambules n'étaient, dans toutes les manifestations de leur puissance, que ce que pourrait être un astronome prédisant une éclipse à un homme étranger aux principes de l'astronomie. Mais on nous oppose des faits qui ne rentrent plus dans le cercle que nous avons tracé et qui touchent à la divination surnaturelle. On nous accable de témoignages et d'exemples. Faut-il croire ce que tant de témoins rapportent? Il serait sans doute illégitime de rejeter indistinctement, en matière de science, la preuve testimoniale; mais peut-être est-il permis de le faire en matière de magnétisme et de somnambulisme; et quand il s'agit de miracles, on est excusable de vouloir ajouter ses propres yeux aux yeux des autres. Les témoignages humains n'ont manqué dans aucun temps ni à l'erreur ni à l'imposture; les hommes n'ont pas vu moins de choses merveilleuses ou impossibles qu'ils n'en ont imaginé. L'amour du merveilleux et de l'inconnu exerce sur l'homme un tel empire, qu'on le voit quelquefois se prendre lui-même pour dupe et croire des extravagances qu'il n'avait rêvées ou imaginées que pour séduire ou étonner les autres. Une secte philosophique a soutenu que l'autorité était le véritable fondement de la certitude, et que le consentement de tous (*consensus omnium*) était le signe unique et infaillible de la vérité ; mais l'histoire de tous les temps est une protestation éclatante contre cette doctrine. Il n'y a point d'erreur qui n'ait régné sur la terre sous le nom de la vérité. Chaque miracle a eu ses témoins, chaque prophète a eu ses séides ; les hommes ont toujours adoré des idoles avant de connaître le vrai Dieu. On insiste, et on dit : Il faut donc ne rien croire et avouer qu'il n'y a, dans ce monde, rien de certain. En effet, si l'autorité de tous est suspecte, que peut valoir le témoignage d'un seul ? A ce dilemme embarrassant, d'autres répondent qu'il faut peser les témoignages, et non les compter, qu'il faut croire et regarder comme certain ce qui est attesté par ces esprits d'élite que la Providence a faits princes de l'intelligence, rois de la pensée. Nous nous trouvons ici, dans l'ordre philosophique, placés au sein d'un labyrinthe, dont une issue mène à l'anarchie et l'autre au despotisme ; mais il y en a heureusement une troisième qui aboutit à la liberté. Il y a longtemps qu'un philosophe et un apôtre nous l'ont montrée : *Amicus Plato, sed magis amica veritas*, disait l'un ; *la lumière éclaire tout homme venant en ce monde*, prêcha l'autre. J'ai fait tous mes efforts pour me souvenir du philosophe et de l'apôtre dans cette étude, et n'ai pris pour guides que mes sens et ma raison. Je ne prétends point, je le répète une fois de plus, que les somnambules ne peuvent, dans aucun cas, dépasser le point où je les ai laissés ; mais je prends le parti de répudier toute autorité étrangère et de douter de toutes ces histoires miraculeuses qui courent le monde, qui mettent, dans les livres, l'imagination à la torture, et dans lesquelles il ne m'a jamais été possible d'être spectateur ou acteur.

Mais disons quelques mots des nouveaux phénomènes qui viennent de faire tant de bruit dans le monde. Comme dans tout le cours de notre étude, cherchons le grain de vérité qui se trouve mêlé aux rêveries et aux mensonges.

CHAPITRE XII.

Nous assistons à un spectacle vraiment étrange. Une vaste conjuration menace aujourd'hui la raison humaine et fait des efforts désespérés pour nous arracher toutes les conquêtes intellectuelles que nous avons faites depuis trois siècles. Un philosophe marcha jadis pour prouver le mouvement. Cette logique n'est plus de notre temps. On raisonne, de nos jours, pour nier la raison. On invoque la raison contre elle-même ; on tourne contre elle les armes que l'on tient d'elle ; on prend dans la raison même son point d'appui pour la combattre et la convaincre d'impuissance. L'Apôtre nous avait dit : *la lumière éclaire tout homme venant en ce monde.* C'était un blasphème. Il n'y a qu'un droit qu'on ne conteste pas à la raison, c'est le droit de se soumettre à ceux qui la maudissent. Comme ces feux éphémères de la nuit, qui ne brillent un instant que pour s'éteindre à jamais, la raison ne peut avoir qu'un jour d'éclat et ne doit exercer l'autorité que pour l'abdiquer ; elle n'est qu'une seule fois légitime et n'a dans le droit de reconnaître ses maîtres, qu'un privilége de plus que les esclaves. Tous nos égarements et nos malheurs tiennent, dit-on, à l'oubli de ces principes salutaires. Nous faisons fausse route depuis trois siècles. Dans le triple domaine de la politique, de la religion, de la science, nous nous égarons à la suite d'un guide trompeur qui nous conduit aux abîmes; il est temps de faire volte-face et de revenir sur nos pas.

L'homme a eu, dans l'âge moderne, une funeste convoitise : il est retombé dans le péché qui perdit les auteurs de la race humaine. Il a voulu goûter au fruit de l'arbre de la science; le démon, pour le tenter, s'est fait philosophe. L'homme est tombé pour la seconde fois; il a perdu la robe d'innocence qu'il portait dans l'Éden du moyen âge; il a connu de nouvelles douleurs; il a été une seconde fois marqué du signe de la mort; il a besoin d'un second baptême et d'un seconde rédemption.

Écoutons donc les nouveaux messies qui viennent pour nous sauver. Marchons avec eux contre le serpent philosophique; écrasons la tête de cet infâme; rallions-nous sous le drapeau des apôtres de la servitude et de la superstition. Revenons au temps des miracles, des esprits, des démons, des revenants et des sorciers.

Il est vrai que nos pères brûlaient quelquefois les sorciers; souvent ils se permettaient de ne pas les croire; ils ont eu plus d'une fois l'audace de se moquer d'eux. Mais nous serons, nous, plus respectueux et plus crédules. Le passé nous offre pour exemple des héros et des martyrs; nous ferons en arrière des progrès qui nous placeront à la hauteur des siècles les plus barbares, et partant les plus heureux.

Il faut rendre justice à l'esprit philosophique. Les

hommes de l'avenir n'ont point paru s'émouvoir de tant d'imprécations, de tant de blasphèmes. Ils n'ont répondu que par la majesté de leur silence et la hauteur de leurs dédains aux outrageants manifestes de leurs ennemis. Les aigles planent au-dessus des nuages, sans entendre les tristes cris des oiseaux de la nuit. La philosophie ne plaide point une cause gagnée, proteste à peine, et emporte, dans sa marche triomphale, ses ennemis comme ses amis. Tel le poète nous peint l'astre du jour, versant ses torrents de lumière sur ses blasphémateurs.

Les ennemis de la raison poussèrent un cri de joie sur toute la ligne, quand nous vint d'Amérique la singulière et saisissante nouvelle, connue depuis, sous le nom vulgaire de danse des tables, des tables tournantes, devenues depuis tables pensantes, parlantes, écrivantes, etc. Ils crurent voir toute une légion de démons renforcer leurs rangs, et réhabiliter, à la confusion de la science, toutes les légendes de la crédulité. Que ne croiront point les hommes quand ils auront vu marcher, penser, parler et écrire des tables, des lits, des billards, etc.?

Je n'ose point nier le phénomène de la *danse* des tables; les témoins qui affirment l'avoir constaté, se comptent aujourd'hui par centaines de mille; ils appartiennent aux classes de la société dites éclairées; le fait semble donc être indubitable. Toutefois, je dois faire un aveu qui, dans l'état présent des choses et des esprits, pourra passer pour un trait de courage.

Je dois, pour être sincère, dire qu'il ne m'a point été donné de constater un phénomène devenu si vulgaire. Les nombreuses expériences que j'ai faites, celles plus nombreuses encore auxquelles j'ai assisté ou concouru, ont toujours été négatives. Les tables et autres corps inertes ont toujours conservé, avec une désespérante obstination, leur impassibilité et leur immobilité séculaires. Mais je veux croire que j'ai été expérimentateur malheureux ou inhabile ; et, quoique je ne professe point, en matière de science, une haute confiance dans les témoignages humains, ici le nombre et la qualité des témoins m'imposent ; on tient que les tables et autres corps inanimés entrent spontanément en mouvement, tournent, sautent, dansent sous l'influence de la volonté humaine, qui se transmet à distance à travers les mains et les doigts ; je le veux croire. Je le crois comme je crois à l'existence d'une ville que des milliers de voyageurs ont vue, et dans laquelle je n'ai jamais mis le pied.

Ainsi un principe inconnu de mouvement émane de l'homme ; il agit sur les corps inanimés ; il leur imprime des impulsions diverses, et semble soumis, sous le triple rapport de son origine, de son intensité, de sa direction, à la pensée, ou plutôt à l'élément le plus actif de la pensée, à la volonté.

Comment se rendre compte d'un aussi étrange phénomène ? Quelle est la nature de ce mystérieux moteur ? Quels sont ses conducteurs, ses intermédiaires ? Quel peut être l'invisible médiateur qui transmet les ordres d'une puissance immatérielle à des corps matériels, et qui les met en mouvement? On ne sait trop comment aborder un tel problème, on ne sait dans quel sens, par quels côtés le saisir? Toutes les explications qu'on a hasardées jusqu'à ce jour, semblent futiles ou chimériques; elles attestent le tourment de l'esprit, sans pouvoir le calmer.

Mais il s'agit aujourd'hui d'une tout autre merveille. On avait bien vu les tables et autres corps inertes se mouvoir, sauter, danser, tourner; mais on les croyait animés d'un mouvement aveugle, fatal, purement mécanique. Ces corps sont maintenant intelligents. Ils se livrent, sous l'influence de la volonté, à des évolutions qui supposent de leur part une parfaite soumission. Ils exécutent complaisamment tous les mouvements qu'on leur commande et obéissent à toutes les nuances intentionnelles de la pensée. Ils suivent, dans leur déplacement, toutes les directions qu'on leur prescrit, tournent dans le sens que l'on veut. Ils vont en avant, ils reviennent en arrière; ils vont à droite, ils vont à gauche; ils s'arrêtent et rentrent en action, en se conformant, avec une édifiante docilité, à toutes les injonctions mentales qu'ils reçoivent. Les tables frappent le sol du pied pour dire l'heure des pendules ou l'âge des expérimentateurs. Je m'arrête: il n'y a plus de limites au prodige. On hésitait à croire que les tables tournaient; on tient aujourd'hui qu'elles pensent. Que dis-je? elles pensent! elles parlent et elles écrivent! On leur adresse des questions, et elles répondent ; on leur attache une plume au pied, et elles écrivent, font des prédictions, révèlent des secrets, donnent des conseils, etc., etc.

M'accusera-t-on de ne pas parler sérieusement ? M'imputera-t-on la pensée de dénaturer des faits étranges, mais certains, et de les rendre solidaires de quelques visions fantastiques, échappées au délire de la foule ignorante et crédule ? Je ne serais embarrassé, pour me justifier, que du choix des autorités et des témoignages. A tous les étages de la société, les témoins se pressent. Les savants ont vu comme les ignorants. Veut-on compter les suffrages ; ils sont sans nombre. Veut-on les peser ; qu'on se rappelle deux lettres fameuses ; qui n'en connaît les auteurs ? l'un est académicien, l'autre est digne de l'être. Je respecte assurément beaucoup leur personne, j'admire leurs talents et ne suspecte point leur bonne foi. Mais que penser de telles lettres écrites par de tels hommes ? J'avoue que si j'étais tenu d'en dire nettement mon sentiment, je laisserais là la question principale ; je ne parlerais ni du mouvement, ni de l'intelligence, ni de l'éloquence des tables, je ne m'occuperais que d'un problème purement psychologique, et je m'étudierais à comprendre comment de tels hommes ont pu voir, croire, écrire et dire de semblables choses.

Étrange revirement dans le mouvement des esprits ! On s'applaudissait naguère d'être né dans un siècle de lumières ; on ne voyait que des sceptiques et des esprits forts. La science moderne avait marché sur toutes les idoles et flétri de ses dédains toutes les antiques superstitions ; elle se vantait d'avoir dissipé au souffle de la raison les sciences occultes et les arts magiques ; nous faudra-t-il expier ces anathèmes comme des blasphèmes ? Les anciens avaient entendu parler le bélier de Phryxus et les vaches du mont Olympe, l'ânesse de Balaam et les arbres de la forêt de Dodone ; serons-nous condamnés, pour ne l'avoir pas cru, à voir penser ou parler des tables ?

On nous répète sans cesse aujourd'hui que nous n'avons pas le droit de déclarer impossibles des faits allégués, par cela seul qu'ils sont nouveaux, qu'ils nous semblent étranges, qu'ils ne s'accordent pas avec des théories admises et que nous ne pouvons nous en rendre compte ; cela est vrai. On refait chaque jour l'histoire de Copernic et de Galilée ; on évoque les ombres de toutes les victimes des préventions de la science ; on nous dit que nous ne connaissons ni toutes les formes de la vérité, ni toutes les lois de la nature, et que nous ne devons, dans aucun cas, prononcer, à priori, le mot *impossible*. Telle doit être, en effet, notre règle de conduite ; mais il n'y a point, on le sait assez, de règle sans exception. La science déplore toutes les erreurs qu'on lui reproche ; mais si la vérité s'est souvent montrée sous des formes qui l'ont fait méconnaître, n'y a-t-il pas des formes qu'elle ne peut jamais prendre ? Ne pouvons-nous pas, dans certains cas, reconnaître l'erreur qui s'annonce au nom de la vérité et la repousser sans examen? Pour établir et fixer notre droit de récusation préventive, je répéterai ce que j'ai dit au début de cette étude? Nous n'avons, pour nous guider dans nos jugements, que deux ordres de principes : les uns sont des faits rapprochés et concentrés que nous exprimons par des formules générales, qui résument tout ce que nous avons pu induire ou déduire de l'observation, ils ne renferment, en définitive, que ce que nous avons mis en eux et ne sont que des signes qui marquent la hauteur à laquelle l'esprit s'est élevé. Ces principes changent d'expression ou de formule selon l'état de nos connaissances; il peuvent être modifiés ou infirmés par des faits nouveaux et ne sont que des espèces de jalons mobiles que peuvent déplacer le temps et le progrès. De tels principes n'ont point évidemment l'autorité nécessaire pour être invoqués comme objections contre des faits qui leur sont contraires. Mais il y a des principes qui sont absolus, universels que nous n'avons ni déduits ni induits, que nous n'avons pas faits, qui nous ont été, en quelque sorte, révélés par la raison et qui se confondent même, si l'on veut, avec les lois fondamentales de l'intelligence; rien ne peut ni les ébranler, ni les amoindrir, ni les modifier. Ce sont, si l'on peut hasarder une telle figure, des espèces de moules dans lesquels la vérité prend invariablement et inévitablement toutes les formes qu'elle peut avoir pour nous.

Nous pouvons donc légitimement rejeter à priori, sans scrupule et sans examen, tous les faits qui impliqueraient la négation ou seulement la modification de ces principes absolus. Quelle témérité, pour citer des exemples, reprochera-t-on à l'homme qui condamne sans les entendre ceux qui affirment des choses dont il résulterait qu'il y a des effets sans cause, des modalités sans substance, de l'étendue sans espace, que la durée n'implique pas le temps, qu'on peut peser dans la même balance les quantités morales et les quantités matérielles, que deux et deux ne font pas toujours quatre, qu'un corps inanimé pense et parle, etc., etc.? Faut-il faire un accueil sérieux à des hérésies insensées? On nous dit que ce sont des miracles, on parle d'esprits et de démons ; mais nous avons renoncé à Satan et à ses pompes. Il n'y a point pour nous d'autres miracles que celui que Dieu fit en créant le monde et ceux qu'il fait chaque jour en le conservant, par les lois qu'il lui a données.

Il y a donc des choses qu'il est permis de ne pas croire, qu'on peut rejeter d'emblée sans chercher à les voir et à les vérifier. Nous savons bien que sur ce point l'abus touche de près à l'usage; mais les ombres de Galilée et des autres héros et martyrs de la science ne couvrent point indistinctement tous les visionnaires. Qu'il n'y ait pour eux ni prison, ni feux, ni tortures ; mais qu'on nous permette de ne les croire, ni les entendre; ne relevons pas les autels de l'antique Chimère ; si des dieux ont été offensés, il ne faut pas, pour apaiser leurs mânes, adorer des idoles.

Que des corps inorganiques inertes se meuvent et tournent par l'effet d'un principe inconnu de mouvement, qui émane du corps humain et qui semble soumis, sous le rapport de sa génération et de son émission, à une puissance immatérielle, à la pensée, à la volonté, ce fait à coup sûr est nouveau, surprenant, saisissant; mais il n'implique point impossibilité, contradiction, absurdité! Il n'est incompatible ni avec les principes absolus des sciences, ni avec les lois de l'esprit. Un tel phénomène n'est point d'un ordre plus élevé, ne renferme point de plus inconcevables mystères que les grands faits primitifs de la vie. On peut lui reconnaître dans les phénomènes électriques des analogues, et la science du magnétisme animal produirait au besoin des faits réels et observables, qui mettent l'esprit à l'épreuve d'une plus haute surprise. Il ne faut donc à priori ni le nier, ni le croire; il faut le vérifier et le constater; il faut ensuite, si l'on peut, l'expliquer.

Mais accorder le sentiment, la pensée, la parole même, à des corps bruts et inanimés dire que des tables ont parlé et écrit, n'est-ce pas insulter à la raison, à l'observation, à la logique, au bon sens, à la nature, à Dieu? Faut-il discuter sérieusement de semblables bouffonneries? Des milliers de témoins attestent le miracle, ils ont vu et entendu. Il n'y a rien à répondre, sinon que l'esprit a, comme le corps, ses maladies épidémiques, et qu'il y a au moins dans le monde un miracle dont la preuve est faite; c'est ce miracle dont nous avons, je crois, parlé, miracle de tous les temps, de tous les pays, de tous les jours, de toutes les heures, qui montre qu'il n'y a rien de si absurde qu'on ne trouve quelqu'un pour le dire et quelqu'un pour le croire.

Laissons à ceux qui entendent parler les tables le soin de leur répondre; laissons les diables s'en aller comme ils sont venus, et bornons-nous à parler du mouvement des tables et autres corps inanimés, sous l'influence de la pensée humaine. Ici les proportions du prodige permettent à la rigueur de croire même sans avoir vu et de faire acte de soumission à la voix publique. Tenons-le donc pour certain; est-il possible de s'en rendre raison? On s'est vainement, jusqu'à ce jour, mis l'esprit à la torture pour trouver le mot de l'énigme. On a successivement interrogé tous les oracles de la science; ils sont restés muets. On les a soupçonnés d'être incrédules; toutefois, on dit que, s'ils ont perdu la voix, ils n'ont pas perdu les yeux, et qu'ils voient sauter et danser des tables comme tout le monde. On les accuse d'avoir ourdi contre un phénomène trouvé dans les rangs de la foule, la conspiration de la rancune et du silence. La foule, déçue ou trahie, a frappé les savants de déchéance et s'est faite savante elle-même. Au miracle des tables tournantes, nous avons vu se joindre un autre miracle, qui a fait passer la science de l'académie au salon, du salon à la boutique, de la boutique partout. Tout le monde est savant aujourd'hui, excepté ceux qui passaient pour l'être. Le règne du communisme scientifique est arrivé, et la vérité a pour organe le verbe universel.

Il était naturel de chercher la cause du phénomène nouveau dans les forces électro-magnétiques ; mais le plus simple examen a bien vite fait voir qu'on ne trouverait pas là la raison suffisante des choses. Nous ne connaissons point la nature du principe électro-magnétique ; nous ne pouvons par conséquent prévoir d'avance tous les effets qu'il comporte, ni déclarer d'abord que des effets nouveaux ne peuvent point lui être attribués. Mais nous connaissons très bien les circonstances qui permettent ou empêchent le développement de toute action électrique ou magnétique ; nous connaissons les lois suivant lesquelles se produisent ou se transmettent ces actions, ainsi que les corps qui en favorisent ou en paralysent la production et la transmission. Rien de tout cela ne s'accorde avec les circonstances observées dans le mouvement ou la rotation des tables. Ce n'est donc point le principe électro-magnétique qui émane du corps de l'homme ou qui se développe dans les corps inorganiques sous l'influence de la volonté humaine.

Il est à peine nécessaire de parler du principe de l'attraction, du principe qui imprime à la terre son mouvement diurne. La pensée que l'on a eue de chercher de ce côté l'explication du phénomène n'a pu se produire que sous la forme d'un vague soupçon qui n'a conduit à aucune analogie et qui n'atteste que l'impuissance et le découragement de l'esprit.

On a fait plus généralement intervenir un autre principe impondérable dont l'existence n'est admise que par quelques-uns, dont la nature et le mode d'action sont inconnus à tous, et qui se prête en conséquence merveilleusement à toutes les suppositions de l'esprit comme à toutes les excentricités des faits. Je veux parler du fluide magnétique. Les uns considèrent ce fluide comme un principe distinct; les autres le confondent avec le principe même de la vie ou avec le fluide nerveux. En admettant l'intervention de ce principe, quelle que soit sa nature, il n'y a plus rien d'embarrassant dans l'explication du phénomène du mouvement et de la rotation des tables. On trouve la raison suffisante de tout, comme on trouve celle des faits excentriques du magnétisme animal. Il suffit, pour cela, d'attribuer au fluide magnétique ou magnético vital l'omnipotence et l'ubiquité. Ce fluide devient ainsi la cause de tout ce que l'on voit, de tout ce qui arrive. Mais il est sensible qu'une telle explication n'est qu'une illusion par laquelle l'esprit se séduit et se trompe lui-même; elle ne consiste, en effet, qu'à donner pour cause aux faits les plus divers et les plus complexes le nom commun d'une chose que l'on imagine. Il faudrait, pour qu'il y eût explication réelle, que l'on pût saisir, entre les faits observés et l'état possible du fluide, des relations constantes et telles, que l'une de ces choses pût toujours être prise pour l'autre et lui servir de signe et de mesure. On trouve un tel parallélisme dans la théorie électro-magnétique. Aussi le principe électro-magnétique est-il pour les physiciens un moyen de démonstration, tandis que le fluide magnétique ou magnético-vital n'est jamais qu'un signe vague et une pure dénomination.

Il n'y a pourtant, dira-t-on, qu'un fluide impondérable qu'on puisse concevoir comme médiateur entre une puissance immatérielle et un corps inerte, et ce ne peut être que le fluide magnétique ou magnético-nerveux : cela peut être en effet ; mais rien ne le prouve ; et d'ailleurs quel secours le raisonnement trouverait-il dans une telle hypothèse ? Nous ne pouvons nous faire aucune idée, ni de la nature, ni du mode d'action ou de circulation du fluide magnétique ; nous ne sommes pas même certains de son existence ; nous sommes forcés, s'il existe, de nous le représenter sous la forme d'un gaz ou d'une vapeur infiniment subtile : or, comment attacher à la première molécule la pensée, et le mouvement d'un corps matériel à la dernière ? Ici l'esprit s'abuse ; il ne fait évidemment que nommer les choses, il ne les explique pas.

On a essayé, sans recourir à cette action incertaine, vague et incompréhensible d'un fluide inconnu, de trouver, dans des faits sensibles, une interprétation que l'esprit puisse saisir et suivre dans toutes ses phases ; on a cru que l'on pouvait rattacher le mouvement des tables à une impulsion physique, et le soumettre aux lois générales et ordinaires du mouvement. On sait que la volonté a des instruments matériels auxquels elle commande en souveraine ; ce sont les muscles et les leviers osseux auxquels ils sont implantés. Il ne s'agit point de comprendre comment l'ordre d'agir leur est donné, comment il est reçu et compris ; c'est un mystère impénétrable ; c'est le secret de la vie. Mais si la contraction musculaire est, à sa source, un fait vital incompréhensible, elle devient, dans son exercice et ses applications, un fait physique ou mécanique, accessible aux sens comme à l'esprit, à l'observation comme au calcul. Or, un savant nous a dit : il y a un mode de la contractilité musculaire qu'on n'a pas remarqué jusqu'à ce jour, qui s'exerce involontairement, sans que l'âme en ait conscience ; c'est une contractilité fibrillaire, un imperceptible va-et-vient qui ne cesse jamais. Les muscles ne sont jamais entièrement immobiles, et ne comportent point l'état de repos absolu. Quand nous imposons les mains aux tables, quand nous nous croyons immobiles, la contractilité musculaire agit secrètement à notre insu ; elle s'accroît par l'effet de l'attention, du désir, de la volonté, du regard même, qui deviennent complices de la contractilité, sans rien révéler à la conscience. Voilà la cause du mouvement des tables et de tous les autres corps inertes ; s'ils se meuvent, s'ils dansent et tournent, c'est vous qui donnez l'impulsion, sans vous en apercevoir, sans vous en douter. Il n'y a rien de mystérieux, rien d'inexplicable dans le phénomène. Il ne s'agit que d'un mouvement communiqué qui s'exerce suivant les lois ordinaires de la mécanique.

Cette explication nous a été donnée pour la première fois, je crois, par M. Chevreul ; elle a bien vite rallié tous ceux qui ne quittent jamais qu'à regret le terrain de la science, et qui aiment à lutter contre le courant qui emporte les esprits crédules et ardents vers les causes occultes ou surnaturelles. Il paraît qu'elle a fait fortune de l'autre côté de la Manche. Un physicien célèbre, M. Faraday, l'a reproduite avec quelques modifications, et elle avait eu antérieurement l'honneur de sortir triomphante, dans un *meeting* savant, de l'urne d'un scrutin solennel.

Toutefois cette explication a rencontré partout des objections et des difficultés qui semblent invincibles. Il est fâcheux que la science n'ait dit qu'un mot, et que ce mot soit impuissant. Pour prouver aux expérimentateurs qu'ils s'abusent quand ils croient ne faire qu'imposer les mains à distance, M. Faraday a imaginé un petit appareil fort ingénieux, qui fait les sens juges de l'illusion de l'esprit ; mais il n'a point été difficile de se mettre à l'abri du genre de déception qu'il signale. On s'est placé dans des conditions qui ne permettent, en aucune façon, de supposer possible un contact involontaire et inaperçu ; le principe du mouvement des corps inertes se transmet donc, et agit véritablement à distance, et il n'est pas permis à M. Faraday de dénaturer les conditions du problème pour en faciliter la solution. En outre, on conçoit que l'application d'une petite force soit suivie d'un petit effet; on conçoit, à la rigueur, qu'on puisse mouvoir un corps léger sans s'en apercevoir; mais quand on voit se mouvoir et tourner avec rapidité, des tables qui pèsent cinquante livres, d'autres meubles encore plus lourds, et jusqu'à des billards, peut-on attribuer le mouvement à une force qui échappe à la conscience? Peut-on croire qu'on fassse sauter et tourner, sans s'en douter, des corps qui céderaient difficilement à l'application de toutes nos forces?

On a essayé de réfuter l'objection et d'éliminer la difficulté, en disant que les petites forces qui résultent de la contractilité musculaire, pouvaient bien d'abord ne produire aucun effet, mais qu'elles s'ajoutaient les unes aux autres, et qu'il arrivait un moment où la force totale, produit de toutes les forces partielles accumulées, dépassait la résistance. C'est alors, dit-on, que les corps s'ébranlent et partent; puis le mouvement, toujours accru par l'arrivée successive de nouvelles forces, continue en vertu de cet accroissement et selon les lois du mouvement accéléré.

Il est fâcheux que toutes les circonstances des faits observés ne permettent pas de prendre un instant au sérieux cette chimérique explication. A-t-on jamais vu des forces physiques, des impulsions se conserver, sans s'épuiser dans leurs effets, pendant une demi-heure, une heure et plus ? On voit souvent les corps n'entrer en mouvement qu'après plus d'une heure d'imposition des mains. D'autres fois, au contraire, ils se meuvent après quelques minutes ; on en voit que deux ou trois expérimentateurs, qu'un seul même, mettent rapidement en action. Comment concevoir, dans tous ces cas, une accumulation de forces motrices ? On ne voit pas, s'il y avait quelque réalité dans cette longanime accumulation de forces, pourquoi on ne ferait pas marcher une roue hydraulique sous une chute de gouttes d'eau. Ne suffirait-il pas, en effet, de les faire tomber successivement, une à une, jusqu'au moment où leurs forces accumulées seraient en état d'équilibrer et de vaincre la résistance ?

Un savant illustre, M. Arago, n'a point calmé les esprits en citant l'exemple de deux pendules suspendus à un barreau commun, et dont l'un transmet à l'autre ses vibrations, à travers la base commune et intermédiaire de sustentation. Nous savons bien que le mouvement peut se transmettre ; mais ce n'est pas le mode de transmission, c'est le mode primitif d'impulsion que nous cherchons, nous savons encore qu'il y a un rapport naturel entre une impulsion donnée et une résistance vaincue ; nous savons enfin que le mouvement ne trouve pas en lui-même son principe d'accroissement, qu'il se divise, dans sa transmission, proportionnellement à la masse des corps qui le reçoivent, de telle sorte qu'on ne peut jamais retrouver dans tous les effets secondaires que la force du point de départ. Rien, dans ces principes, ne concorde avec les phénomènes du mouvement de la rotation des tables et autres corps inertes.

Toute cette impuissance constatée des forces connues de la nature, a exalté les esprits mystiques. Ils ont dit : Il y a quelque chose de diabolique dans le phénomène. C'est le démon, c'est le Protée des enfers qui a imaginé un artifice et un déguisement nouveaux; c'est lui qui s'agite et qui parle dans les tables; elles sont possédées.

Il ne faut point se le dissimuler, le phénomène des tables et autres corps inorganiques mis en mouvement par une force invisible qui part de l'extrémité de nos doigts, obéissant, à distance, aux ordres de la pensée humaine, reste complétement inexpliqué. Nous n'avons pas le premier terme d'une interprétation raisonnable. Mais posons-nous bien le problème? Ne nous livrons-nous pas à une curiosité téméraire et irréfléchie? Il paraît indubitable qu'un principe de mouvement émane de l'homme; qu'il est soumis dans son origine à la pensée, qu'il obéit à la volonté qui en règle, à travers les cordons nerveux, la transmission et l'émission. Nous sommes sans doute ici en présence de cet agent merveilleux, principe simple ou multiple de la vie, qui produit toutes les actions vitales, qu étonne et défie notre intelligence dans les actes excentriques du magnétisme animal. N'espérons pas pénétrer dans des régions obscures que n'atteignent pas même les yeux de l'esprit; abandonnons cette énigme indéchiffrable, dont trente siècles ont inutilement demandé le mot au plus silencieux des sphinx. Nous ne connaîtrons probablement jamais ni la nature de la force nouvelle, ni le mystère de sa génération; mais s'il nous est interdit de savoir ce qu'elle est, comment elle naît, comment elle agit, ne laissons échapper rien de ce qu'elle produit. Nous n'avons point une plus haute ambition, quand il s'agit de l'action des principes impondérables, quand il s'agit de la pensée elle-même. Tous les ressorts primitifs de la nature, attraction, principe électrique, etc., etc., ne sont jamais, pour nous, que des causes inconnues, dont nous suivons les effets sensibles, dans les mouvements et les transformations de la matière. Nous ne connaissons de l'action de la volonté sur les organes musculaires que les formes de la contractilité et les mouvements divers qui en sont l'effet mécanique. Nous ne saisissons la pensée elle-même que sous la forme sensible que lui donnent l'écriture ou le langage. De même, nous ne connaîtrons jamais de la nouvelle force que les mouvements qu'elle imprime aux corps. Étudions donc tous ces mouvements; ajoutons à la patience qu'exigent les observations tous les artifices de l'expérience. Tâchons de saisir, entre toutes les formes de la mécanique nouvelle, des connexions, des rapports, des lois; remontons de loi en loi jusqu'au principe de tous ces mouvements; mais arrêtons-nous là; c'est là que finit la science; c'est là qu'elle prononce, sans le comprendre, un dernier mot : force nouvelle, force vitale, fluide nerveux, fluide magnétique, principe de la vie, *force inconnue.*

FIN.

www.ingramcontent.com/pod-product-compliance
Lightning Source LLC
Chambersburg PA
CBHW050731170426
43202CB00013B/2254